碩学叢書
Sekigaku Library

小売商のフィールドワーク

八百屋の品揃えと商品取扱い技術

松田温郎

【著】

A field work of small-sized retailers:
Greengrocery's skill and selection of merchandising

発行所:碩学舎
発売元:中央経済社

まえがき

　高度な延期的流通システムを有する小売業者が覇権を握る現代において、小規模小売業者を取り巻く市場環境は非常に厳しい。いわゆる業種店の多くが衰退産業と位置づけられる一方で、失われ行く産業の中で研ぎ澄まされた技術を競争優位の源泉としながら果敢に市場で競争を繰り広げる小規模小売業者が存在する。本書はそのような興味深い事実を起点としながら、新たな概念や理論仮説の発見を試みる探索的研究である。本書が研究対象とする八百屋は、一見すると古き良き時代の八百屋を想い起こさせる。しかし、その内実は流通構造の変化に伴う様々な制度的変化に適応しつつ、自身の理念の実現や限られたリソースを効果的に活用することが可能な状況を創造してきた、優れた戦略とそれらを遂行する高い技術を有する企業である。

　調査を通じてそのような現場に身を投じたことで得た驚きは、次の3点である。第1に、現場の中で捉えられている品揃えは、我々研究者が定義する品揃えよりも複雑かつ細分化されており、何よりも動的である。第2に、小売業者が用いる商品取扱い技術は多様であり、その時々の状況に合わせた判断基準の下で柔軟に用いられる。第3に、個性的な商店を経営する経営者もまた個性的であり、日々の経営には彼らの理念や嗜好が強く反映されている。何より、八百屋とは彼らの人生そのものである。このような現場に埋め込まれた様々な知を学術的知識として表現することができないであろうか。これが、本書の理論的な問題意識である。商業理論の系譜を参照すれば、森下（1960）が構築した一般理論が、石原（2000）によって現場との対話が可能な媒介理論として再定式化されているが、本研究が試みるのはこれらの系譜を引き継ぎつつ現場の理論を説明するための足場を作ることである。

　次に、方法論的問題意識について述べる。理論と実践との対話の重要性は古くから認められているものの、学術的貢献が学界だけではなく広く社会に要求されるようになりつつある近年では、その重要性はますます高まっている。このことを考慮すれば、商業研究における定性的研究には大いに発展の余地が残

されている。問題は、第1に商業研究では事例研究の蓄積が少ないこと、第2に事例研究の多くはインタビューのみによるものが多いことである。第1の点に関しては、今後より一層の研究蓄積が進むことを願うだけである。第2の点に関しては、調査方法の限界がある。商業研究領域における事例研究のほとんどはインタビューのみによってなされている。果たして、この方法は商業という実践に立ち向かう上で最善の調査方法なのであろうか。もちろん、調査方法の妥当性は研究目的と合わせて考えなければいけないが、わたしは基本的に適していないと考えている。

その理由は、第1に商業者の多くは中小企業であり、専門の広報担当部署を持たないことから、あるいはそのような経験に慣れていないことから、自らの実践を語ることに不慣れなことである。そのことによって、語るべきことや語りたいことを表現できないことや、研究者の語りに飲み込まれてしまうことで自身の語りたいことを表現できなくなってしまう危険性がある。そして、そのような危険性が顕在化したかどうかはインタビューの内容だけでは判別しきれない。第2に、そもそも商業者の実践の多くは暗黙の次元に関わるものが多く、当事者として無自覚であることや語れないことのほうが学術的な価値がある場合が多いと考えられる。そのような事柄に対してインタビューは不向きである。このような理由から、基本的に商業を対象とした事例研究はインタビューではなく、参与観察を主体とすべきであり、可能な限り両方を実施することが望ましいと考えている。本研究はそのような研究方針を実践する試みでもある。

本書は3つのパートで構成されている。最初のパートは問題意識と研究方法の説明である。第1章では、本研究の商業研究上の位置づけを説明し、青果物流通の概要とX商店の事例を通して八百屋を取り巻く市場についての理解を共有する。そして、本研究が逸脱事例の考察を通じて既存理論に対して新たな概念や変数の提示を試みる探索的研究であり、事例対象として衰退業種で高水準の経営成果を達成する2つの八百屋を選択し、研究方法としてエスノグラフィーおよびライフストーリーを採用することを説明する。そして、本研究で採用する研究方法の概要と位置づけ、研究方法の評価基準を説明する。

次のパートは事例記述である（第2章、第3章、第4章、第5章）。調査協

力者であるA商店およびB商店のエスノグラフィーおよびライフストーリーをそれぞれ記述している。エスノグラフィーではそれぞれの店舗において従業者として参与観察を行うことで、A商店およびB商店の実践がどのように構成されているかを意識しながら記述している。ライフストーリーではそれぞれの経営者に対するインタビューを行うことで、それぞれの人生の中でどのような経験をしながら熟達をしてきたのか、そしてその経験を活かすことでどのようにして現在の商店を作ってきたのかを意識しながらライフヒストリーを記述している。

　最後のパートは考察と本研究に関わる文脈情報の開示である（第6章、第7章）。私はA商店およびB商店のエスノグラフィーおよびライフストーリーを通じた最大の発見事実を「売り切り」という実践の発見だと考えている。この売り切りを起点として、個店単位での品揃え概念および商品取扱い技術について新たな概念および理論仮説を提示する。第7章では、研究方法の評価基準に基づき、研究者である「わたし」が現場の中で調査協力者たちとどのような関係性を築きながら研究を実施したのかを検討するための文脈情報を開示する。

　本研究を進めるために、調査協力者となって頂いたA氏およびB氏、A商店の皆様、B商店の皆様に心から感謝したい。特に、A氏およびB氏には調査協力に留まらず、1人の人間として多くのことを学ばせて頂いた。また、後述の通り現在では疎遠になってしまったものの、わたしが八百屋を研究する道を歩むことになったすべての始まりは、Z氏との出会いがきっかけである。皆様から学んだことを受けた恩を忘れることなく、立派な研究者となることで恩返しできるよう日々精進を続けることを誓うことで謝意を表したい。

　本書を執筆するにあたり、多くの方々からのご指導とご助言を頂いた。わたしには4人の恩師が存在する。神戸大学大学院の指導教員であった栗木契先生には、箸にも棒にもかからなかったわたしを研究者として育てて頂いた。栗木先生と出会わなければ、わたしは研究者になることはなく、別の道に進んでいたとしても中途半端な人間のままであったはずである。栗木先生からは、研究者としてだけではなく、社会人としても多くのことを学ばせて頂いた。石井淳蔵先生には研究者としての道を開いて頂いた。石井先生から頂いた「松田の研

究がなんぼのもんやねん」という言葉は、日々研究の社会的な価値を省み続ける契機となったことで、プラグマティシャンとしての理論家の姿を学ばせて頂くことができた。石原武政先生と田中道雄先生には、指導学生ではないにもかかわらず、修士課程時代からご指導を頂いた。石原先生からは、先生がこれまでに出版された文献を研究していた当時の問題意識を振り返りながらそれぞれの文献を解説するという、非常に贅沢な機会を関学・石原ゼミ生とともに経験させてもらったことで、理論と論理の組み立て方を学ばせて頂いた。田中先生からは、どのような研究の立場にあっても一般理論への志向性を捨てないこと、そして田中先生の恩師の言葉である「量はいずれ質に転ずる」という激励から、何よりも論文を出し続けることの重要性を学ばせて頂いた。

丸山雅祥先生と高嶋克義先生には修士論文から博士論文に至るまでご指導とご助言を頂いた。両先生にはわたしがやりたい研究を尊重して頂きながら、よりよい研究になるように導いて頂いた。大学院の先輩である入江信一郎先生と日高優一郎先生、山本奈央先生、吉田満梨先生、侯聡聡先生、張華先生、渡邉孝一郎先生には、極めて生意気な後輩を優しくたしなめながら様々なご指導とご助言を頂いた。同期である中田智彌さん、所属した大学院は異なるが鈴木和宏先生と西原彰宏先生とは、互いに切磋琢磨することで苦しい大学院時代をともに駆け抜けることができた。後輩である佐野楓先生、石川敦志さん、今井まりな先生、上元亘先生、野呂憲史さん、藤井誠先生、渡邉正樹さん、地頭所里紗さんには、わたしのような頼りない先輩を見限ることなく、折に触れて議論の相手になってくれたことに感謝している。

横山斉理先生はわたしの大学院進学と入れ替わりで修了したものの、同分野ということで渡邉孝一郎先生とともに私的な指導をして頂いた。いつしかその勉強会は同分野の研究者が集まる研究会となった。そのうちにその研究会は、柳到亨先生と坂田博美先生、畢滔滔先生、小宮一高先生、金珍淑先生、角谷嘉則先生、中川宏道先生、濵満久先生、秦洋二先生、山口信夫先生らが集う場となり、先生方から度々の厳しい議論のなかで多くの示唆と刺激を頂いたことで、その都度頭にあったアイデアをより深く考え直すことができた。

渡辺達朗先生と高室裕史先生、石淵順也先生、濵満久先生、新島裕基先生とは流通政策研究（基盤研究B：課題番号24330136、16H03674）として日本全国

を調査する機会を頂いた。それぞれ異なる専門領域に依拠しながら、調査の中で同じものを見ながら様々な視点で議論をすることができたことは非常に貴重な経験となった。小西滋人先生と白石善章先生(注)、濱田恵三先生、稲田賢治先生、増田良治さんには学会、研究会等を通してこれまでの研究に様々なご指導とご助言を頂いた。また、出版に際して開催された出版研究会では、廣田章光先生と清水信年先生、西川英彦先生、松井剛先生、水越康介先生から貴重なご助言を頂いた。山口大学に着任してからは、柳田卓爾先生と藤田健先生から多大な配慮を頂き、博士論文および本書の執筆に専念できるよう様々なご支援を頂いた。

　以上の先生方のご指導とご助言、ご支援なくしては、本書が完成することはありませんでした。記して御礼申し上げます。最後に、わたしの最大の理解者である最愛の家族にも感謝を添えて。

2016年11月

松田　温郎

(注) 白石善章先生は2016年3月に亡くなられました。謹んで哀悼の意を表します。

〔付記〕
　本研究は以下の助成を受けた研究成果の一部である。
- 平成25年度大阪経済大学特別研究費：「小規模青果物小売業者のエスノメソドロジーに関する探索的研究」
- 平成27年度公益財団法人山口大学後援財団：「小規模小売業の実践に関する探索的研究：エスノグラフィーおよびライフストーリー研究」
- 平成28年度科学研究費若手（B）「商業者の実践に基づく基礎理論の展開：参与観察およびライフストーリー調査の併用」（課題番号：16K17195）
- 山口大学経済学部研究双書基金：「新任研究者出版助成シリーズ第1冊」

〔初出一覧〕

本書の中で博士論文以外の形で公刊されている章の初出は以下の通りである。それぞれの章は以下の文献を大幅に加筆および修正したものである。

第1章：松田温郎（2012）「青果物流通における小規模小売業の衰退論理」『大阪経大論集』第63巻、第4号、pp.189-201。松田温郎（2014）「零細青果物小売業者のフォーマット：受動的生業志向商人の実践」『山口経済学雑誌』第63巻、第3・4号、pp.21-43。

第2章：松田温郎（2014）「B商店のエスノグラフィー」山口大学経済学会 DISCUSSION PAPER SERIES No.26、pp. 1 -29。

第3章：松田温郎（2015）「B商店のライフストーリー」山口大学経済学会 DISCUSSION PAPER SERIES No.30、pp. 1 -23。

第4章：松田温郎（2013）「A商店のエスノグラフィー」Osaka University of Economics Working Paper Series、No.2013- 1、pp. 1 -47。

第5章：松田温郎（2013）「A商店のライフストーリー」Osaka University of Economics Working Paper Series、No.2013- 2、pp. 1 -35。

第7章：松田温郎（2014）「参与観察の体験：調査協力者とラポールを築き論文を執筆する「わたし」」『Japan Marketing Academy Conference Proceedings』Vol. 3（2014）、pp.111-125。

目　　次

まえがき　i

第1章　序論 ―――――――――――――――― 1

1-1　本研究の位置づけ……………………………………… 1
1-2　八百屋の実態：青果物購買行動・
　　　マクロデータの推移・青果物流通………………… 6
1-3　生業的八百屋の事例………………………………… 15
1-4　事例研究の概要……………………………………… 19
1-5　研究方法……………………………………………… 26
　　1-5-1　エスノグラフィー　26
　　1-5-2　ライフストーリー　31
　　1-5-3　研究方法の位置づけ　35
　　1-5-4　エスノグラフィーおよびライフストーリーの評価基準　38

第2章　A商店のエスノグラフィー ――――― 45

2-1　経営方針……………………………………………… 45
2-2　品揃え………………………………………………… 46
2-3　売場づくり…………………………………………… 52
2-4　売り切り……………………………………………… 60
2-5　お疲れ………………………………………………… 72
2-6　小　括………………………………………………… 74

第3章　A氏のライフストーリー ——— 77

- 3-1　八百屋との出会い……………………………… 77
- 3-2　ぶりうちの再開………………………………… 81
- 3-3　C社での再挑戦………………………………… 84
- 3-4　二代目A商店…………………………………… 90
- 3-5　小　　括………………………………………… 95

第4章　B商店のエスノグラフィー ——— 97

- 4-1　経営方針………………………………………… 97
- 4-2　品揃え…………………………………………… 98
- 4-3　売場づくり……………………………………… 109
- 4-4　売り切り………………………………………… 120
- 4-5　小　　括………………………………………… 139

第5章　B氏のライフストーリー ——— 143

- 5-1　青春時代………………………………………… 143
- 5-2　八百屋との出会い……………………………… 147
- 5-3　C社での下積み………………………………… 152
- 5-4　B商店の創業…………………………………… 160
- 5-5　小　　括………………………………………… 175

第6章　考　　察 ——— 177

- 6-1　事例の要約……………………………………… 177
- 6-2　概念および枠組みの確認……………………… 182

6-3 売り切りの解読 ································· 189
- 6-3-1 品揃えの状態と階層性 190
- 6-3-2 商品取扱い技術の多様性 198
- 6-3-3 理論的含意 205

第7章 調査する「わたし」、研究する「わたし」——213

7-1 A商店で調査する「わたし」 ················· 213
- 7-1-1 A商店との出会い 213
- 7-1-2 A商店での調査方法 218
- 7-1-3 わたしという存在のA商店への効果 220

7-2 B商店で調査する「わたし」 ················· 221
- 7-2-1 B商店との出会い 221
- 7-2-2 B商店での調査方法 222
- 7-2-3 調査協力者と研究者との一線を越える 226
- 7-2-4 わたしという存在のB商店への効果 230

7-3 研究する「わたし」 ···························· 231
- 7-3-1 事例研究の壁 231
- 7-3-2 理論および方法論の模索 234
- 7-3-3 博士論文の完成 240
- 7-3-4 本書の完成 246

あとがき ·· 249
参考文献 ·· 253
索　引 ·· 269

第 1 章

序　　論

1 - 1　本研究の位置づけ

　本研究は逸脱事例としての小規模小売業者を研究対象とした探索的な事例研究である。逸脱事例の研究は、研究対象を逸脱事例と成す固有の機制や条件を検討し、その推論をもとに新たな概念や変数の構築をする場合に有用である（Patton　2002、田村　2006、保城　2015）。本研究では、衰退業種のなかで高水準の経営成果を達成している小規模青果物小売業者（以下「八百屋」と表記）を研究対象として選択する。次に、研究方法としてエスノグラフィーおよびライフストーリー調査を採用することで、研究対象である小規模小売業者の実践を包括的に検討する。そして、調査から得られた興味深い事実と既存研究の知見を突き合わせて考察することで新たな概念および理論仮説を提示する。

　はじめに、本研究の位置づけを示すため、小規模小売業者を対象にした研究の系譜を整理する。小規模小売業を対象とした研究の系譜は次の２つに大別できる。第１に品揃え概念を基礎理論とした研究、第２に小規模小売業者の特性である組織的側面に焦点を当てた研究である[1]。

　第１の品揃え概念を基礎理論とした研究は、商業の存立根拠である売買の集中を説明する理論として、社会的品揃え物（森下　1960）や販売の社会性（風呂　1968）、情報の縮約・整合（田村　1980、2001）などの概念を生み出しながら、その理論の体系化を進めてきた。これらの研究は主に流通のマクロ構造を説明する理論として展開されてきたが、その品揃え概念をミクロな次元での競

争行動にも適応できるように再構築した研究が石原（2000）である。石原（2000）は個別的品揃え物および市場像、基礎商品、周辺商品、依存と競争の原理という概念から既存研究を再検討することで、特定の小規模小売業者間の競争行動にも適応できるように基礎理論を展開している。石原（2000）の研究は特定の小規模小売業者の経営活動にも適用可能ではあるものの、基本的には商業集積内の競争を通じた個々の小規模小売業者の品揃え物の形成を説明することに適した理論であったことから、その後の研究は商業集積における小規模小売業者間あるいは小規模小売業者と大規模小売業者間の競争を対象とした小売競争研究（畢　2002、金　2004、2010）、横山　2010）として展開され、並行して石原（2000）の研究の理論的精緻化を目的とした研究（高嶋　1999、山下　2001、加藤　2003、濱　2013）も進められている。

　また、流通のマクロ構造を検討してきた研究からは、その理論的帰結と現実の流通構造との乖離を生む存在としての小売業者に対して、その経営意識や志向の視点から研究が展開されている（田村　1981、石井　1989、高嶋　1997）。これらの研究は、小規模小売業者には非経済合理的な経営意識が存在することや経済合理性が制約されることによって、理論的想定とは異なる品揃え物が形成される局面を説明するものであった。特に、小宮（2003、2007）はこれらの既存研究を石原（2000）と結び付けて整理することで、小規模小売業者の多様な経営意識が経済合理性とは異なる独自の合理性に基づいた品揃え物の形成を促すことで、社会的に形成される品揃え物が多様化する可能性があることを、自己目的志向および特殊商品という概念を用いて説明している。この小宮（2003、2007）の試みは、小規模小売業研究の分析単位を、商業集積単位での小規模小売業者から特定の小規模小売業者へと展開する先駆的な業績であった。

　第2に、小規模小売業者の特性である組織的側面に焦点を当てた研究は、小規模小売業における過剰就業やその雇用弾力性の低さに対する説明として、自己雇用および家族従業、事業継承などの点から展開されてきた（風呂　1960、田村　1986、藤本　1983、1996、出家　2002）。このような日本のマクロ構造の特質を形成してきた要因として、小規模小売業者と従業者における家族としての側面に焦点を当てて既存研究を再検討した研究が石井（1996、1997）である。石井（1996、1997）は家族従業者の持つ規範と技能に着目し、それらが小規模

小売業者の生存基盤であり競争優位の源泉でもあることを示している。さらに、自己雇用と家族従業を中心に経営される小規模小売業者を、家族財産意識および家業意識、天職意識の視点から商人家族として概念化している。

その後の研究は、第1に商人家族の内部構造に関する研究と、第2に商人家族における事業継承に関する研究の2つの領域で展開されている。第1の商人家族の内部構造に関する研究が展開される契機となった研究は、坂田（2001）である。坂田（2001）は家族従業とは家族内の誰がどのように関わっているのかという点から調査を実施し、フィールドワークによって夫婦が自立的な立場で経営に関わる実態を記述している。この研究は簡（2002、2005）によって展開され、店舗と家庭における夫婦間の能力と規範を考慮した仕事配分が家族従業の内部構造として概念化されている（簡　2002、2005）。さらに、家族従業の内部構造に関する実態については、坂田（2006）によってエスノグラフィーが記述されている。また、現代の商人家族の性質については、職住問題と家族の特徴（横山　2008）や、家族従業者の有無と採算状況、生活満足度（深沼・藤井　2013）についての定量的研究も進められている。

第2の商人家族における事業継承に関する研究では、日本と東アジア諸国との比較研究によって、それぞれの実態の把握とその結果に基づく商人家族概念の精緻化が進展している。石井他（2007）では日韓比較によって、日本では世襲型家業意識が高く、韓国では生業型家業意識が高いことを示し、その差が事業の中で評価および継承される財の性質の差に起因することが理論仮説として提示された。この仮説について、家業意識と事業の中で評価される財（技術および資産）については柳・横山（2009a）によって定量分析が実施され、おおむね支持されている。北山（2013）は事業の中で評価および継承される財について、事業継承における①後継者が事業を引き継ぐ段階と、②後継者による事業が継続する段階に注目し、ある商店のライフヒストリーを記述している。また、横山（2014）は石井（1996）と同様のマクロ構造分析をすることで、1994年から2007年までの間も個人商店は家族従業によって支えられていたことを示している。

矢作（2011b）の分類に従えば、以上のような小規模小売業者を対象とした研究の系譜における1つの傾向として、研究の関心がマクロ構造分析からミク

ロ行動分析へと移りつつあることを挙げることができる。この傾向は、集計された集合としての小規模小売業者の特性から、固有名詞を持った具体的存在としての小規模小売業者の実践を捉えながら理論展開を試みる研究の潮流の1つとして理解することができる。

　品揃え概念を基礎理論とした研究では、石原（2000）によって小規模小売業者の実践を捉えうる理論展開がなされたものの、その性質は矢作（2011b）が指摘する通りマクロ構造分析とミクロ行動分析の中間的な位置づけにあると考えられる。そのため、小売競争レベルで小規模小売業者に焦点を当てた研究は存在するものの、小規模小売業者の実践そのものを検討するまでには展開されていない。経営意識・志向に関する研究では、小宮（2003、2007）によって小規模小売業者の実践を捉えうる理論的基盤が整えられたものの、定性および定量を含めた実証研究段階には展開されていない。組織的側面に焦点を当てた研究では、簡（2002、2005）や石井他（2007）、柳・横山（2009a、2009b）、横山（2014）などによってマクロ構造分析については一定の研究蓄積がなされている。一方、ミクロ行動分析については坂田（2006）および北山（2013）による事例研究が存在する程度であり、またその内容も周辺的な業種や経営意識に位置づけられるものであることから、十分な研究蓄積がなされているとは言いがたい。

　これらを考慮すると、小規模小売業者の実践を捉えながら理論展開を試みようとする研究は、部分的な理論研究の蓄積とマクロ構造分析による一般的な傾向の理解、若干の定性研究の蓄積がなされている萌芽的な状況にあり、この研究領域は探索的研究段階にあると考えることができる。では、このような研究の流れをより進展させるためにはどのような研究が有用であろうか。その示唆を得るため、国際的な小規模小売業研究の動向を確認する。

　Runyan & Droge（2008）は小規模小売業研究を扱う世界の主要研究雑誌12誌合計134論文を整理し、小規模小売業研究の業績が①strategy、②structure、③channel、④store patronage、⑤labor、⑥miscellaneous topicsに類型可能であることを示した。しかし、それらの研究群は相互の関連性が弱い研究としてなされており、その関連性の弱さが今後の小規模小売業研究の体系的かつ継続的な研究蓄積を損なう可能性があることを指摘している。そして、今後の研究

図1−1　Runyan & Droge（2008）の研究蓄積モデル

出所：Runyan & Droge（2008）

蓄積を有益にするための研究蓄積モデルを提示している。それは、①戦略（overall strategy）、②関係性（buyer behavior）、③実践（strategic implementation）、④形態（structure）として再類型化されている。

　Runyan & Droge（2008）の貢献は、研究によって生み出される知識の関連性という視点から、小規模小売業研究における研究蓄積の方向性としてシステム志向を提示したことである。現実的な問題として、ある企業が他社の経営活動や技術を模倣しようとしても、その要素を自社に組織化することによって事前に期待した成果を実現できるとは限らない。例えば、セブン-イレブンはその優れた情報技術が高業績を達成する重要な要因の1つとして挙げられるが、その優位性は情報技術そのものよりも情報技術を他の経営活動と連動させるシステムとしての強さとして説明されている。競合他社はPOSシステムに代表される情報技術を導入するものの、自社の他の経営活動と連動させてシステムとして機能させることができず、結果としてセブン-イレブンとの間に業績の差を生じさせてしまう（矢作　1994、田村　2014）[2]。

　Runyan & Droge（2008）の研究蓄積モデルは、このような経営現象のシステム性を考慮しつつ、どのように特定領域の専門研究を蓄積するかという課題への対処案として展開することができる。議論を整理すれば、小規模小売業研究の発展は、第1に小規模小売業者の実践を包括的に検討する[3]、第2に第1

の研究成果から明らかになった経営活動間の関連性に基づきながら専門研究を深化させていくことが考えられる。

　このような研究の背景と日本の小規模小売業研究が探索的研究段階にあることを考慮すれば、前者の小規模小売業者の実践を包括的に検討することを優先的な課題として考えられる。このような問題意識を持つ場合、研究課題および研究方法は次のようになる。研究課題は、第１に小規模小売業者の実践を包括的に捉えその実態を記述する、第２に調査から得られた興味深い事実に基づいて先行研究を検討することで理論展開をするための新たな概念や理論仮説を提示することである。次に、研究方法は現実を幅広く捉えることができる方法が適していることから、本研究ではエスノグラフィーおよびライフストーリー調査を採用している。また、探索的研究段階であることおよび採用している研究方法の特性から、先行研究のレビューを通じて演繹的に導出された研究課題を検討する方法ではなく、定性的調査を通じて導出された興味深い事実に基づいて理論的検討を展開する方法を採用する。

１－２　八百屋の実態：青果物購買行動・マクロデータの推移・青果物流通

　本節では、本研究の対象である八百屋の実態を理解するために、青果物購買行動およびマクロデータの推移、青果物流通について整理する。はじめに、青果物購買行動について整理する。大浦（2007）によれば、消費者にとって青果物は基本的に経験財であるが、機能性や残留農薬等を重視して購買する場合には信用財としての性質が強くなる場合がある。次に、青果物の商品選択は低関与であり、店頭や商品に付与されている少ない情報をもとに短時間で限定的な意思決定過程を経て購入される。最後に、青果物は日常的に頻繁に購入される最寄り品であると位置づけられている。

　店舗選択行動について、山本（2009）によれば消費者が普段の食料品購買に利用する店舗数は平均3.6店舗、青果物の購入では3.0店舗である。具体的に、消費者はスーパー約２店舗と直売所約１店舗とを主に使い分けている。週当たりの買い物回数は食料品全体が6.1回、青果物が4.8回である。業態別の利用頻度の平均では、総合スーパーが週に約1.7回であり食品スーパーが約1.5回、直

売所が約1.7回である。これらのデータを分析することで山本（2009）は消費者の店舗の使い分けを、第1に特定の品目ごとに利用する店舗を使い分ける品目別利用型、第2にその日の価格によって利用する店舗を使い分ける価格流動型、第3にその日の予定によって利便性の高い店舗を利用する利便性重視型、第4に中心的に利用する店舗を決めつつ複数の店舗を使い分ける中心店舗型に分類している。それぞれの特徴について、品目別利用型は購入先をある程度絞り込んでいるものの買い物日数が最も多く、品目によって利用店舗が異なるため買回りが多い。価格流動型は利用店舗数および買い物日数が最も多く、お買い得な店を求めて数多くの店舗をこまめに使い分けている。利便性重視型は利用店舗数および買い物日数、買い物回数が少ないことから特定の店で効率よく買い物を済ませている。中心店舗型は中心となる店舗で食品を買い揃え、足りないものは必要に応じて他店を利用するものの複数の店舗は利用しないという特徴が挙げられている。

青果物購買行動の実態について、中嶋（2009）によれば1店舗における消費者の食料品の平均購買時間は約22分であり、青果物の平均購買時間は約7分である。食料品の購買品目数の平均は約17品であり、そのうち青果物は約7品目である。しかし、購買時間および購買品目数はそれぞれ消費者によって差が大きいことが示されている。また、計画購買の割合については、製品（品目）レベル決定済みの計画購買は30%であり製品クラス（類）レベル決定済みの計画購買は12%、非計画購買（用途想定・在庫不足想起・嗜好・安価）は58%であることが示されている。それぞれの買い物時間については基本的に大きな差がないものの、製品クラス（類）レベル決定済みの計画購買の場合は長く、非計画購買（安価）の場合は短い傾向が示されている。特に、非計画購買（用途想定・嗜好・安価）の場合ではまず価格が確認され、その後想起された内容に応じた量目・サイズ・規格などが検討されていることが示されている。

店頭での具体的な購買行動について、梅本（2009）によれば青果物購買時における消費者の視点の対象（時間数）は商品が78%、POPが21%であり、視点の動きとしては、多くの場合1秒以内という短時間の間に商品とPOPとを相互に確認しつつ商品選択を行っていることが示されている。また、実際に購入された商品に対して購買時に考慮された属性は、価格または産地、量目・規格、

商品情報、在庫、用途、保存性、その他のうち平均2属性程度であり、そのうち価格については91%の品目で消費者による発話がされていることから、限定した項目のみを考慮して商品購買が実施されていることが示されている。

　店頭表示でよく用いられる指標について、大浦（2007）によれば、第1に原産地表示については国内産地および消費地から距離が近い産地、特別なイメージが定着している産地の評価が高く、海外産地の評価が低いこと、第2に慣行栽培の青果物と比較して減農薬・減化学肥料栽培の青果物の評価が高いこと、第3に成分表示では機能性表示と安全性表示が商品選択に影響を与えること、品目ごとに定着している特定の機能成分のイメージが青果物の評価に影響を与えること、健康を害するおそれのあるマイナス成分への関心が強く、同時に表示されているプラス成分の価値への評価が弱くなることが示されている。

　次に、マクロデータの推移について整理する。『商業統計：時系列データ』および『平成26年商業統計（速報値）』から入手可能なデータに基づき、八百屋が含まれる野菜・果実小売業の各指標を整理したものが以下の**表1-1**および**図1-2**である。店舗数が最も多かったのは1976年の6万6,195店である。同様に従業者数は1972年の17万9,769人、年間商品販売額は1991年の2兆268億7,300万円、売場面積は1982年の223万9,625㎡である。それぞれの指標についてピーク時と2014年とを比較すると、店舗数は約77%減少し、年間商品販売額は約55%減少、従業者数は約60%減少、売場面積は約48%減少している。これらの数値から、業種としての八百屋の衰退傾向を読み取ることができる[4]。

　既存研究において、小規模小売業の衰退は第1に市場スラックの消失、第2に消費者行動特性の変化、第3に労働集約的商品取扱い技術の標準化、第4に依存と競争の原理の機能不全から説明されている。

　第1に市場スラックの消失である。田村（2008）は小規模小売業者の衰退を市場スラックの消失として説明している。市場スラックとは非効率な小売業者を市場に残存させる市場規模のゆとりである。例えば、市場成長率が高い場合、需要に対して過小な供給という需給ギャップが起こり、当該市場において相対的に競争優位を持たない小売業者でも存立しうる領域が生成する。逆に、市場成長率が低い場合、需要に対して過大な供給という需給ギャップが起こり、競争優位を持つ小売業者でも市場に存立しえない状況が起こる。そして、現在は

第1章　序　論　9

表1-1　八百屋の推移（実数）

	事業所総数	従業者数 （人）	年間商品 販売額 （百万円）	売場面積 （㎡）
1972	65,293	179,769	73,928	1,954,353
1974	66,110	177,904	1,008,273	2,119,640
1976	66,195	178,999	1,355,603	2,219,431
1979	61,727	167,465	1,481,044	2,194,736
1982	58,785	161,852	1,712,782	2,239,625
1985	50,871	146,173	1,700,737	1,949,547
1988	50,097	152,031	1,815,496	2,145,354
1991	46,700	140,006	2,026,873	2,114,965
1994	40,073	126,711	1,798,407	1,978,690
1997	34,903	111,579	1,534,930	1,775,982
1999	34,243	118,985	1,584,881	1,800,336
2002	29,820	106,334	1,217,988	1,675,980
2004	27,709	103,774	1,214,694	1,679,551
2007	23,950	87,721	997,570	1,523,237
2009		データなし		
2012		データなし		
2014	15,263	71077	920,569	1,398,508

出所：経済産業省『商業統計：時系列データ』、『平成26年商業統計（速報値）』をもとに筆者作成

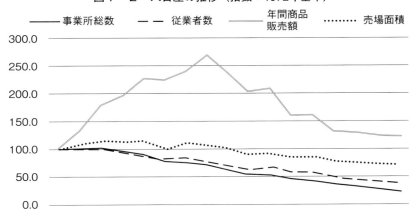

図1-2　八百屋の推移（指数：1972年基準）

出所：経済産業省『商業統計：時系列データ』、『平成26年商業統計（速報値）』をもとに筆者作成
注：2009年および2012年の数値については、2007年および2014年の数値から推計

多くの市場で市場スラックが消失した結果、競争優位を持たない小規模小売業者の多くが市場から退出することになったことを指摘している。

第2に消費者行動特性の変化である。丸山（1992）は日本の消費者の特性として、第1に生鮮食料品への選好が高いこと、第2に居住空間の制約から消費者の在庫保有コストが高いこと、第3に多頻度小口購入にあたっての移動コストが高いことを挙げ、それらが小規模小売業の存立基盤として機能していたことを示している。しかし、峰尾（2010）は、女性の社会進出や就業率、乗用車の保有台数の増加によって消費者のワンストップショッピングの傾向が高まった結果、小規模分散的な消費需要に適応するという小規模小売業者の存立意義は薄れ、小規模小売業者の淘汰を含んだ中規模以上の小売業者による小売店舗の大型化という流通構造の変化が引き起こったことを指摘している。

第3に労働集約的商品取扱い技術の標準化である。石井（1996）は1972年頃までは生鮮食品を取り扱うための商品取扱い技術が標準化されておらず、特定の小売業者に帰属するこの技術が競争優位の源泉となっていたことを示している。しかし、石原（1998）が説明するように、関西スーパーが、①職人的加工業務の標準化、②弾力的生産システムの確立、③中央卸売市場の徹底活用、④ハード機器の技術革新を果たすことによって、小規模小売業者の競争優位の源泉であった労働集約的商品取扱い技術は標準化されてしまい、小規模小売業者の存立が難しくなったのである。

第4に依存と競争の原理の機能不全である。石原（2000）は小規模小売業者の品揃えは商業集積における依存と競争の原理[5]の中で洗練され、この過程が商業集積内に波及することで商業集積単位での品揃えの魅力が向上することを説明している。しかし、加藤（2003）はある商業集積においてその商圏の市場規模が縮小傾向にある場合、需要量の小さな商品の取扱いが難しくなり同業者間の品揃え物の棲み分けが困難になることを示している。このような場合、依存と競争の原理のメカニズムが働けば働くほど、需要量の大きな商品の取扱いが多くなることで品揃えの同質化が進む。その結果、消費者の吸引力が低下することでさらなる品揃えの同質化を招く、という負の連鎖が続くことで商業集積と小売業者の双方が衰退してしまう。

さらに、八百屋の衰退には市場スラックの消失、消費者行動特性の変化、労

働集約的商品取扱い技術の標準化、依存と競争の機能不全という要因に加えて、青果物流通の変化という要因も存在する。

　ここで、青果物流通の変化を理解するため、青果物の一般的な流通経路である卸売市場制度について中心的に確認する。まず、青果物の一般的な流通経路は以下の図1-3の通りである[6]。次に、農林省食品流通局編（1975）に基づき、卸売市場制度について概説する。まず、卸売市場の関係者は、第1に出荷者からの委託販売を受け、これを仲卸業者と小売業者等に販売する卸売業者、第2に卸売業者から買入れたものを小売業者や大口需要者等に販売する仲卸業者から主に構成されている。卸売市場においては、卸売業者と仲卸業者との間でセリ・入札取引[7]と相対取引[8]の2つの取引方法が行われている[9]。

　卸売業者および仲卸業者は、次のような公的規制の下に置かれている。まず、卸売業者はその業務について、出荷者から委託された商品の無条件、全量受託、即日上場が義務づけられ、受託手数料は従価定率[10]とされている。次に、仲卸業者は生鮮食品の評価とこれに基づく価格形成や小売業者等に対する分荷において、市場取引競争を確保するため、出荷者から直接販売委託を受けることや卸売業者でないものから買入れて販売することが規制されている[11]。このようにして、卸売市場では公的な規制のもとに原則として多数の出荷者からの委託による集荷と多数の買手がセリ・入札取引を行うことで、競争的な価格形成と効率的な取引を確保している。『卸売市場データ集（平成26年版）』によれば、国内で生産される約85%の青果物が卸売市場を経由して流通していることから

図1-3　青果物の一般的な流通経路

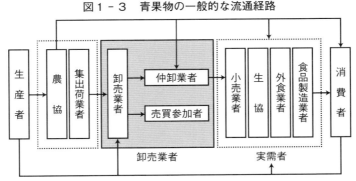

出所：桂（2014）p.17より引用

も、卸売市場は青果物流通の拠点として一定の機能を果たしていると考えられる。

しかし、小野（1998）は卸売市場制度が前提としていた小規模な生産者と小売業者という流通構造が産地の大規模化とスーパー・マーケット（以下「スーパー」と表記）の発展によって80年代以降に大きく変化し、現在の卸売市場制度が大きく変化していることを指摘している。特に小売段階で大きなシェアを占めるスーパーの仕入れ方法の影響が強く、定時・定量・定品質・定価格を求めるスーパーがセリ・入札取引ではなく相対取引を求めることで取引方法が変化したことを問題視している。

木立（1996）によれば、スーパーの生鮮食品販売では、売上高目標、販売数量予測、売価設定、目標マージン率、そして利益目標などが卸売市場での仕入れに先立って設定される。そして、事前に組み立てられた計画を前提に、決められた時間に、求める数量を一定の価格で安定的に供給することをスーパーは仕入れ先に要求する。しかし、特定の規格、品質にこだわった数量要求は従来のセリ・入札取引を利用した流通には馴染まず、相対取引を要求することになる。『卸売市場データ集（平成22年版）』によれば、2009年度の仲卸業者の販売先別の金額割合は、一般小売店[12]が23.8%、大規模小売店等[13]が59.4%であり、スーパーをはじめとする大規模小売業者の影響力の強さを読み取ることができる。

卸売市場制度の変容について、細川（2001）は相対取引の増加が出荷者側からの要請でもある側面を指摘している。生産規模の拡大に伴い、安定した販売を期待する出荷者は事前に出荷情報を卸売業者に送信する。卸売業者はそれに基づいて仲卸業者等に商品が到着する前に販売するのである。このとき、こうした大規模な商品を取り扱える取引相手は大規模仲卸業者になる。そして、同様の理由で大規模仲卸業者の取引相手は大規模小売業者になる。このように、生産者側と小売業側との大規模化の影響によって卸売市場における相対取引の割合が大きくなっている。池ヶ谷（1998）は以上のように進展する卸売市場での取引方法の変化を問題視している。1999年以前の卸売市場法ではセリ・入札取引が原則とされており、それ以外の取引方法は例外的な位置づけであった[14]。しかし、小売販売額におけるスーパーのシェア増大とともに例外的取引が増加

図1-4 全国の中央卸売市場におけるセリ・入札取引と相対取引との割合

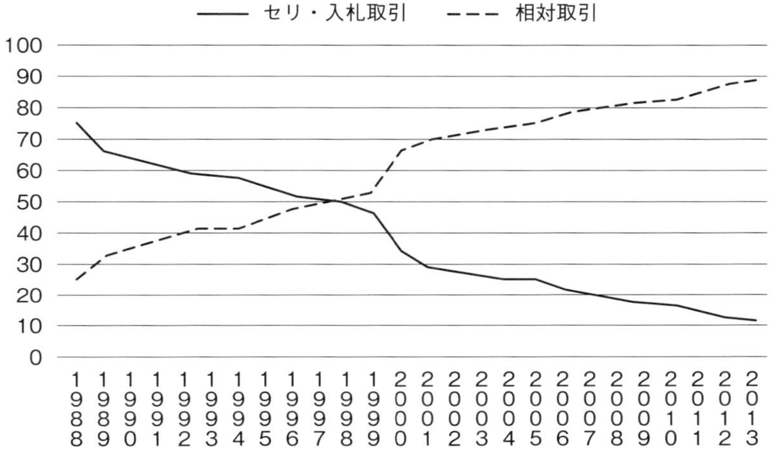

出所：農林水産省『卸売市場データ集（平成8年版および平成26年版）』をもとに筆者作成

し、例外であるはずの予約相対取引や先取りが主体となっている実態が指摘されている。

　さらに、相対取引の増加は中小規模の仲卸業者や小売業者の経営不振の一因となっていることが白武（1999）によって指摘されている。卸売市場において大規模スーパーと主に取引を行う仲卸業者が相対取引を増やすことで、中小規模以下の仲卸業者や小売業者は仕入れ状況が悪化し、安定的な品揃えを形成することが難しくなってきている。松崎（2001）は全国2,282（有効回答数1,716）の仲卸業者に対する質問票調査を実施し、商品取扱い額規模の大きい仲卸業者は大規模小売業者と取引を行い、仲卸業者および小売業者ともに規模が小さくなるにつれて同程度の規模同士が取引を行うという規模別の階層構造が定着している可能性があることを示唆している。

　このような卸売市場制度の変容の中で仲卸業者が存立していくためには、大規模小売業者との取引に対応していくことが重要であるが、大規模小売業者との取引においていくつかの問題が指摘されている。坂爪（1999）は、スーパーと取引のある仲卸業者は商品調達において価格高騰時には高騰分を仲卸業者が負担し、下落時には下落分だけスーパーへの納品価格を低下させるという片務

的な契約がなされている実態を問題視している。それだけではなく、スーパーへの商品納入にはパッケージングを強いられていること、物流センターへの配送と物流センターの使用料を負担させられていること、バックマージン等の各種リベートを負担させられていること等も同様に問題視している。そして、この取引構造の問題は仲卸業者がこれらの負担をスーパーではなく、中小小売業者との取引の中で埋め合わせをしようとすることにあることを指摘している。さらに、斎藤（1995）によれば、仲卸業者にとって大規模小売業者への依存を高めることはマージンを低下させることになるだけでなく、場合によっては取引停止がなされることも配慮するとリスクが大きい。そのため、仲卸業者は大規模小売業者だけではなく中小小売業者との取引を維持することが重要になる。

　以上の議論を整理する。まず、青果物は経験財としての性質が強い低関与の最寄り品である。青果物の購入先である店舗選択は、品目別利用型または価格流動型、利便性重視型、中心店舗型と消費者の特徴によって傾向が異なる。青果物の購買は非計画購買の割合がやや高い。店頭での商品選択は短時間で少ない基準に基づいて行われ、価格を中心にPOPに記載される情報を基に判断される傾向が強い。特に、非計画購買の場合は価格を起点として購買が喚起される。小売業者は基本的にこのような商品特性および消費者像、購買行動を想定しつつ、自らの経営目的や利用可能なリソースを考慮しながらそれらに適した事業を構築すると考えられる。

　しかし、青果物流通の変化がそのような適応行動を困難にしている。青果物流通では産地と小売業者の大規模化によって、相対取引の増加という卸売市場制度の変容が生じている。その影響は八百屋にとってみれば品揃えの形成と価格設定を困難とする。小売業者が自身の販売市場の動向を見極め、必要な品揃えの構想を計画したとしても、その実現はそれほど容易ではない。八百屋が主な取引先とする中小規模の仲卸業者では当該卸売市場内において商品調達能力が大規模仲卸業者に劣ることで十分な商品調達を代行しきれない。仮に、八百屋が希望する商品を仲卸業者が調達し得たとしても、その取引価格は大規模小売業者と比べて不利な価格である可能性が高い。これは、ある仲卸業者が大規模小売業者と中小小売業者との両方と取引を行っている場合、大規模小売業者との取引で発生する損失を中小小売業者に転嫁することに由来する。

では、このような市場環境の中で八百屋はどのような経営を行っているのであろうか。生業性[15]の強い事例ではあるが、現在の八百屋の典型的な事例として筆者の調査事例を紹介する。

1-3 生業的八百屋の事例[16]

X商店はX氏が2代目の経営者となる八百屋である。営業はX氏が基本的に1人で行い、X氏の昼食時のみ妻が店番をする。店舗は駅周辺に集積する商店街内に立地している。この商店街は、かつては近隣の大規模製造業の本社とその関係会社を中心にした企業城下町として栄えていたが、公共交通機関の発達とともに地域住民の商店街利用が減少したことや、近隣により大規模商業集積が現れたことなどから、近年は空き店舗率の高いシャッター通り商店街としての性格を強めている。

X商店の店舗面積は約15㎡ほどであり、売場面積は店頭の街路に組み立てた売場約5㎡である。店舗内はX氏の待機場所および商品の保管場所であり、商品保存用の業務用冷蔵庫が設置されている。営業時間は大体7時から18時であり、定休日は不定休で日曜祝祭日も営業することが多い。品揃えは野菜が約10品目、果物が約5品目、食品が数品目の合計約20品目が常時扱われている。年間商品販売額は、X氏からお聞きした複数の日販から推定すると約300万円から500万円ではないかと推測している。利益はほとんど出ていないという。

X商店の1日は朝6時の仕入れから始まる。仕入れは毎日するわけではなく、在庫が少なくなれば仕入れに行く。品質の劣化が進みにくい冬場は仕入れの頻度も少なくなる。仕入れに利用するのは、最寄りの中央卸売市場である。その卸売市場には、全国から商品が出荷される一般卸売場と近郊農産物が出荷される近郷卸売場がある。行政担当者によれば、近郷卸売場の特徴は、扱われる商品が近郊軟弱野菜等で、選別や規格が不十分なもの、容器や荷姿が不統一なもの、出荷数量が少ないものなどである。

仕入れ方法は、前日に次の日に欲しい商品の希望をセリ人に伝える。希望した商品があればそのまま仕入れを行い、なければ隣接する一般卸売場にて仲卸業者から仕入れを行う。一般卸売場の仲卸業者は先代から引き継いでいるもの

の、バイイング・パワーおよび継続的な取引関係がないX氏が仲卸業者から仕入れをしようとすると、仕入れ価格が2割から3割高くなってしまうことからめったに利用しない。

　そのため、X氏にとって近郷卸売場には一流の商品がなくても特段の必要性がない限りそこでしか仕入れができないという。近郷卸売場で扱われる商品の品質は基本的に良くはないものであるが、稀に品質は高いものの出荷量が少なかったため近郷卸売場に回されてくる商品がある。このような「当たり」の商品に出会えれば低価格で良質の商品を仕入れることができ、この点が近郷卸売場の魅力でもあるという。

　しかし、そのような近郷卸売場も一般卸売場の仲卸業者や売買参加者資格を持つスーパーの仕入れ担当者がセリを始める前に買い付ける先取りによって魅力的な商品の多くが手に入りにくくなっているという。それほど零細店の仕入れは難しい。

　セリ人に希望した商品以外にその日に何を仕入れるかは、近郷卸売市場の仕入れ状況を見て、良い商品があればその都度仕入れる。あるいは、セリ人の勧めがあればそれを仕入れることもある。注意していることは、安物に手を出さないことだという。これは、X氏に商品知識やトリミング技術がないことが理由である。セリ人には価格より品質を重視することを伝えている。偶然良い商品に出会えば、一定期間その生産者の商品を買い続けることもある。

　仲卸業者との関係性は、先代から引き継いだこともあり良好だと感じている。価格や品質に対する不満はない。価格についてはX商店規模の零細店ではバイイング・パワーを有さないことから交渉の余地がないと考えている。

　営業開始当初には一般卸売場の仲卸業者から仕入れることに多少の興味があったらしいが、何度か痛い目を見てやめた。関係性ができていない仲卸業者が相手だと、価格を上げられることや品質の悪いものを販売されるだけでなく、産地の偽装までされることもあるという。このような経験から、先代から続く信頼関係のあるセリ人との取引を続けている。

　仕入れを行うための品揃え形成の基準は特にない。強いて言えば、単価が高いことから果物の割合を若干高くしている。調査時点では約20品目を取り扱っていたが、かつては多くの品目を扱っていたという。しかし、品目数が多くな

ると在庫管理が難しくなり、その結果売れ残りを廃棄しなければならなくなることが続いたという。その状況を避けるように品揃えを構成しているうちに、現在の品目数まで取扱い品目が減少してしまった。

　商品搬入は仕入れが終わってから店舗に到着する7時ごろに行われ、そのまま開店の準備が行われる。1日の仕入れ量は100キロほどであり、搬入作業は数分で終わる。

　X商店の売場は店頭に設営されている。店頭に奥行き50cm幅3mほどの作業台を2つ並べ、それらの前に商品が梱包されていた段ボールや小型コンテナを使用して売場が作られている。

　商品の陳列方法はザル盛り、箱盛り、重ね盛り、パック詰めが用いられている。どの陳列方法を選ぶかは基本的には商品特性や見栄えによって決まる。例えば、小分けが必要な商品は「Xg、Y円」としてそのまま箱盛りで売るが、形状やサイズにばらつきがある商品は、ザル盛りにして均質化する。小分けが不要な商品であっても、箱のまま陳列されたほうが見栄えが良いと考えているトマトやイチゴなどは箱盛りで陳列される。いんげんやきぬさや等のサイズが小さく個数が多いものはパックに詰めて陳列される。その他、白菜や大根など特段の工夫が必要ない場合や、そのまま陳列したほうが迫力のあるものは重ね盛りでそのまま陳列される。ザル盛り、箱盛り、重ね盛り、パック詰めを行うとき、どのようにその盛り方をするかという点でのこだわりはない。

　盛り方によって在庫管理の工夫がなされることもある。X氏の仕入れ方は、基本的に在庫が減った商品を買い足す方法のため、店頭には仕入れ日が古いものと新しいものが混在してしまう。それらの見分けのため、ザルの色（赤、青、黄）やパック詰めのテープの色（赤、緑）によって、店頭に陳列された商品の鮮度を把握できるようにしている。また、鮮度を維持するために他の陳列方法からパック詰めに切り替えることもある。これらの方法は、下積み時代に習った先代の方法だという。

　基本的に商品は開店時に全量が陳列されているため、営業中に商品補充が行われることはない。梅干し等の冷蔵保存されている商品は、売れればその都度店内の冷蔵庫から補充を行う。

　価格の設定方法は先代や業界の一般論を参考にしている。基本的に粗利益

25%以上を基準として、品質と相場観とを基に決定される。旬の果物や試食やお客さんの反応によって品質に自信のある商品であれば50%ほどの粗利益を設定することもある。周囲の競合店がどの程度の価格にしているかを気にしたことはなく、調査に行くこともない。

　価格改定は見切りによる値下げのみである。値下げをするタイミングの見極めは品質の劣化に応じて数日単位で段階的にするものの、なかなかコツをつかめないでいる。値下げの幅は、仕入価格に消費税を含めて赤字にならない価格までである。そうすることで再度仕入れをすることができ、経営を続けることができる。値下げの方法が悪く売れ残ってしまい、商品を廃棄しなければならないこともよくあるそうだ。

　お客さんのほとんどはX氏と話が合う年齢の高齢者であり、来客数は1日に数十人程度である。一番忙しい時間帯は、開店後の7時から10時である。その理由は、周囲の競合店が開店していないことから、その時間帯に商品を買いたい人や買わなければならない飲食店の人がX商店を利用するからである。同じ理由で祝祭日にも一定の来客がある。一方で、10時以降の来客は1時間に数人とまばらになってしまう。そのため、基本的に接客をしていない時間帯は店内で待機をしている。

　店頭を活気づけるための声出しは行わない。その理由は店舗周辺の商店街内には人が歩いていないため、活気づける意味がないからである。また、お客さんのほとんどは常連客のため、声を出そうが出すまいが、来る人は来るし、来ない人は来ないとも考えている。

　接客ではお客さんとの楽しい会話が重視される。一言二言で終わる人もいれば、店頭で数十分話し込む人、買物後に店内でゆっくりコーヒーを飲みながら話していく人など様々である。得意なセールストークは「今日持ってきた（注：仕入れた）」と「良いの見て（筆者注：選んで）」である。

　前者は鮮度のアピールであり、後者は商品を選ぶ楽しさを提供する意図がある。また、後者については消極的な意味もある。X商店で扱う商品は仕入れ日が異なる商品が混在しているが、一般的な八百屋では古い商品から販売する。しかし、X氏にはその点に良心の呵責があり、自ら進んで古い商品から販売することができなかったという。そこで、お客さんに好きな商品を選んでもらう

ことで、納得する商品を買ってもらおうと考えたのであった。

　買物をしてくれたお客さんに対して、おまけをすることもある。数十円の端数を値引きすることもあれば、残り1つの商品を渡すこともある。おまけをするのは、そうすることで他の商品の購買を促せそうなとき、過剰気味の在庫を消化したいとき、雰囲気でなんとなくするときなど様々である。

　閉店準備は17時過ぎごろからその日の客足によって少しずつ始められる。基本的な業務は在庫を冷蔵庫に保存するだけだが、来客の見込みがあれば18時30分に完了するようにゆっくり行い、見込みがなければ17時30分に閉店することもある。

　ほとんどの商品は仕入れた日から、数日から1週間ほどをかけて完売にするが、時々仕入れた商品が当日中に売り切れることがあり、うれしい誤算として喜ぶことがある。

　売上はX氏が2代目として経営を始めたころから半減してしまった。X商店の経営は決して順調ではないが、X氏は経営から得られる充実感には満足している。もし2代目になっていなければ、妻との夫婦喧嘩しかやることのない隠居生活が続いていたが、X商店を引き継いだことで、毎日仕事があって、お客さんとの会話を楽しめるなら、赤字でも十分価値があることだと考えている。

1-4　事例研究の概要

　本節では、事例選択の方法と調査協力者の概要について説明する。はじめに、事例選択の方法である。事例の理論的な位置づけについて、田村（2006）は理論開発をするための事例として次の4点を挙げている。それは、第1に先端事例である。先端事例は事例が位置づけられる理論カテゴリーにおいて将来代表事例になると期待される事例である。例として、電子型通販の発展の先端事例として楽天が挙げられている。先端事例は理論の発展が初期段階にあるような領域で有用だとされている。第2に、代表事例である。代表事例は事例が位置づけられる理論カテゴリーにおける典型的な事例である。例として、GMS（総合量販店）の代表事例としてイオンあるいはイトーヨーカ堂が挙げられている。代表事例は概念的な理論が既に構築されているものの、その実証基盤が弱い領

域で有用だとされている。第3に、逸脱事例である。逸脱事例は基本パターンからの例外事例である。例として、SPA（垂直統合型衣服専門店）の例外としてのしまむらが挙げられている。逸脱事例は新しい変数、因果メカニズムについての新しい仮説などを探索する場合に有用だとされている。第4に、原型事例である。原型事例はその理論カテゴリーの創造事例である。例として、三越百貨店が挙げられている。原型事例はその理論カテゴリーの本質的特徴を検討する場合に有用だとされている。

　これまでみてきたように、八百屋を取り巻く市場環境は厳しい。しかし、それはすべての八百屋が一様に衰退していることを意味しない。現実には、市場スラックが消失しても高い競争力で生存し、消費者行動特性が変化しても自身にとって有利な購買習慣を新たに顧客に提案し、労働集約的商品取扱い技術が標準化されてもその水準をはるかに超える程度にまで労働集約的商品取扱い技術を洗練させ、依存と競争の機能不全が起こってもその制約を自身の中で解消する術を生み出し、青果物流通の構造や制度が変化してもそれに応じた新たな商品調達方法を採用することで、高水準の経営成果を達成する八百屋は存在する。このような八百屋は、店舗数の減少や売上の減少という一般的な傾向としての基本パターンからの例外事例として、つまり逸脱事例として位置づけることができると考える。

　Taleb（2007=2009）はこのようなありえない現象を「ブラックスワン」と呼んでいる。以前、鳥類学者はそれまでの観察結果から白鳥は白いことを常識と考えていたが、新大陸であるオーストラリアで黒い白鳥が発見されたことで、鳥類学者たちの白鳥は白いという常識は覆されてしまった。Taleb（2007=2009）はこのエピソードから常識を覆すありえない現象をブラックスワンと命名した。ブラックスワンを発見することの意義は、特殊な現象の性質を知ることではなく、特殊な現象の存在を通して常識的な理解を再構成することにある。井上（2014）はブラックスワンを探索しその現象を開拓するための事例研究をすることで学習の水準を向上させることが、研究者の使命の1つであると提起している。そして、*Academy of Management Journal*において論文賞を獲得した5編の論文がどのようにブラックスワンを探索し開拓することで、理論的貢献を達成したかを紹介している。その中でも、既存理論の定説を改定するような逸

脱事例を対象とした探索的研究を高く評価している。

　以上の議論を整理すれば、事例研究によって得られた興味深い事実と既存研究とを突き合わせながら新たな概念や理論仮説を提示しようとする場合、事例選択の方法として逸脱事例を選択することが有用であると考えられる。そこで、本研究では逸脱事例を対象とした探索的な事例研究を行う。逸脱事例を選択する際、どのようにその事例の逸脱性を判断するかについては明確な基準があるわけではない。本研究の場合、研究対象である八百屋が衰退業種であり厳しい競争環境にあることを考慮すれば、売上や生産性といった経営指標が逸脱性の判断基準として適しているのではないかと考え、これらの基準を採用する。

　次に、このような研究方法の方法論的な位置づけについて整理する。本研究ではある事実を起点としてその事実を説明するために新たな仮説や概念を提示するという方法を採用している。このような研究方法はアブダクションとして位置づけることができる。アブダクションとはアリストテレスによって定式化され、パースによって本格的な研究が行われた推論の一種である（村中　2006）。米山（2007）はパースの一連の研究を以下のように整理している。まず、探求という科学的行為は諸問題を解決することや、発見を通じて新しい知識を獲得する、つまり知識を拡張するために行われる。そのような科学的探究は次の3段階に区別されている。第1にアブダクションであり、それはある驚くべき現象の観察から出発し、その現象がなぜ起こったかについて何らかの可能な説明を与えてくれる仮説を考え出す段階である。第2に演繹であり、アブダクションによって提案された仮説に基づき、仮説から実験観察可能な諸予測を演繹的に導出する段階である。第3に帰納であり、演繹によって導かれる帰結がどれだけ経験と一致するかを確かめ、その仮説が経験的に正しいか、本質的ではない何らかの修正が必要か、拒否すべきであるかを判断する段階であり、科学的探求は仮説の検証をもって完結する。このような探求において、アブダクションは説明仮説を形成する方法であり、新しい諸概念を導入する唯一の論理的操作として位置づけられている。

　アブダクションの推論の形式は次のように示されている。①驚くべき事実Cが観察される、②しかしもしHが真であれば、Cは当然の事柄であろう、③よって、Hが真であると考えるべき理由がある[17]。このように、アブダクショ

ンとはある意外な事実Cに関してそれを説明すると考えられる仮説Hを発案する推論方法である。アブダクションによって形成される仮説は次のように分類されている。それは、第1に直接観察可能な事実の発見に関する仮説、第2に物理的に直接には観察不可能な事実に関する仮説、第3に法則の発見に関する仮説、第4にその仮説がはじめて提案された時点では実際的にも原理的にも直接には観察不可能な純粋に理論的な対象と考えられていたものに関する仮説である[18]。

　保城（2015）はこのような特徴を有するアブダクションを、第1に可謬性の高い推論ではあるものの、帰納と同じく拡張的機能に優れており知識増大を助けること、第2に観測データをそのまま一般化する帰納と異なり、観察データを説明するために推論を働かせて因果関係や理論を発案する発見的機能を持つものとして位置づけている。さらに、このような特徴を有するアブダクションは、既存研究では扱われていない結果（従属変数）を、既存研究では用いられていない原因（独立変数）によって説明しようとする場合に有用であることを提案している[19]。

　次に、調査協力者について説明する。本研究では2つの事例を扱う。調査協力者はA商店およびB商店である。以下の**表1-2**は各調査協力者の売上および生産性に関する経営指標の概要である。

表1-2　調査協力者の経営指標（2014年）

	八百屋 （全国平均）	A商店	B商店
1店舗当たりの 年間商品販売額（千円）	60,314	150,000	259,000
1店舗当たりの 従業員数（人）	4.7	5	10
1店舗当たりの 売場面積（㎡）	92	76	20
従業者1人当たりの 年間商品販売額（千円）	12,952	30,000	25,900
売場面積1㎡当たりの 年間商品販売額（千円）	658	1,974	12,950

出所：経済産業省『平成26年商業統計（速報値）』、
A商店およびB商店へのインタビューをもとに筆者作成

1店舗当たりの年間商品販売額はA商店が全国平均の約2.6倍、B商店が約4.3倍の値である。小売業の生産性を測る指標である従業者1人当たりの年間商品販売額はA商店が全国平均の約2.3倍、B商店が約2倍である。同様に売場面積1㎡当たりの年間商品販売額はA商店が全国平均の3倍、B商店が約20倍である。これらの指標からA商店およびB商店が同業種において高い経営成果を達成していることが読み取れる。このことからA商店およびB商店を逸脱事例として扱うことに一定の妥当性があるのではないかと考える。

　各調査協力者への調査概要は以下の**表1-3**の通りである。A商店とは2004

表1-3　調査協力者への調査概要

	A　商　店	B　商　店
参与観察方法	観察者としての参加者	観察者としての参加者
関係期間	13年（2004年から現在）	5年（2011年から現在）
調査期間	2011年〜2016年	2011年〜2016年
調査回数	21回	49回

出所：筆者作成

【A商店の概要】

　A商店はZ氏（1971年生まれ）が2004年に創業し、2011年からZ氏の高校時代からの友人であるA氏（1971年生まれ）が2代目として経営する八百屋である。A商店は2008年に株式会社化し、生鮮食品販売事業としてA商店（青果）、A商店（魚屋）、A商店（通販）、飲食店事業としてフランス料理店を展開している。本研究ではA商店（青果）を「A商店」として扱う。2014年3月時点では従業者数はA氏を含めて5名であり家族従業者はいない。店舗面積は約86㎡であり、売場面積が約76㎡、バックヤードが10㎡である。年間商品販売額は約1億5,000万円である。営業時間は10時30分から19時頃までであり、商品が売り切れた時点で閉店となる。品揃えは野菜と果物、加工食品を取扱い、その内訳は野菜と果物が50〜60品目、加工食品が約50品目である。売上の90%以上は野菜と果物が占める。A商店はその日に仕入れた商品をその日のうちに売り切ることを基本方針とした売り切り型の八百屋である。経営理念は「こどもがA商店を見て将来八百屋になりたいと思うような店づくり」である。A氏は、今の社会においてこどもの未来のために生きている大人が少なくなっていることを危惧し、そのための教育を日々の経営の中で実践することを志している。

表1-4　A商店への調査一覧

日　　時	調査協力者	調査地	調査内容
2011年4月28日	A　氏	A商店	参与観察、インタビュー
〃 年5月16日	A　氏	A商店	参与観察、インタビュー
〃 年5月20日	A　氏	A商店	参与観察、インタビュー
〃 年7月7日	A　氏	A商店	参与観察、インタビュー
〃 年7月21日	A　氏	A商店	参与観察、インタビュー
〃 年8月9日	A　氏	A商店	参与観察、インタビュー
2013年9月28日	A　氏	A商店	参与観察、インタビュー
〃 年11月16日	A　氏	A商店	参与観察、インタビュー
〃 年11月30日	A　氏	A商店	参与観察、インタビュー
2014年2月17日	A　氏	A商店	参与観察、インタビュー
〃 年3月15日	A　氏	A商店	参与観察、インタビュー
〃 年3月18日	A　氏	A商店	参与観察、インタビュー
〃 年3月21日	A　氏	A商店	インタビュー
〃 年4月18日	A　氏	A商店	インタビュー
〃 年11月26日	A　氏	A商店	インタビュー
2015年10月16日	A　氏	A商店	参与観察、インタビュー
〃 年11月5日	A　氏	A商店	参与観察、インタビュー
2016年6月1日	A　氏	A商店	参与観察、インタビュー
〃 年8月24日	A　氏	A商店	参与観察、インタビュー
〃 年8月25日	A　氏	A商店	参与観察、インタビュー
〃 年8月26日	A　氏	A商店	参与観察、インタビュー

出所：筆者作成

【B商店の概要】

　B商店はB氏（1979年生まれ）が2005年に創業し、2011年に株式会社化した八百屋である。創業当初は母親との二人三脚だったが、2013年3月時点ではB氏の父親および母親、姉2人、正社員3名、アルバイト2名を含めた全10名で経営を行っている。売場面積は約20㎡である。年間商品販売額は約2億5,900万円である。営業時間はおおよそ10時から18時であり、商品が売り切れた時点で閉店となる。品揃えは野菜を中心に年間80品－100品目を取扱う。B商店もその日に仕入れた商品をその日のうちに売り切ることを基本方針とした売り切り型の八百屋である。B商店は「良い商品を安く」を経営理念とし、徹底した薄利多売での低価格販売を実践している。

表1-5　B商店への調査一覧

日時	調査協力者	調査地	調査内容
2011年4月26日	B氏	B商店	参与観察、インタビュー
〃 年4月30日	B氏	B商店	参与観察、インタビュー
〃 年5月7日	B氏	B商店	参与観察、インタビュー
〃 年5月31日	B氏	B商店	参与観察、インタビュー
〃 年8月4日	B氏	B商店	参与観察、インタビュー
〃 年8月23日	B氏	B商店	参与観察、インタビュー
〃 年8月27日	B氏	B商店	参与観察、インタビュー
〃 年9月5日	B氏	B商店	参与観察、インタビュー
〃 年9月12日	B氏	B商店	参与観察、インタビュー
〃 年9月24日	B氏	B商店	参与観察、インタビュー
〃 年10月1日	B氏	B商店	参与観察、インタビュー
〃 年10月8日	B氏	B商店、B氏自宅	参与観察、インタビュー
〃 年10月29日	B氏	B商店	参与観察、インタビュー
〃 年11月5日	B氏	B商店	参与観察、インタビュー
〃 年11月14日	B氏	B商店	参与観察、インタビュー
〃 年11月26日	B氏	B商店	参与観察、インタビュー
〃 年12月3日	B氏	B商店	参与観察、インタビュー
〃 年12月5日	B氏	B商店	参与観察、インタビュー
〃 年12月17日	B氏	B商店	参与観察、インタビュー
〃 年12月24日	B氏	B商店	参与観察、インタビュー
〃 年12月25日	B氏	B商店	参与観察、インタビュー
〃 年12月26日	B氏	B商店	参与観察、インタビュー
〃 年12月27日	B氏	B商店	参与観察、インタビュー
〃 年12月28日	B氏	B商店	参与観察、インタビュー
〃 年12月29日	B氏	B商店	参与観察、インタビュー
〃 年12月30日	B氏	B商店	参与観察、インタビュー
2012年2月6日	B氏	B商店	参与観察、インタビュー
〃 年2月25日	B氏	B商店	参与観察、インタビュー
〃 年3月24日	B氏	B商店	参与観察、インタビュー
〃 年5月7日	B氏	B商店	参与観察
〃 年6月30日	B氏	B商店	参与観察
〃 年8月11日	B氏	B商店	参与観察
〃 年8月17日	B氏	B商店	参与観察
〃 年9月24日	B氏	B商店	参与観察
〃 年10月13日	B氏	B商店	参与観察
〃 年11月10日	B氏	B商店	参与観察
〃 年12月28日	B氏	B商店	参与観察
〃 年12月29日	B氏	B商店	参与観察
〃 年12月30日	B氏	B商店	参与観察
2013年3月11日	B氏	B商店	参与観察
〃 年12月29日	B氏	B商店	参与観察
2014年3月20日	B氏	B商店	参与観察
2015年12月28日	B氏	B商店	参与観察
〃 年12月29日	B氏	B商店	参与観察
〃 年12月30日	B氏	B商店	参与観察
〃 年12月31日	B氏	B商店	参与観察、インタビュー
2016年5月31日	B氏	B商店	参与観察
〃 年9月23日	B氏	B商店	参与観察
〃 年9月24日	B氏	B商店	参与観察、インタビュー

出所：筆者作成

年から現在に至るまでの交際があり、本研究に関して2011年以降に21回の調査を実施している。A商店に関しては第2章で説明するように、本研究とは関連なくお手伝いとして従事した経験50回ほどある。B商店とは20011年から現在に至るまでの交際があり、本研究に関して2011年以降に49回の調査を実施している。

1-5　研究方法

　本研究では研究方法として、エスノグラフィーおよびライフストーリー調査を採用した。これらの研究方法を採用した理由は、第1に探索的な事例研究を実施する場合、研究対象に対してより広範な調査を実施することが可能な方法が適していること、第2に調査協力者が自身の実践を説明することが難しかったことからインタビューを中心とした調査が困難であったこと[20]、第3に調査協力者たちのコミュニティの閉鎖性が強かったことから一定の関係性を築きながら調査を進める必要があったことである。本節では、まずそれぞれの研究方法について説明し、次に2つの研究方法を採用することの意義について説明する。そして、最後に2つの研究方法に対する評価方法について説明する。

1-5-1　エスノグラフィー

　エスノグラフィーという用語は、第1に研究方法として、第2に研究の成果物として主に2つの意味で用いられる（佐藤　2002、小田　2009）。本稿ではエスノグラフィーを前者の意味で用いる。本研究と同様の立場をとる小田（2009）によれば、エスノグラフィーとは「ある社会的場（フィールド）における事象を、そこに固有の関係性の中で理解し、その理解を踏まえながら理論化を展開していく質的方法論」と定義されている。

　エスノグラフィーでは主たる調査方法として参与観察が用いられる。参与観察は「調査対象者となっている社会の中で暮らし、そこで営まれている社会生活に関するデータを、人々と交際を行う過程で収集すること（石川他　1994、641頁）」であり、観察できない実践や知識体系に対する調査方法としてインタビューを行う調査方法である（Flick　2007=2011）。藤田（2013）によれば、参

与観察は実際に経験しつつ内側から観察することによって、現場を包括的に理解することを目指す方法だと説明されている。

まず、参与観察によって何が観察できるかについて整理する。佐藤（2015b）は現場観察の利点の1つとしてカバーできる観察対象の幅の広さを挙げ、人の社会的行動の次元と行動の背景という2つの視点から整理している。人の社会的行動の次元についてはFrankfort-Nachmias & Nachmias（2000）を引用し、①言語行動、②言語外的な行動、③非言語的行動、④空間的行動を挙げている。言語行動とは話された内容や発話の構造的な特徴である。言語外的な行動とはイントネーションや間、声の質などの発話の形式的な側面である。非言語的行動とは表情や身振りなどの様々な身体表現である。空間的行動とは人々他の人や物に対してとる、またはとるべき一定の距離に関する文化的規範に沿った行動である。現場観察ではこれらの全てに関する情報を視野におさめつつ、人々の行動とその背景について総合的に判断することが可能であると説明されている。

行動の背景については、①自然環境、②人工物（大道具）、③人工物（小道具）が挙げられている。自然環境としては地形や温度、湿度、降水・降雪量、空の色、日差しの強さ、日照時間、動植物の分布などが挙げられている。人工物（大道具）としては、建物全体や個々の部屋の構造、道路や橋、電車などの交通機関、公園などが作り出す生活環境や景観などが挙げられている。人工物（小道具）としては、服やアクセサリー、髪型、化粧、種々の道具（筆記用具・電子機器など）、家具、乗用車などが挙げられている。現場観察ではこれらの背景に注意を向けつつ、このような社会生活における大道具や小道具が人々の発話や行動に対して与える影響を念頭において記述と分析を進めることができる点が、調査技法としての独特の強みであると説明されている。

次に、どのように参与観察を実施するかについて整理する。参与観察は、第1にどのような立場で参与観察を実施するか、第2にどのような方法で観察を実施するか、第3に調査協力者とどのような関係性を構築するか、第4に調査に関する文脈情報をどのように開示するかという点から整理されている。Gold（1958）は参与観察における研究者の立場を説明する理念型として、研究者の参加と観察の程度によって、①完全な参加者（complete participant）、②観察者

としての参加者（participant as observer）、③参加者としての観察者（observer as participant）、④完全な観察者（complete observer）に分類している。研究者がどのような参与観察を行うことができるかは、研究者の意向だけでなく現場側の受け入れ方にも影響を受ける。

　観察の方法について、Bailey（1994）は第1に観察場面、第2に観察記録の方法という2つの次元から分類している。観察場面は自然状況または実験室の2つに分類されている。自然状況とは日常的な社会場面であり、実験状況とは特別に設定された実験室である。観察記録の方法は構造化または非構造化の2つに分類されている。構造化とは観察や記録の方法に事前に設定したチェックリストやテストを用いることであり、非構造化とは観察中に気がついた事柄をその都度フィールドノーツに記録することである。Bailey（1994）は以上の分類によって、①典型的な参与観察型フィールドワーク（自然状況、非構造化）、②非構造的な実験室実験（実験状況、非構造化）、③チェックリストやテストを用いた自然実験（自然状況、構造化）、④典型的な実験室実験（実験状況、構造化）という4つの類型を示している。

　参与観察を実施する場合、その立場と方法を明確にすることに加えて、現場との関係性に配慮しなければならない。一般的に、研究者が現場で研究を進めつつ必要なデータを得るためにはラポールを構築する必要があると考えられている。尾嶋（1993）によれば、ラポールとは調査を円滑に行うために調査協力者と研究者との間に結ばれる友好関係を意味し、過度になればバイアスの原因となる場合があると説明されている。現場との関係性について、Giddens（1992=2004）は調査協力者が研究者に対して寛容であることと信頼していることを区別している。そして、調査協力者からの信頼を得る際には研究者の技量が大きく影響することを挙げ、こうした技量を欠いた場合の調査研究は上手くいかないことを指摘している。

　現場との関わり方について、佐藤（2002）によれば研究者は現場に完全にとけ込むのではなく、当事者と局外者の視点を併せ持つ第3の視点を獲得することが必要となる。研究者は第3の視点を持つことによって、第1に当事者にとって当たり前の知識や当たり前の日常を成立させるルールを学び、第2に当事者が限定的にしか説明できない知識を補い、第3に当事者の利害関係に対し

て中立的な立場をとることで利害を離れた広い見地から物事を眺めることができるようになる。このような第3の視点を可能にするためにはオーバー・ラポールと呼ばれる調査協力者への過度な同一化を避けなければならない。そのため、研究者は「一定距離を置いた関与」あるいは「客観性を失わないラポール」と言われるスタンスを現場で維持することに注意しなければならない。

　一方、ラポールおよびオーバー・ラポールについて、つまり当事者と研究者の関係が調査にもたらす有効性の度合いについて、中根（1996）は調査協力者が何かについて語る内容やその信頼性は友好関係の強弱ではなく、研究者が当事者によってどのような人物として定義付けられているかという点を重要視すべきだと提起している。ラポールについては、人間は必ずしも親しい相手に対してだけ本音を打ち明けるわけではなく、それほど親しくないあるいは匿名的な場合につい本音を漏らしてしまうことを例示している。オーバー・ラポールについては、その問題は両者の関係が友好的になりすぎることではなく、研究者のリアリティが当事者のリアリティに呑み込まれてしまうことによって生じる問題だと整理している。

　参与観察の実施局面について、研究者が参与観察において何をどのように観察できるかについては、Denzin（1992）が研究者はカメラで撮影するようには現実を客観的に捉えることができないことを指摘している。そのため、エスノグラフィーでは参与と観察のそれぞれの度合いによって現場の見え方が変容すると考える。したがって、研究者が現場で観察したものを考察するためには、調査する研究者が現場でどのように観察を行ったのかを検討する必要がある。好井（2004）はフィールドワーク調査において、研究者が無色透明な存在になることはありえず、「わたし」の存在を消し去る必要はないと主張している。また、北村（2013）はポジショナリティという観点から、研究者がどこに位置しているのか、つまり、誰が、どこから、どう見る、書くのかという点を検討する必要性を指摘している。そして、観察された行為や記録された発話が、どのような文脈で、どの位置から、どの位置に向けてなされたのかを、克明に記述するだけでなく、研究者が調査協力者だけではなく自分自身のことを記述することを、エスノグラフィーの方法論的要請として提案している。

　研究に関する文脈情報において何をどこまで開示するかについては共通した

基準はないものの、Flick（2007=2011）は現場での研究者の行為や観察に関する反省、感情等の、研究者の解釈やそれに基づく記述を理解する上で必要な文脈情報を開示することを提案している。松島（2007）はエスノグラフィーの記述において、読み手を研究者が作り上げたストーリーに誘導してしまう危険性を回避するために、研究者にとっては余分と思えるような情報を残すことで、読み手が研究者の意図通りに読んでしまわないように配慮することを提案している。入江（2009）は自身の研究過程を振り返りながら、理論とかみ合わない事例と向き合う中で、自身の常識を相対化しながら検討すべき理論を定めていくことの重要性とその過程を開示することの重要性を指摘している。

このようにして執筆される研究者の記述について、Emerson et al（1995=1998）は、研究者のパーソナリティ、経験、視点、そして理論的な立場のフィルターを通して構成されていくものであり、現場の調査協力者たちが構成したバージョンの世界観についての研究者によるバージョンだと説明している。

一方で、佐藤（2015）は現場観察の不完全さとして、現場観察のみですべてのことがわかるわけはなく、時間や労力の問題から観察できないものがあることや、観察した内容だけで判断をすることによって誤解を生じる可能性があることを指摘している。そのため、観察できない事柄への調査や観察内容に対する誤解を回避するためにインタビューが実施される。佐藤（2015）はインタビューの理念型としてサーベイ・インタビューとインフォーマル・インタビューの２つを挙げている。サーベイ・インタビューとは、一問一答式の受け答えの中で、信頼性と妥当性の高い測定につながる情報を効率よく収集する方法であり、仮説検証を目的とした研究に適している。インフォーマル・インタビューとは、現地の人々と生活や行動をともにしながら何度となく会話を交わす中で、徐々に現地社会の複雑な事情や人間関係の機微にふれるような情報が得られることが多い方法であり、仮説発見を目的とした研究に適している。どちらのインタビューを採用するかは研究の目的や進捗状況に合わせて選択され、場合によっては組み合わせながら調査が進められる。それぞれの詳細な特徴については以下の表１－６に示す通りである。

表1-6 インタビューの2類型

	サーベイ・インタビュー	インフォーマル・インタビュー
セッティング	特定の時間帯（アポイントメントによって）・特定の場所	随時（折に触れて）・任意の場所で
インタビューの基本的な性格	「面接」「ヒアリング」（情報を収集する・聞き出す）	「雑談」「会話」「問わず語り」（教えてもらう・アドバイスを受ける）
聞き手と話し手の役割関係	聞き手：一般的に権威があるとされている機関から委託を受けた調査員 話し手：数多くの対象者の中の1人	聞き手：新参者・弟子・後輩・友人 話し手：ベテラン・師匠・先輩・友人
コミュニケーションの特徴	一方向的なコミュニケーション・聞き手と話し手という関係が固定的	双方向的なコミュニケーション・聞き手と話し手の逆転もあり
質問と回答の仕方（受け答えの特徴）	画一的な質問の提示順序・画一的な言い回し	質問の順番、言い回しがともに臨機応変
理論の言葉と現場の言葉の相対的比重	理論の言葉＞現場の言葉	現場の言葉＞理論の言葉
主な目的	仮説検証・正確な記述	問題発見・仮説発見

出所：佐藤（2015）p.168

1-5-2 ライフストーリー

　桜井（2012）によれば、ライフストーリーとは、「個人のライフ（人生、生涯、生活、生き方）についての口述の物語（p.6）」であり、「個人のライフに焦点をあわせてその人自身の経験をもとにした語りから、自己の生活世界そして文化や社会の諸相や変動を読み解こうとする質的研究方法（p.6）」である。Atkinson（1995=2006）によれば、ライフストーリーによって調査される対象は、時間としては生まれた時あるいはそれ以前から現在、未来までが含まれ、内容としては人生の重要な出来事や経験、感情が含まれる。

　ライフストーリーが有する研究方法の特性については、Atkinson（1998）によれば、ライフストーリー調査は学際的な研究方法であり、人間に関する幅広い分野に応用できる研究方法である。Becker（1966=1998）によれば、ライフストーリー調査は、第1に現象を説明する理論の試用、第2に探索的な研究領

域での仮説構築、第3に停滞した研究領域での新たな変数や仮説の探索などの貢献ができる研究方法である。

　石川（2015）によれば、ライフストーリー調査の基本的な問題意識は、「「語り手として目の前にいる人が、いかにして今のその人になったのか。そして、調査者として向かい合っている私に対して、どうしてそのことを、そのように語るのか」について、インタビューでの語りを複数の文脈に位置づけることで一定の筋道をつけようとする（p.243）」ことである。さらに、ライフストーリー調査の個性として、第1にインタビューを対話の一部として位置づけていること、第2に対話の軌跡を記述することを挙げている。

　まず、ライフストーリー調査におけるインタビューとは、単なる情報収集や実態把握の手段という枠に収まるようなものではないと考えられている。そして、インタビューとは対話の起点として位置づけられており、対話とは研究全体にわたって続く終わりのない過程とされている。ここで意味する対話とは、インタビューに加えテープ起こしや論文執筆にまで及び、研究者が相手を理解しようともがき、その都度その時点で、研究者が何をどのように理解したのかを書きながら、それらの認識を深めていく過程を意味する。

　さらに、このような研究者の反省過程を記述することがライフストーリー調査のもう1つの個性とされている。その理由は、第1に反省過程の記述も対話の一部であること、第2にその記述によって研究者の思考の道筋を読者に伝えることが可能になり、研究者が理解したことだけではなく、なぜそのように理解できるのかを同時に伝えることが、語り手の経験に対する読者のより深い納得の助けとなると説明されている。

　以上のように、ライフストーリー調査ではインタビューに対して独特の理解がなされているため[21]、以下では、ライフストーリー調査におけるインタビューの方法論上の特性について整理する。

　Holstein & Gubrium（1995=2004）は、インタビューとは解釈を伴うアクティヴなものであり、調査協力者と研究者の両方の側の意味を作り出す作業を必然的に含んでいることを指摘している。そして、調査協力者は事実とそれに関連する経験内容の貯蔵庫であり、常に受動的で知識の生産には関わりを持たないため、いつどこでインタビューされても同じ回答を得ることができるという回

答の容器ではなく、調査協力者は研究者と共同で自身の経験を創造し伝える存在であることを主張している。

　ライフストーリーではこの知見を踏まえ、インタビューによって聞き取られる調査協力者の語りは、調査協力者と研究者との間で展開される相互作用の所産と捉え、調査協力者が何をどのように語るかについては、調査協力者と研究者との関係性を抜きにしては考えることができないという立場をとる（桜井　2012、大久保　2009、山田　2005）。そのため、ライフストーリー調査では基本的に個人の歴史に基づいてライフストーリーが語られるものの、どのようなライフストーリーが生成するかはインタビューのコンテクストに依存すると考える。

　小林（1992）は調査協力者と研究者との関係において、両者の親密さが増すと語りの内容の深さが変化する可能性があることを示している。語りの内容の深さとは、ある語りにおける異なるヴァージョンでの表現を意味する。小林（1992）はヴァージョンの例として、第1にある経験に対していくつかの異なる解釈を行っていることの現れである「解釈のヴァージョン」、第2にある経験に対する1つの解釈が異なって言い表された「表現のヴァージョン」、第3にそれら2つのヴァージョンの組み合わせを挙げている。しかし、必ずしも親密さが語りの内容の深さに結びつくとは限らず、親密さが増しても語りの内容の深さに変化が見られない場合や、親密さと関わりなく語りの内容の深さが変化することがあることも指摘している。このような点から、小林（2000）はライフストーリー調査における調査協力者と研究者との関係性を考慮すれば、ライフストーリーには2人の著者が存在し、調査協力者を作成者として、研究者を執筆者として捉えることを提案している。そして、記述されるライフストーリーには調査協力者と研究者との関係性を中心として、研究者がライフストーリーの生成にどのように携わったのかを織り込んだ記述が必要であることを主張している。

　山田（2011、2013）はライフストーリー調査におけるインタビュー内容の理解は、インタビューのその場で瞬時に可能になるものではないことを指摘している。インタビュー内容の理解は、インタビュー内容の批判的検討やライフストーリーの再現過程に加え、調査協力者との関係性の構築とその変容を伴った

リフレクシヴな自己言及作業を通じて達成されると説明している。このとき、研究者はローカルな文脈を理解できる準メンバーとして社会化されているため、研究者も意図的に自己を振り返るリフレクシブな分析をしなければ、研究プロセスについて表面的な記述しかできなくなってしまう。そのため、記述されたライフストーリーを読者が理解するためには、語られたことをそのまま記録するのではなく、研究者が獲得した当該フィールドの常識的な背景知を、自己の調査過程をリフレクシヴにたどることによって、読み手に提供しながら解釈を示すことが重要であることを指摘している。

　このようにして作成されるライフストーリーがもたらす知を、小倉（2011）は二重の生成性として説明している。それは、第1に調査協力者と研究者とのコミュニケーションによって構成される新たな現実の生成性と、第2にそこで生成されたものが読み手とコミュニケーションされることによって構成される新たな現実の生成性である。ライフストーリーが創られていく中で、調査協力者には自身が気づいていなかった現実が構成され、研究者は調査方法や解釈・分析方法などの研究方法を改めていくことができる。さらに、読み手はそのような過程を追体験しながら自身の経験をライフストーリーに重ね合わせることで新たな現実を構成することができる。これらがライフストーリー研究の重要な貢献の1つである。

　最後に、類似概念であるライフストーリーとライフヒストリーの違いについて整理する。Atkinson（1995=2006）によれば両者にはほとんど差がなく、多くの場合同じものに対して異なる用語を用いているだけであるものの、求められる具体的な情報や最終的な成果は大きく異なると説明されている。ライフヒストリーの場合、最終的な形式は何が話されあるいは行われ、暗示されたのかが研究者の視点から記述されている。一方、ライフストーリーの場合、同様の記述が語り手の視点によってなされている。

　一方、桜井（2002、2012）はライフストーリーとライフヒストリーの親近性を認めつつも、概念として明確な違いが存在することを指摘している。第1に、データの位置づけに関する違いである。ライフヒストリーはライフストーリーを含む上位概念であって、ライフストーリーまたは他のオーラル資料、自伝や日記などの個人的記録や専門書などの文献資料によって構成される、個人の人

生や出来事を編集して記録されたものである。一方、ライフストーリーは個人が歩んできた自分の人生についての語りである。第2に、それぞれの記述の方法に関する違いである。ライフヒストリーでは描かれる人生が時系列に沿って編集されることに対して、ライフストーリーではそのような編集はされず、調査協力者と研究者との対話がなされた順序のまま記述される。第3に、方法論に関する違いである。ライフヒストリーでは調査協力者と研究者とは互いに影響を与えない独立した存在であり、インタビューによって聞き取られる調査協力者の語りは歴史的事実として位置づけられている。一方、ライフストーリーでは調査協力者と研究者とは互いに影響を与える存在であり、インタビューの中で生まれる語りは両者の相互作用によって共作されたものであり、必ずしも歴史的事実と対応するものではないと位置づけられている。

1-5-3 研究方法の位置づけ

はじめに、本研究で採用したエスノグラフィーおよびライフストーリーについて説明する。エスノグラフィーについては、参与観察の立場と方法、インタビューの方法について説明する。まず、参与観察の立場について、本研究では調査協力者の店舗において従業者として従事しながらエスノグラフィーを実施したことから、Gold（1958）の分類に従えば、観察者としての参加者に位置づけられるのではないかと考える。しかし、Gold（1958）の分類はあくまでも理念型であるため明確な区別は難しい。

次に、参与観察の対象である。Frankfort-Nachmias & Nachmias（2000）の分類に従えば、行動の次元として言語行動および非言語的行動、空間的行動、行動の背景として人工物（大道具）および人工物（小道具）に対して観察を実施した。言語外的な行動および自然環境を除外した理由は、本研究の問題意識においてこれらの重要性を見出すことができなかったからである。

次に、参与観察の方法である。Bailey（1994）の分類に従えば、観察場面は自然状況であり、観察記録の方法は非構造化であることから、典型的な参与観察型フィールドワークに位置づけられる。

最後に、インタビューの方法については、佐藤（2015）の分類に従えば、サーベイ・インタビューおよびインフォーマル・インタビューの両方を併用し

た。明確に区別をしたわけではないが、調査の初期段階では小売ミックスなどの理論的に扱われることが多い事柄に対して事前に用意した質問項目を聞き取るサーベイ・インタビューとしての割合が大きかった。調査が進むにつれ、事前に用意した質問項目は前回のフィールドワークで気づいたことや聞き逃したことなどがごく少数ある程度であり、インタビュー時間の多くは自然な会話の中から生じたものが多く、インフォーマル・インタビューとしての側面が大きかった。調査の後期段階になると、論文作成に必要な情報について聞き取ることが多く、サーベイ・インタビューとしての側面が大きくなっていった。

　ライフストーリーについては、調査協力者と研究者との相互作用性およびライフストーリーの共作性についてはその考えに依拠して調査および研究をしている。しかし、記述の方法については、ライフストーリー特有の語りが生まれた順番に基づいた形式になっていない。その理由は、本研究の問題意識が小規模小売業者の実践に関して包括的に探索的調査を行うことであったことから、調査協力者のこれまでの経緯を時系列に沿って編集したほうが調査目的に適うと判断したからである。そのため、本研究の記述は、ライフストーリーのみによってライフヒストリーを記述するという形式になっている。ライフヒストリーを記述する場合、研究対象に関連する資料を用いる場合が多いが、本研究対象においてはそのような資料が存在していなかったため用いていない。

　エスノグラフィーおよびライフストーリーに共通するものとして、筆者は現場にどのように関わったのか、その中で調査協力者との間にどのような関係性を築き、現場の中にどのような居場所をつくったのか、調査過程における文脈情報やその時々の反省はどのようなものであったかについては、第7章にて筆者の調査過程を記述することで提示する。調査に先立って関係性を有していなかったB商店の場合を端的に整理すれば、異物として扱われつつ様々な値踏みを受けながら現場での居場所を作った時期、調査協力者との関係性が強くなりすぎたことでオーバー・ラポールとみなされかねない状態になった時期、指導教員や学会での助言のおかげで第3の視点を持てていると自覚でき始めた時期、立場は違えど信頼できる仲間として認め合える関係性になった時期があったと考えられる。

　次に、エスノグラフィーおよびライフストーリー調査を採用する具体的な目

的について説明する。まず、エスノグラフィーによって調査協力者のフォーマットの構成を記述する、つまり調査協力者の経営活動を商業研究の観点から包括的に捉えることができる。田村（2008、2014）によれば、フォーマットとは特定流通企業の戦略を反映した基本的な活動パターンであり、フロント・フォーマットおよびバック・フォーマットから構成される。フロント・フォーマットは特定流通企業における全店舗の諸特徴であり、店舗網に関わるものと個店の特徴に関わるものがある。個店の特徴は、店舗活動の総体である小売ミックス構成の安定的パターンである。小売ミックスは、立地パターン、取扱い商品カテゴリー、価格政策、接客サービス方針、販売計画、基本的店舗設備等が例示されている。バック・フォーマットはフロント・フォーマットを支える業務遂行の仕組みであり、サプライチェーン・マネジメント、店舗業務遂行技術、組織構造・文化等が例示されている。フォーマットを記述することは、小規模小売業者の実践について包括的な探索的調査を実施する本研究の目的に適う。また、本研究の事例対象であるA商店およびB商店に関する二次資料が存在しないこと、A氏およびB氏の両者共が調査を受けることが初めてであり、自身の実践を説明することが難しかったことからインタビューのみによる調査が困難であったことも、エスノグラフィーを採用した理由の1つである。

　次に、ライフストーリー調査によって調査協力者の視点からフォーマット構成メカニズムを検討することができる。小規模小売業はその経営規模の小ささから経営者の理念や嗜好が経営活動に反映される傾向が強い（田村　1981、小宮　2003、2007）。そのため、小規模小売業者のフォーマットへの理解を深めるためには調査協力者の人間性をライフストーリーによって理解することが有用である。また本研究の調査協力者は両方とも経営者であり、それぞれ起業経験を有する。このような場合、事業機会の認識や熟達などの起業前後の文脈を理解することが重要である。本研究の調査協力者は両方とも小規模小売業者であることから、経営者個人のライフストーリーを理解することがその企業のライフストーリーをも理解することにもつながり、事例の理解を深めることができる。

　エスノグラフィーおよびライフストーリーに共通する特徴として、これらの方法が調査協力者と関係性を築きながら調査を行う点を挙げることができる。

後述するとおり、A商店およびB商店はある種のコミュニティとしての性質を持つことから外部に対する排他性がみられ、調査の継続には調査協力者との間に一定の関係性を築く必要があった。また、調査によって得られる知見は経営上一定の機密性を有するものもあり、調査結果の公開には一定の信頼性が必要とされる。さらに、2つの調査方法を併用することは同一事例に対するトライアンギュレーションの1つでもあり、それぞれの調査方法によって記述された内容の水準を一定程度担保するものでもある。

1-5-4　エスノグラフィーおよびライフストーリーの評価基準

　Flick（2007=2011）は質的研究の基本的特徴として次の8点を挙げている。それは、第1に研究対象・課題に適した方法と理論を選ぶこと、第2に現場の人びとがもつ様々な視点を考慮に入れること、第3に研究者が研究に関する自身の省察を研究資料の一部として取り入れること、第4に多様なアプローチと方法が存在すること、第5に現象や出来事をその内側から理解すること、第6に個別の事例をある程度の一貫性をもって再構成すること、第7に質的研究で研究される現実とは所与の現実ではなくて様々なアクターによって構築された現実であること、第8に質的研究によって生み出されるテクストは実証的分析の対象となることである。

　質的研究の中でも、本研究で採用するエスノグラフィーおよびライフストーリーによって記述される事実について池宮（2000）は次のような限界を指摘している。

　まず、エスノグラフィーやライフストーリーによって扱われる事実とは、第1に事実の全体像を確定することが原理的に不可能であり、第2に事実に対する状況の定義に個人的あるいは集団的な差異があること、第3に諸状況の定義の競合の結果などから構成されるという特徴を持つ。次に、インタビューによって話し手が語る内容は、第1に話し手の記憶が不安定であること、第2に語られる記憶の内容は話し手の現在の立場から修正される可能性があること、第3に話し手がここまでは許容できると判断した範囲内においてラポールの程度に応じて語られたものであるという特徴を持つ。

　研究者が利用するデータは以上のような特性を有するのであるが、それらは

そのまま提示されるわけではない。研究者は自身の問題意識や公表を控えるべきと判断した内容を削除し、時間的順序の整理や関連叙述をまとめるために並べ替えることによって編集する。このような編集作業によって、調査協力者にとっての事実は研究者の解釈する事実に再構成される。さらに、記述において聞き手の問いや応答が削除されることでインタビューの具体的文脈に関わる情報が抜け落ちることになる。語りとは、話し手と特定の社会関係や心理的距離にある聞き手の具体的な問いに対してなされた回答であり、聞き手の理解を得ることを念頭において話し手が選んだ方法で語られた回答であるため、不特定多数の未知の人々に向けて発せられた独り言ではない。そのため、記述の際には話し手の語りに影響を与える可能性を持つ問いと応答は削除すべきではない。

　池宮（2000）は以上の点を考慮した場合、事実に関する記述は「事実そのもの」ではなく「事実に関するひとつの仮説」であることを提起している。また、事実に関する記述のこのような性格に配慮し、読み手の誤解を防ぐために、事実に関する記述が様々なプロセスを経て構成された産物であることを明示する必要があることを指摘している。

　このような特性を有する質的研究に対して、Lincoln & Guba（1985）およびGuba & Lincoln（1989）はその内容を評価する基準として信用性（trustworthiness）と真正性（authenticity）を提案している。

　信用性は確実性（dependability）、信憑性（credibility）、移転可能性（tranferability）、確認可能性（confirmability）から構成され、信憑性が最も重要だと位置づけられている。確実性は用いられるデータが確実または正確であることを意味する。信憑性は発見事実に対する現場の人々と研究者との認識に矛盾がなく論理的に信じられることを意味する。移転可能性はある文脈における知見が似たような状況や人々に移転できることを意味する。確認可能性は読者が研究者の研究過程を追跡することで結論に至った道筋を確認できることを意味する。

　真正性は公正さ（fairness）、存在論的な信憑性（ontological authenticity）、教育的な信憑性（educative authenticity）、触媒的な信憑性（catalytic authenticity）、戦略的な信憑性（tactical authenticity）から構成される。公正さは研究者の調査協力者に対する公正さを意味し、持続的なインフォームド・コンセントが必要となる。存在論的な信憑性は調査協力者および読者が研究を通して現場の社

会的な世界と人間的な状態を理解しやすくなることを意味する。教育的な信憑性は調査協力者が現場の理解を通して自身のステークホルダーを理解する方法が上達されることを意味する。触媒的な信憑性は参加者の意思決定が研究によって向上することを意味する。戦略的な信憑性は研究成果が調査協力者やステークホルダーに力をもたらすことを意味する。

Lincoln & Guba（1985）およびGuba & Lincoln（1989）の議論を整理すれば、質的研究を行う場合、研究過程の開示および研究成果の有用性の視点からその研究が評価されることになる。これらの指標について検討したものが次の**表1-7**である。

本研究の信用性および真正性について検討する。まず信用性である。確実性および確認可能性については、第2章において調査過程と調査協力者との関係性および研究過程を開示することで対応する。信憑性については調査協力者であるA氏およびB氏に校閲を依頼し、事実誤認がないことを確認済みである。移転可能性については、実務家からの反応や拙論の引用数などで評価可能ではあるものの、執筆時点では確認できていない。

次に真正性である。公正さについては長期調査の許可が許されていることから一定の公正さを認めることができる。存在論的な信憑性については、B氏が「俺らはこんなことやってたんやな」と筆者に伝えたことからから一定の効果が認められる。読者に対してはエスノグラフィーとライフストーリーを併用す

表1-7　研究方法の評価基準の検討

	評価指標	検討内容または結果
信用性	確実性	第7章で調査協力者との関係性および研究過程を開示
	信憑性	A氏およびB氏が校閲済み
	移転可能性	未評価
	確認可能性	第7章で調査協力者との関係性および研究過程を開示
真正性	公正さ	長期調査の許可
	存在論的な信憑性	エスノグラフィーおよびライフストーリーの併置
	教育的な信憑性	卸売市場制度の現状の把握（A氏およびB氏）
	触媒的な信憑性	効果なし
	戦略的な信憑性	筆者の講演実績、A商店によるDPの利用

出所：筆者作成

ることで事例に対する理解が深まる配慮をしている。教育的な信憑性については、A氏およびB氏が本研究によって卸売市場制度の現状をより正確に把握できたことを筆者に伝えている。触媒的な信憑性については、残念ながらA氏およびB氏ともに特段の効果を感じていないという。戦略的な信憑性については、筆者はこれまでに本研究に関連する講演を複数の行政機関が主催する勉強会で行っていること、A商店ではメディア対応をするときに筆者が執筆したDiscussion Paperを利用していることから、一定の成果があるのではないかと考える。

　また、エスノグラフィーおよびライフストーリーの評価においては、本節第1項および第2項で整理したように、エスノグラフィーについてはポジショナリティおよび文脈情報の開示という点から、ライフストーリーについては調査協力者と研究者の関係性や対話の軌跡、リフレクシブな自己分析という点から、それぞれの研究過程の開示と調査協力者との関係性を記述する必要がある。この点については第7章において記述する。

注
1　研究領域を広く定義すれば、第3の系譜として小規模小売業者の特性である商業集積に焦点を当てた研究を挙げることができる（田村　1981、石原・石井　1992、田中　1995、2006、石原　2005、角谷　2009、渡辺　2014、渡邉　2014）。歴史的経緯として、小規模小売業者はその小規模性に由来して商店街を典型とする商業集積を形成してきた。また、商業集積を形成することで得られる集積の経済を管理するために、商店街活動やまちづくり活動などが展開されている。この領域は小規模小売業研究の代表的な系譜の1つではあるものの、本稿の問題意識およびその分析単位とは異なるため議論の対象に含めない。
2　矢作（2011a）は、小売業の複雑さは個々の知識がシステム依存的であることに由来することを説明し、部分的に知識を取り出すことの有効性を疑問視している。そして、市場戦略および業務システム（店舗運営、商品供給、商品調達）から構成される小売事業システムという企業の経営活動を包括的に捉える枠組みを提示し、個別企業の組織能力を分析することの意義を論じている。矢作の問題意識は、個別企業における持続的な競争優位を企業特定的な組織能力の視点から説明することである。そして、戦略の独自性およびベンチマーク企業調査、日本経済新聞デジタルメディア社の財務データベースの分析から日本の優秀小売企業を選定し、それらの企業を小売事業システムの枠組みから分析することで、

それぞれの企業の中核的な組織能力を抽出し提示している。
3　大規模小売業者を対象とした研究では、このような経営活動のシステム性を考慮した枠組みでの研究が蓄積されており（矢作　2011、岸本　2013、田村　2014）、岸本（2013）はこのような問題意識を持つ小売業研究の新しい研究領域として店舗オペレーション・システム研究を展開している。
4　田村（2008）においても八百屋は衰退業種とみなされている。
5　石原（2000）は小売業者が、商業集積内において互いの品揃え物を前提としながら競争し、より魅力的な品揃えを形成していくことを「依存と競争の原理」として説明している。小売業者は競争を前提とすることでより積極的に市場に適応すると考えられている。小売業者は競争の中で互いの品揃えを注視し合い、自身の品揃えを戦略的に変更することでより魅力的な品揃えを形成しようとする。この過程が商業集積内に波及する結果、商業集積全体での品揃えの魅力が向上し、さらに多くの消費者を吸引できることとなる。消費者の増大は競争を通じた品揃えの改定を促進することで、この循環は続くこととなる。
6　本研究での議論は大都市の拠点市場周辺で経営を行う八百屋を想定しており、地方卸売市場等で買参権を持つ卸売業者から直接仕入れを行う八百屋は想定していない。
7　セリ・入札取引とは売り手（主に卸売業者）と多数の買い手（主に仲卸業者）とが公開の場で価格形成を行う方法であり、売り手が買い手に対して現物を示して買い手に値付け競争をさせ、最も高い価格を提示した売り手に販売する方法である。
8　相対取引とは売り手（主に卸売業者）と買い手（主に仲卸業者）とが個別に交渉を行う取引方法であり、先取り（卸売市場での販売開始時刻以前の卸売）や予約相対取引（あらかじめ締結した数量価格予約に基づく卸売）等が代表的な取引方法である。
9　1999年の法改正によって、それまでのセリ・入札取引の原則が緩和され、相対取引が可能な商品が拡充された。
10　2004年の法改正により、2009年から卸売市場の開設者の裁量で、手数料率を業務規程で定められるようになった。
11　2004年の法改正により、卸売業者以外からの集荷（直荷引き）禁止の原則が緩和された。
12　売場面積が250㎡未満の事業者を指す。
13　売場面積が250㎡以上の事業者を指し、スーパーまたは百貨店、生協、集団給食等の事業者、問屋等が含まれている。
14　当時、例外的に相対取引が認められる場合としては、①災害の発生、②入荷の遅れ、③卸売の相手方が少数の場合、④残品を処理する場合、⑤卸売業者が仲卸業者や買参者とあらかじめ結んでいた契約にもとづいて出荷を受ける場合、⑥やむを得ない理由で通常の卸売開始時刻以前に卸売を行う場合、⑦例外として市場内の仲卸業者・買参者以外の物に卸売を行う場合、が挙げられていた。
15　田村（2008）によれば、日本の中小小売業者の大部分は家族従業者によってのみ運営される小規模単体店であり、その経営目的は生計を維持できる収入があればそれで満足する

16 本事例の調査のために、2013年にX氏に対してインタビューと参与観察を3回ずつ実施した。参与観察は基本的に「完全な観察者」として実施し、X氏が所用で不在のときのみ従業者として店舗管理業務を行った。
17 この定式に基づいたアブダクションとして、ケプラーによる惑星の楕円軌道の発見例を示す。①惑星に関する円形軌道仮説と火星の観測結果が一致しない、②だが、もし火星の軌道が楕円形をしているなら、この観測結果を説明できる、③火星の軌道は楕円形をしているだろう（Liszka　1996、村中　2010）。
18 仮説形成が行われるときに比較検討されるべき仮説の価値・規範として、第1に仮説が検証可能であること、第2に仮説が関連する全ての事実を説明すること、第3にその仮説に基づいて研究することによって、様々な点で損失が少なく利益が多いことが挙げられている。詳しい内容は村中（2010）によって整理されている。
19 厳密に言えば、その前提としてイシュー・時間・空間という3つの限定を課した中範囲の理論の構築を研究目的とすること、その場合には設定した中範囲すべての事例を分析する必要性があることを提起している。
20 大浦（1996）によれば、熟達者の知識の多くは行為の中に埋め込まれていることから、行動や認識、判断などはその遂行のために知識を意識化する必要がなく、多くの場合、知識のほんの一部しか言語化することができない。このような場合は、熟達者と一緒に仕事をすることによって、言語化できない知識や価値体系を学ぶしかないと説明されている。
21 このような立場は方法論上、対話的構築主義として概念化されている（桜井　2012、桜井・石川編　2015）。

第2章

A商店のエスノグラフィー

2-1 経営方針

　A商店には経営を支える2つの基本方針がある。それは価値を生むこと（以下、「価値創造」と表記）と商品を毎日売り切ること（以下、「売り切り」と表記）である。A氏は八百屋を模倣が容易な業種と考えている。特に野菜は生食よりも調理して食べることが多いため、素材そのものの品質での差別化が難しく価格競争に陥りやすい。そこでA商店では一般的な野菜は薄利で販売することで集客の核としつつ、個性的な商品やブランド化された商品、品質での差別化が容易な果物を厚利で販売することで収益源としている。さらに、それらの差別的な商品を単なる品揃えとして扱うだけでなく、従業者による積極的な提案販売や顧客教育と合わせることによって価値創造を試みている。

　また、青果物の商品特性から鮮度が商品の訴求力に大きく影響を与えるため、その日に仕入れたものをその日のうちに販売する売り切り型の経営を行っている。A氏は売り切りとは単に商品の鮮度を向上させるだけでなく、一般的なスーパーがその方針を採らないという意味で八百屋の競争優位の源泉だと考えている。A氏によれば、すべての商品が偶然売り切れるということは決してありえず、売り切るためにはそのための仕組みづくりが必要になる。そして、その仕組みを構築するのが経営者の重要な仕事だと考えている。また、売り切らなければ営業が終わらないということは、従業者の販売能力を向上させる適度な圧力になるとも考えている。

2-2 品揃え

　本節では、品揃え形成および仕入れ、価格設定について説明する。まず、品揃え形成である。A商店はその日に仕入れた商品をその日のうちに売り切ることを基本方針としている。品揃えは野菜と果物、加工食品を扱い、その内訳は野菜と果物が約50～60品目、加工食品が約50品目であり、売上の90%以上は野菜と果物が占める。野菜と果物の品揃えは旬の商品および一般的な野菜と果物を中心に構成される。A氏によれば、スーパーでは野菜と果物の構成比が3：1程度だというが、A商店では3：2から1：1と果物の構成比が大きくなっている。その理由は、果物は野菜と比べて粗利益率が高く設定できること、果物は調理して使用される野菜と比べて生食が多いため品質の差別化がしやすいこと、A氏の果物に関する商品知識が野菜に比べて豊富であること、果物を扱う仲卸業者とのパイプが強いことである。

　営業日ごとの具体的な品揃えは、第1に旬、第2に価格と品質とのバランス、第3に流通量を参考に決定される。まず、旬の商品は消費者の需要が強いことや売場の華やかさを向上させる点などから積極的に取り扱われる。次に、価格と品質とのバランスに関しては、何円で売りたいという価格を優先して品質を決めるのではなく、この商品を売りたいという品質を優先して価格が決定される。A商店では不特定多数に対する薄利多売ではなく、特定のお客さんに対して自分たちが提供したい商品を競合他社よりも少し安い価格で販売することを心掛けている。最後に、流通量が多い商品を積極的に取り扱う理由は、流通量が多い商品は仕入れが容易であることや仕入れ価格が安く安定している場合が多いことなどである。

　A商店は仲卸業者と長期継続的な取引の中で良好な関係性を築くことによって、直荷引き商品の引き受け先という仲卸業者と共同で商品開発をする仕組みを作ることができている。直荷引きとは仲卸業者が生産者や出荷団体と直接取引を行う商品調達方法である。そして、直荷引きされる商品の多くはその仲卸業者しか集荷できないものが多く、商品価値が高い場合が多い。仲卸業者は生産者から、これから市場化したい商品やその地域での出荷を始めたい商品など

の継続取引の依頼をされることがある。A商店は仲卸業者との間に良好な関係性を築くことで、一定期間直荷引き商品の引き受け先となることが可能となり、このような商品開発に携わることができるようになった。A商店ではこれまでに、とうもろこしの「ピュアホワイト」やカリフラワーの「ロマネスク」、スイカの「ひとりじめ」、プラムの「貴陽」、ほうれん草の「寒締ほうれん草」などの商品開発に協力してきた実績がある。

　これらの商品は個性的な品質の商品が多い一方、消費者の認知度が低いことから販売が難しいものの、市場化に成功した場合には生産者から仲卸業者を通して優先的な供給を受けることができるだけでなく、市場価格の半額ほどで継続して仕入れることができる場合が多い。引き受け期間中の仕入れ価格は市場価格の5分の1から2分の1程度であり、引き受け量は相手方の在庫量次第で変動する。このように、商品開発に成功すればその商品を取り扱う店舗にとって競争力を有する商品になる可能性が高い。

　A商店は例外的な品揃えとして飲食店向けの商品を取り扱っている。基本的には、飲食店からの注文商品の端数分を店頭で試験的に販売することが多い。飲食店などから普段取り扱わない商品の注文を受けた場合、相手が希望する購入数量と仕入ロット量が合わないことが少なくない。A商店ではこの差分を店頭販売することで、その商品が一般客向けに販売可能な商品かどうかを試している。さらに、このような商品はお客さんの反応を確かめられるように、従業者が目を配りやすいレジ前に陳列される。

　また、飲食店向け商品として、飲食店からの注文商品ではなく、飲食店に試用して欲しい商品を取り扱うこともある。A氏は、八百屋の役目は消費者の食生活を支えることだけではなく、豊かな食文化を提案することも重要だと考えている。そこで、A氏は共感できる理念を持つ飲食店に対しては、その飲食店が持つ技術を最大限引き出せるような商品を提供することを心がけている。その飲食店が取り扱ったことのないような商品を提供することで、料理人のインスピレーションに働きかけることを目指している。A氏が惚れ込んだ商品をある飲食店で使用してほしい場合、商品を無償で提供することもある。料理人が新たな調理方法やメニューを思いついた場合、その知識はA氏にフィードバックしてもらえる。A氏はその情報をお客さんに伝達することで、一般家庭でも

多様な食文化が実現できる場を提供できないかと試みている。

　品揃えに加工食品を加える理由は買物の利便性を高めるためである。加工食品の品揃えは、だし汁や調味料などの料理に用いる商品と梅干しやかまぼこなどの食品となる商品である。A商店の系列店である鮮魚店から営業中の在庫調整のために鮮魚が品揃えに加わることもある。

　商品の規格に関しては、いわゆる無印等級と呼ばれる規格外商品を積極的に扱っている。無印等級の商品の中には、味は十分な水準にあるもののサイズや形が不均一であることから規格外とされて価格が安くなっている商品が存在する。そのような商品を適切に目利きし、お客さんに価値を提案できるのであれば、魅力的な商品を競合他社よりも安く販売することができる。産地に関しては、A氏は良質な商品を生産する産地はある程度固定化していると考えており、それぞれの産地が旬の時期の商品を継続して扱っている。

　次に、仕入れである。仕入れ先は最寄りの中央卸売市場本場と同東部市場を利用し、主に本場で仕入れている。両方の市場を利用することで、それぞれの価格差を活かすことができる。A氏によれば、近年東部市場は大手スーパーが仕入れ先として利用しなくなったことで在庫が過剰気味になり、商品価格が極端に下がる時があるという。そのような情報や機会を活かすことで低価格仕入れを実現することができる。

　仕入先の仲卸業者はすべてA商店の創業者であるZ氏の取引先をそのまま継続している。A氏は仲卸業者と長期的に良好な関係性を築くことで、より有効な取引を実現することができると考えている。仲卸業者との関係性は、小売業者の販売力を基盤としてそれぞれの人間性と日々の取引を通じた信頼関係が重要だと考えている。A氏によれば、まず、小売業者の販売力がなければ関係性を築くだけの取引を重ねることができない。そして、お互いの人間性が合わなければ長期的な関係を持つことはできない。仲卸業者との取引は商品の担当者ごとに個別に行うため、個人的な関係性が必要となる。そして、長期的に継続して取引を行うことでお互いの信頼関係が生まれるのである。

　中小規模の小売業者は基本的に仲卸業者を通じてしか商品を仕入れることはできない。両者が互いの取引を有益にするためには、それぞれの考え方や能力、その時々の店の経営状況などを考慮するための理解が必要になる。小売業者に

は自身が希望する商品を仲卸業者が調達できるとは限らないという問題がある。仲卸業者には自身が調達した商品すべてを小売業者が買い取るとは限らないという問題がある。小売業者が自身の希望に沿わない商品の購買を見送れば、仲卸業者はその小売業者のためによりよい調達をしようという動機とその小売業者に適した調達の学習機会を失ってしまう。

　A氏は、このような事態を避けつつ自身に有益な商品を仕入れるためにも、必ずしも思い通りにはいかない取引を続けながらもお互いの理解を深めることが重要だと考えている。例えば、A氏は取引のある仲卸業者がその時々にどの程度の在庫を抱えているかを把握している。それによって、自分が買いたい商品と相手が買って欲しいであろう商品とを考慮しながら、仲卸業者との間の持ちつ持たれつのバランスをとるのだという。

　一定の関係性が築かれると、持ちつ持たれつの出来事によって信頼関係を深めることがある。例えば、かつて仕入れ先の仲卸業者が商品の傷によって販売先のスーパーから大量の返品を受けて困ったことがあったという。その仲卸業者が販売した商品のうち傷がついていた商品はごく僅かであったが、販売先のスーパーはその商品の全量を返品した。青果物業界では、返品された商品はどのような状態であっても再販売時にまともな価格がつかない。そこで、A氏はその仲卸業者にA商店と取引がある食べ放題の飲食店を紹介することで、僅かな値段であっても廃棄せず販売できる販路を紹介したのであった。また別のある時、A氏の友人が病床に伏し、死ぬ前にどうしても食べたい物があるとお願いをしてきた。A氏がある仲卸業者に相談したところ、その商品は市内で2個だけ流通していた。しかし、その流通先はA氏が普段取引のない仲卸業者が入荷し、その後ある百貨店に販売されたのであった。事情を理解したその仲卸業者は、百貨店とそこに販売した仲卸業者に頭を下げてその商品を返品してもらい、A氏に渡したのであった。

　一定の信頼関係が築かれれば仲卸業者と商品開発を行うこともある。前述の通り、このような商品は市場化に成功すれば競争力を持った商品になりうる。商品開発とまではいかなくとも、仲卸業者が好奇心で調達した商品を優先的に販売してもらうようにもなり、A氏はそのような少し癖のある商品を積極的に引き受けることで、競合他社にはない品揃えを形成することや、特殊な需要を

持つお客さんの顧客化を実現している。以上、仕入れに関わる代金の支払いに関して、一般的には支払いを掛けにする小売業者が多いが、A商店では翌日支払いを基本としている。

最後に、価格設定について説明する。商品の価格は競合店の水準より少し高めに設定している。A氏によれば、一般的な八百屋やスーパーの粗利益率は20％が基準だという。A商店のターゲットは不特定多数の消費者ではなく、A商店で買い物をしたいという特定のお客さんである。そのため戦略上必要な程度以上に価格を下げることはなく、粗利益率は一般的な八百屋の水準より少し高めに設定している。

価格設定では価格と品質とのバランスと営業状況、立地を考慮する。まず、価格と品質とのバランスである。A氏の経験では、例えば100円と120円では価格の差は２割しかないが、販売量は数倍変わることが多いという。そのため、少しでも低価格で販売することへの誘惑があるものの、そのことに固執してしまい品質が十分ではない商品を販売してしまうと、かえってお店の評判を損ねてしまう危険性がある。このような場合には、例えば150円で価格を再設定するなどして別の価格帯で品質とのバランスの取れた価格を模索する。

次に、営業状況である。売上が膠着した日が続く場合や価格下落時には、景気づけに低価格商品を増やして店に勢いをつけようとすることがある。A氏によると価格下落時に赤字売りをするとインパクトが大きいという。調査を実施した2013年９月18日には50円で仕入れたりんごがそのまま50円で販売されていた。A氏は、この日はりんごの価格が下落していた時期であったことからなんとなくやってみたのだという。

最後に、立地である。徒歩客が多い場合は小分け用の価格設定、自動車客が多い場合はまとめ売り用の価格設定にする。例えばスイカの場合、前者は切り売り、後者は１玉売りになる。切り売りの場合、規格が良い商品でなければ切り口がきれいになりにくいため価格が高くなる。玉売りの場合、味さえ良ければ売れるため規格を落としやすく価格を下げやすい。

A商店では商品ごとに粗利益率を変更する粗利ミックス方式によって価格を設定している。商品全体の傾向として、粗利益率は野菜が平均して低い一方、果物が平均して高くなっている。その理由は、まず、果物は嗜好性が高いこと

である。次に、仲卸業者の能力である。取引先の仲卸業者が得手としている商品は品質が高いものが多いため粗利益率は高く設定し、そうでないものは低く設定する。A商店の場合、果物を取り扱う仲卸業者の商品力が高いため、果物の粗利益率を高めに設定している。

　値札は段ボールの切れ端を使用して作成される。黒色のペンで商品名を書き、赤色ペンで価格を書く。産地やサイズ、商品特性などのお客さんに魅力的な情報がある場合は黒色のペンでその情報を併記する。値札は劣化しない限り再利用するため、閉店後はバックヤードに保管される。

図2-1　値札

出所：筆者撮影

図2-2　値札の位置

出所：筆者撮影

値札は基本的に陳列場所の最奥に置くが、陳列量の減少に合わせて値札の位置も前にずらすことで売場全体の見栄えを良くする。

2-3 売場づくり

　本節では、A商店の売場レイアウトと商品の配置、陳列方法について説明する。はじめに、A商店の店舗レイアウトについて説明する。A商店の店舗レイアウトは下の**図2-3**の通りである。

　売場の設営には、バッカン（主に軟弱野菜を輸送するために用いる中型コンテナ）、各種小型コンテナ、マメカゴ（プラスチック製の長方形のザル）、イチゴ箱（イチゴ4個用の化粧箱）、戸板、陳列棚が利用される。各売場の高さはお客さんが商品を手に取りやすい位置になるように設計されている。

　多くの売場はバッカンとコンテナ、マメカゴを中心につくられている。便宜上、主にバッカンで作られた売場を「バッカン棚」、主にコンテナで作られた売場を「コンテナ棚」と呼ぶ。バッカン棚はバッカンを3個重ね4段目の奥側を3段目の縁に載せることで傾斜を作った陳列棚である。コンテナ棚はコンテナの上にマメカゴを置いた陳列棚である。コンテナが足りない時は箱型の発泡スチロールで代用される。

図2-3　A商店の売場構成

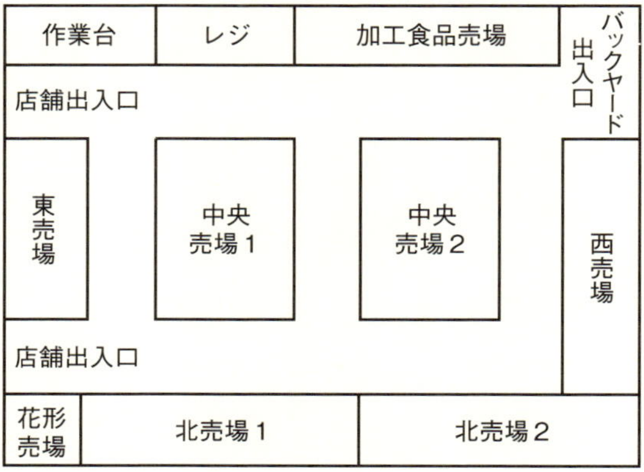

作業台	レジ	加工食品売場	バックヤード出入口
店舗出入口			
東売場	中央売場1	中央売場2	西売場
店舗出入口			
花形売場	北売場1	北売場2	

出所：筆者作成

東売場は3つの売場から構成される。第1に小型コンテナを2段重ねて作った2か所の土台の上に戸板を敷いた売場、第2にその店頭側にマメカゴ棚を複数並べた売場である。その日の品揃えが多い場合には、第3に後方の中央売場の妨げにならない高さに調整したバッカン棚が作られる。この東売場がA商店の主要売場となり旬の野菜や果物、その日の目玉商品が陳列される。

　花形売場は前後に傾斜のついた陳列棚を用いて作られる。花形売場はその日最も訴求力のある旬の果物が陳列される。

　中央売場1は店頭側、レジ側、北売場側にそれぞれ3つずつ向けた合計9つのバッカン棚と、レジ側と北売場側の手前にそれぞれ3つずつ置いた合計6つ

図2-4　バッカン棚（奥側）とコンテナ棚（手前側）

出所：筆者撮影

図2-5　東売場（左）、花形売場（右）

出所：筆者撮影

のマメカゴ棚からなる。店頭側のバッカン棚には大根や白菜、キャベツなどの大型の野菜が主に陳列される。レジ側のバッカン棚にはセロリやブロッコリー、ベビーリーフが主に陳列され、コンテナ売場にはパプリカやカイワレ、もやしなどの周辺的な野菜が主に陳列される。北売場側のバッカン棚にはほうれん草や小松菜などの葉物が主に陳列され、コンテナ売場にはきぬさややいんげんなどの小型野菜が主に陳列される。

中央売場2は、店頭側と西売場側にそれぞれ2つ、加工食品売場側に3つの合計7つのバッカン棚と、加工食品側バッカン棚の足元に置いた3つのマメカゴ棚からなる。店頭側バッカン棚には青ネギや白ネギ、ニラなどが主に陳列される。西売場側バッカン棚にはゴボウや南京などが主に陳列される。加工食品側バッカン棚には大葉(少量)や三つ葉等が主に陳列され、コンテナ売場には大葉(箱売り)やみょうがが主に陳列される。

北売場1・2は小型コンテナを4段重ねて作った4か所の土台の上に戸板を敷いた売場である。北側売場1は東売場および花形売場に陳列されているもの以外すべての果物が陳列される。果物は基本的にザル盛りで陳列される。その理由はザル盛りのほうが購買意欲を喚起できると考えているからである。しかし、ザル盛りは広い陳列場所を必要とするため、それに適したこの売場を利用している。北売場2はジャガイモや玉ねぎなどの土物野菜やトマト、キュウリなどが主に陳列される。その日のうちに売り切れるとは限らない土物野菜は、商品劣化を防ぐため袋詰めをして箱盛りまたはマメカゴ盛りで陳列される。

図2-6 中央売場1(左)、中央売場2(右)

出所:筆者撮影

西売場は5つのバッカン棚と5つのマメカゴ棚からなる。主に卵、キノコ類、ミニトマト、イモ類などが陳列される。加工食品売場は2つの陳列棚、2つのバッカン棚、3つのマメカゴ棚からなる。食品や調味料が幅広く陳列され、その時々に仕入れ先から低価格仕入れが可能であった商品が加えられる。

　基本的な動線は花形売場から入店し、北売場を通って西売場を回り、加工食品売場を通ってレジに行くように設計されている。その都度中央売場に目を配りながら回遊することが望ましい。

　次に商品の配置と陳列方法について説明する。商品の配置は商品特性と売場特性が考慮される。商品特性は6つに分類されている。第1に、お客さんの足

図2-7　北売場1（手前側）北売場2（奥側）

出所：筆者撮影

図2-8　西売場（左）、加工食品売り場（右）

出所：筆者撮影

を止める商品である。これは、その日の目玉商品である場合が多い。第2に、品揃えとして必要な商品である。これはキャベツやニンジンなどの代表的な商品である。第3に、粗利益の多い商品である。これは果物やその日偶然安く仕入れることができた商品である。第4に、売場の色合いを良くする商品である。これはパプリカなどの見栄えの良い商品である。第5に、相場が変動している商品である。これは価格が高騰もしくは下落している商品である。第6に、旬の商品である。

　売場特性はその売場がお客さんと接する頻度の高さによって次のように順位付けられている。それは、花形売場≒東売場＞中央売場1＞中央売場2＞北売場＞西売場である。中央売場1のレジ前売場のみ、混雑時はレジ待ちのお客さんと接する時間が長くなるため強い売場特性を発揮する場合もある。また、前述のように、飲食店対応商品の端数分を実験的に販売するときなどには特別な位置づけになることもある。A氏はこれらの商品特性と売場特性とを考慮しながら商品の配置を決め、自身が思い描く動線を実現しようとしている。

　商品の陳列方法は第1に商品のサイズ、第2に商品の陳列量、第3に商品の見栄えから判断される。陳列方法は特に名称がないため以下の名称で呼ぶ。バッカンを使用して陳列する方法を「バッカン盛り」、マメカゴを使用して陳列する方法を「マメカゴ盛り」、ザルを使用して陳列する方法を「ザル盛り」、商品が封入されていた段ボールを加工して陳列する方法を「箱盛り」とする。

図2-9　バッカン盛り

出所：筆者撮影

それぞれに共通する決まりごとは、営業時間中は商品を傷めない範囲内で在庫がある限り山盛りの状態にするということであり、どのように盛るかということは各自で判断して状況に合わせて盛ることになっている。最も優先順位が高い判断基準は欠品させないことである。

　バッカン盛りはバッカン棚に直接商品を陳列する方法である。大根や白菜などの大型野菜やほうれん草や小松菜などの葉物がバッカンにそのまま陳列される。バッカン盛りは商品を大量陳列しやすい、売場の形を変えることができる、下の段に在庫を保管できるという利点がある一方で、少量陳列に適さない、限られた方向からしか商品が見えないという欠点がある。

　マメカゴ盛りはマメカゴ棚に直接商品を陳列する方法である。みょうがやいんげんなどの小型野菜がマメカゴに陳列される。マメカゴ盛りは商品を少量陳列しやすい、売場の形を変えることができる、必要面積が小さいという利点がある一方で、大量陳列に適さない、限られた方向からしか商品が見えないという欠点がある。

　バッカン盛りおよびマメカゴ盛りの場合、容器の高さがあることから陳列量が少なくなったときに商品の見栄えが悪くなる時がある。そのような場合には底上げをする。底上げとはバッカンやマメカゴの底面にイチゴ箱を敷き詰めることで陳列される商品の高さを補う方法である。在庫量が数個と少なくなれば、底上げをした状態のバッカンあるいはマメカゴでザル盛りをする。

図2-10　マメカゴ盛り

出所：筆者撮影

図2－11　底上げ前（左）、底上げ後（右）

出所：筆者撮影

　ザル盛りは人参やジャガイモなどの複数個を合わせて販売する商品、在庫量が残り少なくなり見栄えが悪くなってしまう商品などを陳列する方法である。ザル盛りは商品の見栄えを良くする、不均一なサイズや熟成度などを均質化できるという利点がある一方で、必要面積が大きい、陳列に時間がかかるという欠点がある。

　それぞれの商品をどのようにザル盛りするかはその時の営業状況によって変わる。時間に余裕があるときは商品の見栄えを良くすることが優先される。例えば、きゅうりであればヘタの部分を上にし、複数本盛る場合は太くて長いものが中央に位置するように盛る。時間に余裕がない場合は、作業時間を短縮する盛り方が優先される。同様に、きゅうりであればヘタの部分が下になるよう

図2－12　ザル盛り

出所：筆者作成

にする。そうすることによって重心が安定しザルの中のきゅうりのバランスをとりやすくなる。

　ザル盛りの場合、見栄えが優先されるという特性から商品の販売個数や盛り方が変わることがある。例えば、みかんを１盛り８個にする場合と７個にする場合を考える（図２－12参照）。８個の場合、上段下段を４個ずつにすれば個数を多く盛れるが見栄えが悪い。７個の場合、下段３個上段４個にすれば個数は少ないが見栄えが良い。この場合、A氏は個数が多いことよりも見栄えが良いほうが販売は促進されると考え、７個を採用する。また、１盛り４個の場合、４個を平行におくと見栄えが悪い。下段３個上段１個にすれば見栄えは良いが、上に重ねにくくなり陳列量が少なくなる。この場合、開店時などの大量陳列が必要な時間帯は前者が選ばれ、閉店前などの陳列量よりも見栄えが優先される時間帯は後者が選ばれる。

　箱盛りは商品が封入されていた段ボールを加工してそのまま陳列する方法である。使用される段ボールは上面部分をすべて切り取って、高さがある場合は前面部分を半円状に切りとり、高さがなければそのまま使用される。箱盛りはパック詰めされた商品や単数販売が適した商品などを陳列する方法である。東売場と北売場のように平面の売場において、各商品間を区切りながら設置したい場合にもこの方法が用いられる。箱盛りは必要面積が小さい割に多くの商品を陳列できる、陳列に時間がかからない、必要な時にすぐに作れるという長所

図２－13　箱盛り

出所：筆者撮影

図2-14 トリミング前(左)、トリミング後(右)

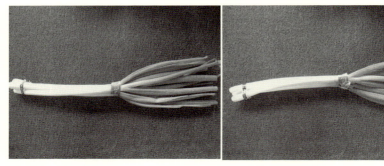

出所：筆者撮影

がある一方で、強度が弱い、見栄えが悪いという短所がある。

　商品陳列時に、商品の検品とトリミングも併せて行われる。検品の基準はその商品を自分の家族に食べさせられるかどうかである。トリミングの基準はその商品を最もよい見栄えの状態にすることである。図2-14はわたしが白ネギのトリミングをしたものである。白ネギの枯れている部分をカッターで切り取り見栄えを良くしている。青い部分の長さを揃えるかどうかは従業者の好みによる。

2-4　売り切り

　本節では、従業者の役割分担および営業中の在庫調整方法、接客、A氏のサポートについて説明する。まず、A商店では従業者の役割分担を基本的に次のように分担している。まず、A氏は業務全体のサポートを担当している。サポートの基本的な役割は商品補充やトリミングなどの「裏方」と呼ばれるものや、後述する組み替えの指示などの営業を円滑に進めるための従業者への指示である。A氏がサポートの場合、店頭での販売力は落ちるものの在庫調整力は上がることで過剰在庫を円滑に減らすことができる。A氏が店頭に出る場合、店頭での販売力が増すものの在庫調整能力が下がってしまう。誰がサポート役を担当するかはその時の店の状況によって、販売力と在庫調整力とのバランスをどのように設計するかによって決まる。

店内で位置が固定される担当は、レジ担当と花形売場担当である。レジ担当者の基本的な業務は会計と会計時の提案販売である。レジ担当者は繁忙時間帯が過ぎればレジを閉鎖し、花形売場と反対側の東売場付近に簡易レジを設営し、店頭で接客と会計をする。2013年時点でレジを担当する従業者は、A氏の下積み時代にA氏の下で働いていた経験を持つ従業者である。その頃からこの従業者はレジ担当を専門としており、会計処理をするだけでなく、会計の中でお客さんの買った商品からメニューを推測し、もう1品おかずを増やすための提案販売をすることができる。

　花形売場担当者の基本的な業務は接客と会計である。お客さんの中には街路から店頭の花形売場と東売場だけを眺め、店内に入らずそれらの売場の商品だけを購入する人がいる。花形売場担当者はそのようなお客さんの接客と会計を行う。レジが混雑している時は花形売場でも会計を行う。花形売場の従業者は、基本的にその時々のA商店において最も接客力の高い従業者が配置されることが多い。2013年時点で花形売場を担当する従業者は、A氏の下積み時代のお客さんである。当時この従業者はフランス料理店を経営しており、商品の仕入先としてA氏が店長だった店舗を利用していた。事情があってそのフランス料理店を閉店したときに、A氏が声をかけてこの従業者をA商店に引き込んだのであった。この従業者は料理や商品に関する知識が豊富なため、花形売場に殺到するお客さんを迅速に処理しながら、提案販売を展開することができる。

　店内で位置が固定されない担当が1名いる。その担当者の基本的な業務は商品補充であり、店内の全売場を管理する。この担当はA商店の中で経験の少ない従業者が配置されることが多く、他の従業者の指示を受けながら業務をこなすことが多い。A氏を含めた以上の4名に共通する業務は、それぞれの基本的な業務に加えて組み替えや後述する声出しや声かけをできる限り行うことである。

　最後に、お客さんおよび取引先への配送担当である。配送担当者は開店前の準備が終了次第、基本的に閉店まで1日をかけて配送業務を行う。配送業務が終了すれば店舗業務を手伝うこともあるが、2013年時点では基本的にそのような余裕はなく、配送業務だけに従事する場合が多い。配送業務を担当する従業者は、A氏の下積み時代からA氏の右腕としてA氏を支え続けてきたK氏であ

る。A商店の卸売り事業はまだ導入期にあることから、A氏の信頼がもっとも厚いこの従業員が責任を持って事業の拡大を試みている。

　次に、営業中の在庫調整方法である。売り切りを実現しようとする過程では、営業時間中に次々と欠品が生じることになる。欠品した売場をそのままの状態にしたままでは売場の魅力が損なわれることから、A商店では「組み替え」と呼ばれる方法によって売場を再構成することで、品揃えが減少した状態でも魅力的な売場を維持できるようにしている。

　組み替えを一言で言えば、欠品によって空いた売場に他の売場の商品を移動することである。基本的に、移動される商品は移動前に比べて売れ行きを促進させたい商品が選ばれる。営業時間中は組み替えを行い続け、最終的には店頭の東売場に売場が集約される。

　組み替え時には売場の移動だけではなく、同時に商品陳列方法が変更されることが多い。ほとんどの場合、各商品は開店時に比べて在庫量が減っているため、マメカゴ盛りやザル盛りなどの少量陳列に向いた陳列方法に変更される。商品陳列をバッカンとコンテナ、マメカゴを中心に行う理由は、これらが組み替えを行いやすい素材だからという理由もある。

　組み替えは売り切りにとって重要な戦術となる。基本的に売れ行きの良い商品はその日の需要が多い商品であり、売れ行きの悪い商品はその日の需要が少ない商品である。商品をその日の売れ行きに任せて営業を続けると、閉店前にはその日に需要がなかった商品ばかりが残ってしまう。その結果形成される品揃えは、その日の需要の少ない商品がばらばらに集まった集合としての品揃えとなり、その状態ですべての商品を売り切ることは難しい。例えば、図2－15の品揃えでお客さんに対してその日のメニューを提案できるであろうか。

　このような品揃えの場合、ある単品商品だけを欲するお客さんを待つか、常連さんにお願いをして買ってもらうしか売り切る術はない。このような状態のときは、1時間必死に声出しを続けても何も売れないことも珍しくない。このような事態を避けるためには、品揃えが豊富にある時点で各商品の売れ行きを管理する必要がある。その方法が組み替えであり、商品の配置を変更することによって商品の売れ行きを調整するのである。

図2-15 閉店前の様子

出所：筆者撮影

　A氏によれば、組み替えは、①組み替え基準、②商品特性、③売場特性の3点から判断される。商品特性および売場特性は前述の通りである。

　組み替え基準は5つの基準からなる。第1に、在庫の絶対量と相対量との比較である。A氏によれば、開店前の在庫が商品Aは100個、商品Bは10個であった場合、ある時点で商品Aの在庫が50個、商品Bの在庫が8個ならば商品Bの方が売り切れない危険性が高いと判断して優先的に組み替え候補になり、仮に商品Bの在庫が5個であれば商品Aが組み替え候補になるという。在庫の絶対量と相対量とのバランスをどのように判断するかは、当事者の経験と当日の営業状況次第だという。A氏によれば、未熟な従業員は在庫の絶対量だけで判断してしまう傾向が強いという。第2に、商品の価格である。一般的に、価格の高い商品は価格の低い商品に比べて売れ行きが悪いため、価格が高い商品が優先的に組み替え候補になる。第3に、粗利益である。粗利益が少ない商品は「とばす」ことが難しいため優先的に組み替え候補になる。とばすとは営業時間中の値下げを意味し、最大で仕入れ価格まで引き下げられる場合がある。第4に、調理の容易さである。調理が容易な商品は売れ行きが良く従業員も販売しやすいため、調理が容易ではない商品が優先的に組み替え候補になる。第5に、用途の汎用性である。例えば、梅のように梅干や梅酒を作るという商品の用途が限定されるものは優先的に組み替えの候補になる。以上のように、組み替えは欠品によって空いた売場の特性、在庫商品の売り切り上の優先順位、そ

の商品をその売場に配置する効果を考慮しながら判断される。

　組み替えをすべき空き売場がでたとき、他の業務に支障なく何を組み替えるかを判断する時間の猶予は数秒ほどしかない。しかし、その時間のみで判断することは困難であるため、営業時間中はどのような作業をしていても、常に次に組み替えるべき商品は何かを考えていなければならない。商品補充のために店内を動くとき、在庫を取りにバックヤードに入るとき、その時々で店舗全体の在庫量を再把握しながら、組み替えの計画を立て続ける能力が必要となる。組み替えを円滑にできる従業者であれば、営業時間中のどの時点でもかなり正確に在庫状況を把握している。

　ここで、ある日の東売場と中央売場の一部の様子を見ることで、実際に組み替えがどのように行われているかを観察する。以下の写真は組み替えが行われる度に筆者が東売場と中央売場1の東側を撮影したものである。図2－16は開店時の様子である。図2－17は当日最初の組み替えが行われた直後である。まず、前面のししとうが後ろに下げられ、売れ行きの悪いズッキーニがその場所に移されている。また、箱で売られていたすだちがすべてパック詰めに変更されている。

　図2－18では、まず売り切れたレタスの場所に大根が移されている。次に、すだちの売れ行きの目処がついたことで、売れ行きの悪かったにんじんとそれぞれの場所が入れ替えられている。最後に、売り切れた150円のなすびの場所にほうれん草が移されている。図2－19では、まず最前列にあったきくらげ

図2－16　組み替えの様子1　　　**図2－17（右）　組み替えの様子2**

出所：筆者撮影

図2-18　組み替えの様子3　　　図2-19（右）　組み替えの様子4

出所：筆者撮影

の売れ行きの目処がついたため店舗内に下げられ、その売場にれんこんがマメカゴ盛りに変更されて移されている。そして、空いたれんこんの場所に同じ売場の後列にあったにんじんが移されている。さらに、空いたにんじんの場所に店内からいんげんとみつばが移されている。また、最前列のアスパラが店内に下げられ、店内からブロッコリーが移されている。

　図2-20では、まず売れ行きの目処がついたにんじんと売れ行きの悪いなすびの場所が入れ替えられている。にんじんは在庫量が少なくなったためザル盛りに変更されている。次に、売り切れたれんこんの場所にベビーリーフと200円の生しいたけが移されている。同様に、売り切れたいんげんとみつばの場所に150円と250円の生しいたけが移されている。また、組み替えはされてい

図2-20　組み替えの様子5　　　図2-21（右）　組み替えの様子6

出所：筆者撮影

ないものの、ミニトマトの在庫量が少なくなったためザル盛りに変更されている。図2-21では、まず売り切れた大根の場所に青ねぎが移されている。次に、売り切れたベビーリーフの場所に割れてしまった大根が見切り品として出されている。次に、売り切れたブロッコリーの場所にスイートコーンが移されている。また、なすびの在庫量が少なくなったためザル盛りに変更している。同様に、ズッキーニの在庫が残り1つになったためザル盛りに変更し、同じマメカゴの空いた場所に同じく在庫が1つになったみょうがが移されている。

図2-22では、まず売り切れたなすびの場所にミニトマトが移されている。次に、売り切れた150円と250円の生しいたけの場所に水ナスと一度店内に下げられたすだちが移されている。同様に、売り切れたスイートコーンの場所に生きくらげが移されている。そして、売り切れたみょうがとズッキーニそして移された水ナスがあった場所に20世紀梨が移されている。さらに、中央売場1の売場レイアウトを変更してタイムサービスの150円均一売場が作られている。150円均一売場を構成する商品は、ピーマン（1盛り2個）とセロリ（1盛り2個）、まいたけ（1盛り2個）、生しいたけ、アスパラ、ほうれん草、見切り品の大根である。150円均一売場の設営に伴い、店舗前面に置かれていた見切り品の大根がその売場に移されている。図2-23では、売り切れたぶどうの場所に150円均一売場が移されている。空いた場所にはししとうと枝豆が移されている。

図2-24では、まず売り切れた20世紀梨ときくらげが置かれていた売場が

図2-22　組み替えの様子7　　　図2-23（右）　組み替えの様子8

出所：筆者撮影

図２−24　組み替えの様子９

出所：筆者撮影

解体されている。売り切れた200円のしいたけの場所にはレモンが移されている。同様に、売り切れた150円均一売場の場所には、100円のしいたけとすだち、水ナスが移されている。さらに、売り切れた枝豆の場所には白ねぎが移されている。また、中央売場１の空いていた場所ににらが移されている。以上のように、その時々の状況に合わせた組み替えを行いながら各商品の売れ行きを管理することで適切な品揃えを維持しようと試みている。

次に、接客である。A商店では集客方法の一環として声出しが行われる。声出しとは不特定のお客さんに対して集客を促すことや訴求力のある商品を宣伝することである。声出しの内容は特に決められておらず、各従業者がそれぞれ考えて声出しをする。声出しは営業時間中常に行われていることが望ましい。

声出しは「らっしゃい、らっしゃい」が最も基本的なかたちであり、商品補充や組み替え時など声出しに専念することができない場合によく用いられる。他の仕事がなく声出しに専念できるときは、より集客効果のある声出しをしなければならない。

例えば、「らっしゃい、らっしゃい。今日はX（商品）がY円。こんな値段でないよ。」、「今日はZ（商品）がお買い得。これで晩御飯はW（料理）にして。」という声出しがされる。ある従業者によると、声出しの中に「お買い得」や「大特価」というお客さんの心をくすぐるキーワードを入れるか、その日のメニューに直結するような内容にするのがコツだという。

A氏によれば、声出しで集客したお客さんに対して声出しで紹介した商品を販売するだけでは不十分だという。声出しでは訴求力の強い商品でお客さんを集客し、そこでつかまえたお客さんに対して関連する商品を追加した提案販売を行うことが重要だという。さらに、関連する商品として提案販売される商品は過剰在庫気味の商品であればなお良い。このような特定のお客さんに対する提案販売を声かけという。

　声かけをするためには、まず商品知識が必要になる。A氏によれば、りんごであれば硬くて甘い富士、香りと甘みが良い王林、見栄えが非常に良い陸奥、加工に適した紅玉という知識があれば、お客さんの用途に合わせて提案販売ができる。次に、お客さんをよく観察しなければならない。買物かごに入った商品を良く見ることでそこから作られるメニューを推測し、足りない食材やもう一品追加するにはどうしたらよいかを考える。

　声かけにおけるお客さんとのコミュニケーションでは、提案販売だけではなく情報提供を通じた顧客教育が重要となる。例えば、一般的に果物はサイズが大きくなればなるほど価値が高くなるが、みかんはMサイズが最も価値が高く、次にSサイズ、Lサイズと価値が低くなる。しかし、開店当初のA商店のお客さんは小さいみかんを価値が低いみかんとして判断して敬遠していた。そこで、みかんの場合サイズと味の濃さが反比例することを提案販売の中で根気よく伝えることで、次第に小さいみかんが売れるようになった。小さいみかんは中サイズのみかんに比べて仕入れ価格が安い。そのため、小さいみかんが売れる仕組みができれば、価格を競合店並みに留めて利益率の高い商品にするか、価格を下げて集客力のある商品にするかを柔軟に変更することができ、戦術の幅を広げることができるのである。他の例では、柿は大きさによって味が変化しない。よって、その時々で相場の安いサイズを仕入れて販売することで、同様に戦術の幅を持つことができる。柿を扱う上で1点注意すべきことは、種の有無である。種がある場合は可食部が減るため小さいサイズは扱わないことにしている。別の例では、スイカは実が割れていることがあるが、その原因は成長の過程で割れた場合と品質劣化で割れた場合がある。この違いをお客さんは判別できないため、この点を伝えながら販売することで見た目の悪さを短所にすることなく販売することができる。

お客さんとのコミュニケーションは声出しや声かけによって販売促進をするだけではなく、日常会話やちょっとしたサービスのなかでA商店への愛着を高めていくことも重要である。以下に一例を示す。

 お客さん：「いちご安ーい。」店頭に立ち止まる。
 わたし：「らっしゃい。いちごどうですか。ビタミンCで風邪予防。」
 お客さん：「うーん。」
 わたし：「美肌効果もありますよ。」
 お客さん：「これ以上きれいになったらどうすんのよ。」
 わたし：「……。」一瞬返答に困ってしまう。
 別の従業者：「そん時はお嫁に来てください。」
 お客さん：「えー。今からでもいい？」いちご2パックを600円で購入
             （出所：筆者フィールドノーツ）

 ある親娘が来店。
 A氏：「ひなちゃん、いらっしゃい。ひなちゃんは誰と仲良いの？」
 ひなちゃん：「みさきちゃん。」
 A氏：「それじゃあ、はい。これみさきちゃんと一緒に食べてね。」1個だけ余っていたタンカンを渡す。
 ひなちゃん：「ありがとう。じゃあ明日みさきちゃんちに遊びに行く。」
 ひなちゃん親：「すみません。」   （出所：筆者フィールドノーツ）

接客ではちょっとした会話の面白さで商品が売れるということは珍しくない。しかし、ほんの数秒の会話の中で笑いを生むことは難しく、高度な技術が要求される。また、A商店ではこどものお客さんにプレゼントするためのお菓子を常備している。そのため学校帰りに遊びに来るこどもや、親との買い物中に無理やり親を引っ張りながら来店するこどもがいるほどである。常連になればなるほど、買物を目的として来店するのではなく、A商店の従業者に会うことを目的として来店する人が多い。
 最後に、A氏のサポートである。このように、各従業者はそれぞれの基本的な業務に加えて組み替えや声出し、声かけを協力して行いながら売り切りを目指す。しかし、従業者個人の能力にばらつきがあることで組み替えや声出し、声かけの巧拙に差が出ることや、繁忙時間帯には自身の担当業務すら十分にこ

なせず従業者間の連携が上手くいかない場合がある。このような時にA氏のサポートが必要となる。

例えば、商品補充は陳列量が減った商品から順に行えばいいという訳ではない。組み替えと同じ方法で商品補充を優先的にすべき商品を判断し実行しなければならない。各従業者がその優先順位を誤っているようであればA氏が指示し改善させる。

特に、組み替えの判断は難しい。組み替えは他の業務と並行して行う場合がほとんどであり、組み替えの判断に使える時間は数秒しかない。そのため、しばしば組み替えるべき商品を誤ることや、商品陳列方法の変更を誤ることがあり、その場合にもA氏が指示をして改善させる。

A氏が従業者に指示を出すときに心がけていることは、その従業者の能力に合わせた指示を出すことである。すぐに実施すべきことを指示しなければ行動できない従業者もいれば、5手先に実施すべきことを指示すれば逆算して行動できる従業者もいる。A氏が1手先の組み替えを始めれば、瞬時に2手先の組み替えを始められる従業者もいる。

忙しい時間帯には、個々の従業者の分担が崩れ、それぞれの従業者が流動的に担当を変更する時間帯が生じることがある。そのような時間帯では、A氏は誰がどの役割を担当しているかをその都度確認し、それぞれの従業者がその役割を担当した場合、どのようなミスが生じうるかを判断することで、完全に任せていい従業者とサポートが必要な従業者とを判別する。A氏は従業者の能力に合わせた指示ができるように、個々の従業者が何をどれくらいできるかを日々見定めることで、それぞれの従業者の能力をできるだけ正確に把握するようにしている。

A氏が不在の場合、売上が前年比20％ほど減少してしまうという。A氏によれば、その原因は第1に各従業者が売り切るために必要な業務の優先順位を適切に理解していないこと、第2に従業者間の連携が十分に取れていないことだという。売り切るために必要な業務の優先順位とは、その時々の営業状況に合わせた組み替えと声出し、声かけの優先順位を適切に判断できるかどうかである。例えば、わたしの経験では、過剰在庫気味のある商品に気をとられてその商品の声出しに注力するあまり、他の商品の在庫量の変化に気づかず、一定時

間経過後に売れすぎてしまったもの、新たに過剰在庫気味にさせてしまったものを増やしてしまったことがある。

　A商店では18時から19時の間に閉店ができるように毎日の営業を組み立てている。閉店直前には商品は東売場に集約され、2名ほどで接客を行う。15時を過ぎる頃には品揃えはある程度減少してしまい、必要な商品がA商店ですべて揃わない可能性がある。また、16時を過ぎる頃には品揃えが大幅に減少してしまい、その日売れ行きの良かった商品はほとんど欠品してしまっている。

　この時間帯は日々品揃えが安定しないことから常連客がつきにくい時間帯となり、さらに品揃えが不十分であることから販売が難しい。次の**図2-25**はある日の17時ごろと閉店間近の19時前ごろの店頭の様子である。

　17時の時点での品揃えは、たけのこ、安納芋、セレベス、小芋、れんこん、すだち、きぬさや、にら、ゆず、おでん、ウィンナー、パセリ、トレビスである。その後約1時間半の間に店頭で売れた商品は、きぬさや1個、れんこん1個、にら1束、セレベス2個、ゆず2個、おでん1個だけである。この約1時間半は、従業者は必死に声出しや声かけをしながら販売するがほとんど売れず、精神的に非常に苦しい時間となる。

　A氏によれば、この時間は無駄な時間であるという。しかし、従業者に対して、修正が可能な時間帯に声出しや声かけ、組み替えを十分にできていないことが、閉店間近のまとまりのない品揃えを生んでしまい、結果として苦しくな

図2-25　閉店前の様子（左：17時11分、右18時45分）

出所：筆者撮影

ることを理解し学習して欲しいからこそ、その無駄な時間を止めることはしないという。

このような時間帯でも、いくつかの機会が訪れるときがある。それは、常連さんが通りかかったときである。常連さんは声かけがしやすいことに加え、A商店がある程度売り切らないと閉店できないことを知っている。そこで、従業者は平常時よりも積極的な声かけをする。それは多くの場合、大幅な値引きによる大量購買の提案である。常連さんは、「全部売れな閉められへんもんな」と気前よく多くの商品を買ってくれることもあれば、そのような声かけをされないために店舗の反対側の通路を通ることもある。このように、従業者は常連さんとの持ちつ持たれつの関係によって売り切りを目指す。

しかし、A氏にとってそのような販売方法は能力の不足と顧客への甘えの表れだとされている。顧客にお願いをすること自体は決して悪いことではないが、その場合には商品をあげるのではなく、定価で買ってもらうようにすること、そして日頃からそのような関係性を構築しておくことが大事だという。さらに、偶然通りかかる常連さんを待つのではなく、提案をさせてもらうために電話で来店をお願いできる水準まで関係性を深めることができるかどうかも1つの到達点だという。

とは言え、閉店をしないわけにもいかないので、日持ちがしない商品だけでも売り切れれば、20時ごろを目処に営業を終了する。わたしが調査を行った日ですべての商品を売り切った日はなかった。ほとんどの場合、じゃがいもや玉ねぎなどの土物がザル盛り10個ずつほど、そして土物以外で営業時間中に売り切れなかった商品が買い物かご1杯から2杯分ほどが翌日分への在庫として冷蔵庫で保管される。こうしてA商店の1日の営業が終了する。

2-5 お疲れ

閉店後、A商店では毎日「お疲れ」が行われる。お疲れの内容は、日々の営業の反省と翌日の営業計画の策定、懇親である。

ある日の仕入量は前日の営業結果を基本的な基準として判断される。お疲れでは従業者全員でその日の営業結果の反省をし、次の日の営業計画が策定され

る。具体的には、商品の売れ方やお客さんの反応、お客さんの動線を振り返りながら、それらが自分たちの設計どおりに実現したかを反省する。そして、翌日の品揃えと仕入量、商品の配置などを検討する。そして、翌日仕入先に出荷されてきた商品と前日に検討された計画とをすり合わせながら、その日の品揃えと仕入量を決定する。

　このとき、店舗に前日以前に仕入れた在庫が残っていると仕入計画が複雑になる。在庫がある場合、品質の劣化状況や仕入価格の違い、産地や規格の違いなどを考慮しながら、その日の営業を推測して仕入計画と販売計画を立てなければならない。A商店では売り切りを基本としていることからこのような計算が基本的に不要になり、その時々の営業状況に合わせて意図した品揃えと仕入量を決定しやすい。さらに、売り切りはこのような仕入計画の計算コストを削減するだけでなく、商品を保管するための設備や電気代などの在庫コストや片付けやトリミングなどの労働コストも削減する効果がある。A氏はこのような議論を通じて、日々の予測とその結果との誤差を修正し、より有効かつ精度の高い営業計画を策定できるようにしている。

　お疲れは各自好きな飲み物を飲みながら30分から1時間ほどかけて行われる。経営に関する議論が終われば、それぞれの私的な会話の時間になる。話が盛り上がれば1時間以上話しこむこともある。話が弾み、わたしは笑いすぎて涙を流しながら腹筋を痙攣させていたときもあった。特に話すことがなければ、各自の判断で帰路に着く。時間に余裕があれば有志で飲みに行くことや近所の銭湯に行くこともある。

　稀に、A氏が他の仕事の都合などから、誰よりも早くA商店を出ることがある。このとき、いつもとは異なるお疲れが始まることがある。A商店では、A氏が下積みをしていた頃からA氏の右腕としてともに働いてきたK氏と系列店である魚屋の店長であるY氏が若頭としてA氏を支えている。A氏不在のお疲れでは、この2人が他の従業者に対して指導を行うことがある。指導の内容は、日々の経営活動についてである場合が多い。

　例えば、なぜ売上が想定どおりにならないのか、なぜ完全に売り切れないのか、なぜ開店時間が間に合わないのか、なぜ閉店時間がこんなに遅くなるのか、それらを解決するためには何をどのようにしなければならないのか、そのため

には日々の営業でどのように働くことが必要なのかなどである。ときには、営業方針の相違によってK氏とY氏が対立することもあれば、従業者が食い下がることもある。このお疲れは長時間に及ぶことが多いだけでなく、緊張感は非常に高く、従業者にとっては貴重な勉強の時間であるものの、心理的にも肉体的にも強い負荷がかかる。

2-6 小　括

　興味深い点として次の3点を提示する。それは、第1に売り切り、第2に経営を支えるコミュニティ、第3に仲卸業者との協働である。
　第1に売り切りである。A商店ではお客さんに対する鮮度の訴求や経営コストの削減から、その日に仕入れたものをその日のうちに販売する売り切り型の経営をしている。売り切りを実現する上で重要なバック・フォーマットとして組み替えが中核的な位置づけにあると考えられる。組み替えるべき商品は、組み替え基準と商品特性、売場特性から総合的に判断される。組み替えのように、A商店の経営活動は何のためにそれを行うのかという目的が明確にされ、そのために個々の経営活動が厳密に定義されているものが多い。組み替えだけではなく、品揃えの構成や商品陳列方法、各従業者のサポートの仕方にまで何のためにそれをするのかという目的意識が明確化されている。その理由は、A商店の売り切りは営業時間中に修正できる範囲が限定的であり、事前の営業計画の精度が重要だからである。そのため、営業計画の精度を向上させるために個々の経営活動の定義や意図などが明確にされているのではないかと考えられる。
　第2に経営を支えるコミュニティである。組み替えや提案販売、顧客教育を行うためには、従業者は一定の知識や情報処理能力が必要となる。その学習の場となっているのが、お疲れである。従業者はそれぞれの報告事項や翌日の営業計画の設計を議論しながらあるいは聞きながら、A商店の考えと自身の考えとを対比させながら学習する。このお疲れは営業計画修正の場としても機能している。お疲れでの議論によって、翌日の商品構成や売場レイアウトが修正されることは珍しくない。また、A商店には家族従業者がおらず、いわば全員が他人同士である。お疲れは学習の場としてだけでなく、従業者の懇親の場とし

ても機能しており、従業者間に一定の関係性を構築して維持する役割を持っている。さらに、A商店に勤務する従業者のほとんどは縁故採用である。これは、小規模小売業者の特徴なのか、あるいはA商店の特徴なのかの判断は難しいが、以上のような一連のコミュニティ性が見られることを発見事実として提示する。

　第3に仲卸業者との協働である。果物の取り扱い比率の高さや共同商品開発というA商店の品揃え特性は、A氏が果物に関する商品知識が強いということに加えて、仲卸業者の商品力の影響が強い。それだけの商品力があるからこそ、A商店は価値創造という基本方針の設定や提案販売という具体的な経営活動の実践をより有効にすることができる。さらに、仲卸業者の商品力の強さは品揃えだけでなく価格設定にまで影響を与えていることを考慮すると、A商店のフォーマットを考察する上で、仲卸業者の影響は重要な位置づけにあると考えられる。

第3章

A氏のライフストーリー

3-1　八百屋との出会い

　A氏は1971年に生まれた。少年時代はとにかく悪かった、としか表現できない。高校卒業後は専門学校に進学した。それまでは、ディスコやホテルのウェイター、クラブのバーテン等のアルバイトをしながら小遣いを稼いでいた。専門学校2回生のある日、街で「日給5万円-8万円」という看板を見かけ、友達と一緒に興味本位で足を運んでみた。その看板を掲げていたC社を訪ねて話を聞くと、仕事内容は露天商の八百屋だった。初期費用0円に魅力を感じ、一緒に訪ねた友達と早速アルバイトをすることにした。「ぶりうち」と呼ばれるC社の露店商の仕組みは、①トラックを借りる、②商品をわけてもらう、③出店可能地を教えてもらう、④営業をする、⑤清算をする（商品仕入れ代金の支払い、未開封の物は返品可、ガソリン代3,000円）である。

　この仕事は基本的に2人1組で行い、C社でこの仕事をしていていたのは常時4組ほどだったという。A氏によれば、当時市内にはぶりうちの会社が数社あったという。アルバイト初日、八百屋のことを何も分からなかったA氏たちは、C社の社長（以下「親方」と表記）に基本的な商品の価格や売れそうな場所を教えてもらい、その通りに営業をした。結果は、3時間の営業で1人当たり1万円の日給を得ることができた。かなり割の良い仕事だとA氏は楽しく感じ、このアルバイトを続けることにした。

　その後も、大体3時間から5時間ほどの営業を続け、1人当たり1万円から

2万円の日給を稼ぐことができた。当時、ぶりうちで扱う商品の価格は他の八百屋やスーパーよりも安く、消費者も露店で商品を買うことに特段の抵抗を感じていなかったという。A氏は、商品の売れ行きを見て価格を上げ下げしながら商売のコツをつかんでいった。その後、あるホテルのバーテンに就職が決まったことから、専門学校卒業を機にぶりうちのアルバイトを辞めたのであった。就職したホテルで学んだことは、何かが足りないことに気づくことだった。それは、卓上の砂糖や塩という目に見えるものだけでなく、会話や空調といった目に見えないものもあった。仕事にはやりがいを感じていたものの、上司と折り合いがつかず1年半でこの職場を退職することとなった。

退職後1ヶ月ほどだらだらと過ごしていたあるとき、ふとぶりうちの楽しさを思い出しC社に戻ったのであった。再びぶりうちを始めようとしたのだが、依然とは状況が大きく変わっていた。警察の取り締まりが厳しくなっていたのである。ぶりうちをしようとしても、営業開始15分ほどで警察が来てしまい、そのまま営業を止めざるをえなかった。そんなA氏を見て、親方は「中（注：店舗）で働くか？」と誘ってくれたのであった。当時、C社はぶりうちだけでなく、八百屋を2店舗経営しており、A氏はその一方の店舗であるC2店で働くことになったのであった。C2店にはかねてからの友人であり、後のA商店の創業者となるZ氏が働いていた。

C2店は350㎡ほどの敷地に200㎡ほどの店舗があり、販売方法はセルフサービスであった。親方とその妻、息子に加えA氏を含む6から7人のアルバイトが従事していた。A氏の勤務は9時から19時までの週6日であり、商品補充と売子が主な仕事内容であった。当時はまだ商品知識が乏しく、仕事の割合は商品補充が多かった。

今から振り返ると、この頃の消費者は産地には無関心だったという。C2店で扱う野菜の多くは中国産だったが売れ行きは好調だったという。当時は形が悪くても売れた。売子の仕事は果物の試食販売が多かった。果物は野菜と比べて品質の違いを伝えやすく、試食販売に適していた。しばらく試食販売を続けていると、少しずつ果物の知識もつき始めた。例えば、硬くて甘い富士、香りと甘みがいい王林、見た目が良い陸奥などである。一方で、野菜の知識はほとんど身につかなかった。この頃A氏が他の従業者と比べて秀でていたことは売

場管理である。ホテルでの勤務経験から何かが足りないことに敏感であったため、商品の欠品に早く気づくことができたのであった。

2ヶ月ほど経った頃、C2店の経営が順調であったことやA氏やZ氏の人材が育ってきたことを機会と捉えた親方は、第3の店舗としてC3店を開店することとなった。C3店の店舗面積は約2,000㎡で、品揃えは野菜と魚を中心に取扱い、親方、A氏、Z氏、その他5名の従業者で営業を行うこととなった。A氏の仕事内容は相変わらずの売子であり、これまでと同様に試食販売を続けていた。稀にレジを担当することもあったが、暗算での会計に自信がないときは電卓を使用していた。

1ヶ月ほど経ったある日、A氏は親方から前任店であるC2店の店長に抜擢され、C2店に戻ることになった。このときC2店の従業者はA氏を含めて6名であった。営業中はこれまで同様に果物の売子を担当していたが、新たな仕事として店舗運営業務が加わった。と言っても、商品の仕入れは親方が担当していたことから、その内容はアルバイト従業者への指示程度であった。

A氏が店長になって、C2店の日販は平日平均20万円が30万円になり、週末平均70万円が100万円に増加した。経営には特に手を加えていないが、唯一行ったことが店舗の清掃であった。それまでのC2店の様子は、傷んだ商品や賞味期限切れ商品の陳列、店内ゴミや冷蔵庫内の腐敗物が放置されることなどが当たり前であったことを改めた。当時はそのような状況でも売れてしまっていたらしいが、それでも商品の管理や清掃を行うだけで売上は大きく増加したのであった。

このことを契機に少しずつ経営方法を改めていった。まず、商品の配置を変えた。それまで商品がばらばらに陳列されていたことを止め、カテゴリー毎に商品をまとめ、店舗内を効率的に回遊できる動線を作ろうとした。それまでC社の常識は「乱雑なほうが安く見える」だったが、A氏は「そんなことない」と売場を整理したのであった。次に、商品補充の方法を変えた。それまで、商品の補充は新しいものを前面に置いていたため、奥側の商品は賞味期限が切れるまで放置されてしまっていた。そうではなく、新しい商品を奥側から補充することを教育していった。

A氏を悩ませた最大の問題は、親方の過剰仕入れであった。親方の仕入れは

とにかく量が多く、それらの商品をどう販売するかが売子の毎日の課題であった。価格は親方が設定していたのだが、その価格ではなかなか売れなかった。値下げをしようにも仕入れ価格が分からないので値下げのしようがなかった。そこで、同じC2店で従業していた親方の息子に相談して、こっそり仕入れ価格を聞き出すようにした。開店時には親方の設定した価格で始めることが原則であったが、A氏は親方の息子に相談して営業中にとばすことを始めたのであった。この繰り返しの中で、少しずつ適切な仕入れ価格と販売価格の感覚を学んでいった。

　しかし、それでもなかなか売り切ることはできなかった。あるとき、時々大量の商品を一度に買ってくれるお客さんがいることに気づいた。彼らは飲食店を営む人が多かったが、そのようなお客さんに購買量に合わせた値引きをすることで大量販売を促進することができた。このことを契機に、飲食店対応の重要性を意識し始めた。それはお客さんの顔を覚えることにもつながり、お客さんごとに提案販売をすることの契機にもなった。それでも、当時のA氏には効果的な提案販売をするための商品知識がなかった。そこで、親方の息子から野菜の知識を引き出しつつ、書店で参考書を買って商品知識を学び始めるようになった。また、時々親方が仕入れ伝票を紛失してしまうことがあった。そのような時は親方に代わって仲卸業者に連絡をし、伝票内容を確認するだけでなく、仕事の話の中で野菜の知識を少しずつ教えてもらったのであった。

　ある日、親方が仕入れてきた商品を当日中に売り切ることができた。そのことに親方は驚き、親方はA氏に「お前が欲しいもん言え」と告げ、A氏は仕入れて欲しい商品のリストを親方に渡せるようになった。そのリストでは、売れるものをより多く、売れないものをより少なくする仕入量の調整と全体的な商品品質の向上を要望した。リストは次第に具体的な要望に代わり、A氏は「X円売りの○○をY杯（注：箱）欲しい」と親方に意見できるようになっていった。

　C2店の売上は順調に増加し、C2店より店舗面積が3倍大きいC3店の売上と同程度になっていた。さらに、主要仕入先の仲卸業者のはからいで、A氏は他の従業者と3人で、当時市内で急成長していたある食品スーパーで研修を受けることができたのであった。研修でA氏が感じた事は、まだまだC社は商品管

理がずさんであるということだった。この頃から次第にA氏の意見が親方を通じてC社内に通るようになっていった。当時、C3店の売れ残りをC2店が引き受けさせられることが多くあったが、A氏はそれを断れるようになった。また、週に1回親方のドライバーとして仕入れに同行することができるようになり、その日はA氏の好きなように仕入れをさせてもらうことができるようになった。さらに近隣で大規模な公共工事が始まったことで工事関係者用の弁当景気が膨らみ、C社も取引先の飲食店に毎日1,000食分の野菜を納品することで大きな利益を得ることができた。

しかし、事態は急転した。C2店の地権者の都合で、C2店が急遽閉店しなくてはならなくなった。さらに不幸は重なり、親方が入院することになったのであった。C2店閉店後、元C2店の従業員は残りの2店舗のいずれかに引き取られたのであるが、A氏の引受先は決まらなかった。C社において若くして目立った存在であったA氏は、他の従業者にとっては妬ましい存在であった。そのことからA氏の受け入れ先がなく、C社を退社せざるを得なくなったのであった。

3-2　ぶりうちの再開

所属先はなくなったものの、A氏は個人的な関係から野菜を納品していた飲食店への販売は継続することにした。さらに、知り合いにお願いをしたことで、ある商店街付近にある知人所有の空き店舗前でぶりうちをさせてもらえるようになった。ぶりうちは1人で行うつもりであったが、C社の後輩であるJ氏が志願してA氏についてくることになった。仕事の担当は、A氏が野菜に興味を持ち始めた時期だった頃であったことからA氏が野菜担当、J氏が果物担当とし、対面販売で営業することにした。

ぶりうち初日の売上は7万円だった。店舗を持たないA氏らは在庫を保管することができず、売れ残った商品は廃棄しなければならない。それを避けるため、売れ残りそうな商品は仕入れ価格を下回ってでもとばした。それでもすべての商品が売り切れたのは22時頃だった。もちろん、この日の利益は赤字だった。そして、この時間から飲食店に納品を始めるのであるが、飲食店にとって

はこの時間帯から納品をされることは迷惑であり、取引先は少しずつ減り、ついには1社だけになってしまった。

　しばらく営業は苦戦が続いたが、当時新婚だったJ氏に給料を出してあげたい一心から、A氏は自分の給料を無給とすることでJ氏の給料を捻出していた。そのような状況を見ていたある仲卸業者の社長が、「これで飯食わせたれ」と卸売価格で1箱平均1,500円ほどしていたトマトを1箱500円で好きなだけ仕入れさせてくれるようになったのであった。目玉商品ができたことでぶりうちの勢いは少しずつつき始め、3人目の従業者を雇わなければならないぐらいの忙しさになってきた。しかし、J氏が強引にC社に引き戻されてしまい、従業者が足りなくなったところ、別の理由からC社を退社していたZ氏がぶりうちに加わることになった。

　A氏にとって、ぶりうちを始めてからの最初の1ヶ月間は経営がうまくいくかどうか不安の毎日だった。一方で、初めて人の力を借りずに商売をこなす日々の充実感は大きかった。この頃からA氏はこの業界で生きていこうと思うようになった。このときA氏は26歳だった。ぶりうちでは新たに勉強することも多かった。この地域はこれまで勤務した地域と遠くは離れていないものの、商品の売れ行きは大きく異なった。特にとり菜とばんせい菜がこれまでの5倍以上の販売量になるほど異様に売れた。この経験から、地域特性への配慮を少しずつ意識するようになっていった。

　3人での営業が安定してきたことで、担当を野菜担当、果物担当、サポート担当に分担し、ローテーションで担当を回すようになった。体制が整うとみるみるうちに売上は増加し、この地域きっての繁盛店にまでなってきた。忙しすぎて接客をこなしきれない3人を見て、接客待ちをしていたお客さんのおばあちゃんがボランティアでお店を不定期に手伝いに来てくれるということもあった。そんなある日、C社時代から1社だけ取引が続いていた飲食店の従業者から、「大学生の息子を働かせてやってくれないか」とお願いされた。A氏は恩がある飲食店の申し出を受け、その大学生のアルバイトを歓迎したのであった。その大学生の名前は、B氏といった。

　経営は順調に軌道に乗った。この頃、市内を中心に展開する中堅スーパーがチェーン全店でイチゴを1日で4,000箱も販売したことが卸売市場で話題に

なっていた。それを聞いたA氏は「なめられてたまるか」と、C社のある店舗の店長であったT氏と力を合わせて、2店舗で4,000箱を売ろうと挑戦した。結果としては完売できた。しかし、さすがに無理な挑戦だったようで最後は力技でとばして完売させた。T氏と力を合わせれば、かなりの販売力を持つことができ、1人では困難な商品や市場化が十分になされていないような萌芽的な商品を2人で協力して取り扱い、試していった。こうして少しずつA氏は同業者や仲卸業者の中で一目置かれる存在となっていった。

　次第に、仲卸業者の協力も得られるようになってきた。青果物流通では、基本的に商品は生産者や出荷団体から卸売業者に出荷され、卸売業者と仲卸業者との間で取引された商品を、小売業者は仕入れることとなる。例外的に、直荷引きと呼ばれる、生産者や出荷団体と仲卸業者が直接取引を行う方法がある。そして、直荷引きされる商品の多くはその仲卸業者しか集荷できないものが多く、商品価値が高い場合が多い。仲卸業者から評価されることはこのような商品を仕入れることができる可能性を高める効果があり、A氏はその力をつけ始めていた。

　ぶりうちが順調になってからは、苦しい時期を支えてくれた仲卸業者への恩返しを意識的に行うようになった。恩がある仲卸業者の申し出は必ず受けた。例えば、一番苦しかった思い出は2,800パックのなすび（2t強）の買い取りであるが、それでも断ることなく1日で売り切った。C社では、仲卸業者は駆け引きや騙し合いをする敵だと親方に教えられてきた。しかし、自分が苦しい時に助けてくれたのはC社ではなく、敵であるはずの仲卸業者だった。A氏はこの頃から小売業者には仲卸業者との信頼関係が必要なのではないかと考えるようになった。

　一方、この頃は自信が慢心に変わり始めてしまった時期でもあった。周囲から一目置かれるだけの評価が、自分の力によるものだと過信していた。そして、仲卸業者が在庫に困っている商品を見ると、「こんな商品どうすんねん。俺が買うたるわ。」と一手に買い取った。しかし、そのような商品のほとんどは質の悪い不良在庫であり、店頭で扱う商品の品質を低下させてしまった。それはお客さんからの信頼を裏切ることとなり、売上は激減してしまった。それでもこの取引を通じて仲卸業者からの信頼を得ることができたのがせめてもの救い

だと考えた。

　そんなある日、従業者であったB氏が「大学辞める。八百屋やる。」と言いだし、フルタイムで働くことになった。そして、無事に親方が退院したのであるが、親方はその時はじめてA氏がC社を離れていたことに気づき、「Aに店がないってどういうことや、俺が見つけたる」と言い、A氏はC社に復帰することになったのであった。一方、ぶりうちは続けていたが、露天商に対する商店街や小売市場の反対があり、年内でぶりうちを終了することとなった。ぶりうち最後の年末商戦の短期アルバイトとして、B氏の紹介で後のA商店を支える人材になるK氏がアルバイトで働くことになった。

3-3　C社での再挑戦

　親方がA氏のために新たに用意したC4店は、20㎡弱の小型店であり、A氏はそこで店長をすることになった。従業者はA氏を含めて3名だった。A氏がその店を見て最初に抱いた感想は「オレ様にこの大きさの店舗？」だった。売場は店頭に7㎡ほどの簡易売場を設営し、店内は在庫の保管と従業者の作業場所にした。品揃えは売場面積の小ささから売れ筋を中心に構成した。野菜は価格重視で価格なりの品質のものにし、果物は有田ミカン等の上質の商品を扱うようにした。店舗の小ささから店内に冷蔵庫を設置することができず、必然的に毎日商品を売り切ることが求められた。

　周囲の予想ではA氏なら20万円ぐらい売るだろうとの声が聞こえてきたが、A氏は初日の日販は10万円を目指して計画した。結果は7万7,000万円だった。初日は予想より営業状況が芳しくなく、売上が2万3,000円減少するほどの商品をとばさざるを得なかった。その後、とばしても売り切ることができなかった日もあり、最大3箱のキャベツを店頭で無料配布したことさえあった。

　営業を始めて驚いたことは、ある女性従業者が「らっしゃい、らっしゃい」と声出しを始めたことだった。イチゴ4,000箱をともに完売したT氏が声出しをしているらしいということは聞いていたが、「女の子でも声出しをやっているのに男の俺ができない」ということを反省したのであった。今まで声出しをしてこなかった理由は、単純に恥ずかしかったからである。もちろん、周りの従

業者も声出しをしていなかった。しかし、このことを契機にA氏は声出しを少しずつ始めることになった。

　A氏の経験則として、口コミは2週間後にその成果が出る、というものがある。そこで、期待したようにに結果が出なくともとりあえず2週間はじっと耐えるという。C4店も次第に成果が出始め、開店から2ヶ月ほど経つ頃には日販が30万円に届くようになっていた。4ヶ月目には50万円に届くようになった。この頃、その年の年末まで営業が許可されていたぶりうちが終了し、B氏がC4店で働くことになった。

　20㎡弱の店舗で日販50万円以上を売り上げるには仕組みが必要であった。保管場所の狭さから商品を種類ごとに分けて積み上げることはできず、複数の種類を混ぜて積み上げなければならない。しかし、無計画に積み上げてしまえば、必要な商品を必要な時に効率よく取ることができない。そこでA氏が考えた方法は、1日の営業予測に基づいて商品を積み上げる方法である。この方法が成功すれば、一見ばらばらに積み上げられているようでも、上から順に商品を取って陳列するだけでその時に必要な商品が補充されることとなる。

　さらに、ある時点で在庫を見ればその日の営業計画がどの程度達成されているかを把握でき、それに合わせて販売方法を修正することでより効果的に商品を販売することができる。営業予測は最初から上手くいったわけではないが、価格の相場、従業者の能力、気温、客層などから推測し、少しずつその精度を高めていった。この予測が完璧にはまれば、日販70万円を超える売上を達成できることもあったという。

　ある日、かねてからA氏を支えてきたある仲卸業者が、A氏のために店舗用の土地を用意してきた。仲卸業者は有能な八百屋の独立支援や新規出店支援をすることで自身の売上を増加させることがあるが、A氏にその白羽の矢が立ったのであった。A氏はその申し出を受け、C社としてC5店を開店し、その店長となった。その仲卸業者はA氏に店舗設計を任せ、A氏は1階を店舗、2階を自宅とした。

　従業者はA氏、B氏、K氏と他2名の5名であった。売場面積は約100㎡であった。品揃えは野菜と果物に加え、牛乳と練り物、豆腐を新たに取り揃えた。食料品の取り扱いは、自分たちの強みである売り切り型の経営が活かせるので

はないかという意図からの試みであった。販売方法はセルフサービス方式にし、レジを1人と接客を2人、サポートを2人と割り振った。配置はA氏のみサポートに固定し他の従業者はローテーションにした。ローテーションを採用したのは、従業者の全員が将来独立することを希望していたため、幅広い仕事を経験できるようにするためであった。A氏自身、「八百屋は独立してなんぼ」だと考えていたこともあり、ノウハウは包み隠さず教えるようにした。

開店初日の日販は158万円の大成功だった。最も大きな要因は、仲卸業者の強力な支援によって多くの商品を格段の低価格で販売できたことである。しかし、2日目の日販は103万円、2週目の日販は60万円を下回るようになり、開店景気は終了した。

C5店の開店前、A氏は店舗規模と従業者数から、損益分岐点は日販60万円に設定していた。しかし、次第に売上はそれを下回ってしまった。原因は慢心であった。A氏だけでなく従業者もこれまでの成功体験から、横柄な態度で接客が雑になってしまっていた。商品管理が不十分になり、低質な商品を仕入れては検品が不十分な商品を販売した。お客さんからクレームが来てもまともに対応しなかった。今から振り返ると失敗して当たり前だが、当時はそのことが理解できず、なぜ自分たちのやり方が通用しないのか、その原因が分からなかった。

苦肉の策として、余剰人員を有効に使い売上を増加させるため、従業者をかつてA氏がぶりうちをした商店街に向かわせた。顔が割れていない人間なら再度ぶりうちをしてもしばらくは営業できると考えた。実際、その点では成功した。しかし、営業は失敗した。その原因は苦しい営業状況から目先の利益を優先する経営になってしまったことで、お客さんの支持を得ることができなかったからだと反省しているが、その当時はそのことが分からなかった。

日販は30万円ほどで下げ止まり安定した。少しでも売上を増加させるため、A氏は日曜日も1人で営業を行った。経営面では、開店前に予想した動線と異なるお客さんの流れを変えるために売場のレイアウトを変更した。さらに、品揃えを充実させるために同類異種商品を増加させた。それでも売上は上がらず、自分たちのやり方にこの街が合わないと言い訳をした。

開店から2年経ったある日、C社の会議で親方がC5店の閉店を決めた。親

方は「Aが行ってだめなら誰が行ってもだめや」と言ってくれたが、A氏は責任を取って退職しようと決意していた。それでも年内の営業継続を志願し、残りの営業期間中は無給にして貯金を切り崩して生活した。無給の日々はA氏の中に「利益を生める人間だけが給料をもらえる」という考えを新たにした。閉店後に残ったものは、700万円の負債と、「店を失った、自信を失った、自分を見失った」という気持ちと、そんな自分についてきてくれたK氏とB氏だけだと思った。

　C5店の閉店が決まった会議後、A氏は親方に呼ばれた。A氏が親方にC社退職の意思を伝えようとしたとき、まず親方に言われたことは「わしが持っとる店どこでも好きな店やれ。ええ場所あるなら新しく出してもええ」だった。一言の叱責もないこの言葉にA氏は深く感動し、退社するのではなくこの人に恩返しをしなくてはならないと考えた。そして、「一番赤字の店をください」と伝えた。当時C社で一番赤字の店だったのは、A氏が開店に携わったC3店であった。当時のC3店は300万円の負債を抱え、慢性的な赤字の状態だった。形容しきれないほどずさんな商品管理がなされ、売場の商品はほとんど腐敗し、バックヤードには数ヶ月前に従業者が食べた弁当ゴミが放置され、従業者は無断での遅刻や欠勤が常態化しており、A氏が閉店させてしまったC5店でさえ比較にならない劣悪さだった。

　C3店は新たにA氏が店長になることに伴い、年末年始の休業期間中にリニューアルをすることになった。まず、3日間をかけて清掃をしたのだが、ゴミの量は2tトラック2台分に及んだ。資金が不足していたため店舗設備はそのまま利用することにした。品揃えや売場のレイアウトはA氏が再構成した。品揃えの構成は野菜：果物＝3：1となるようにし、薄利の野菜で集客し高利の果物で利益を得るという方針にした。価格は負債返済のため今までより利益率を若干高めに設定せざるを得なかった。従業者はA氏、B氏、K氏と他2名の従業者とした。C5店での失敗を経験したA氏、B氏、K氏は「2度と負けない」と誓った。また、SD店の経験からA氏には「人を育てよう」という新たな理念が生まれた。多くの人間がSD店の閉店時にA氏から離れていったが、それでもB氏とK氏はA氏のもとに残ってくれた。A氏はこの2人に後輩を作ってあげたいと思った。

リニューアルではOD店の負債やSD店の失敗があったことから仲卸業者に開店支援を要請することはできなかった。それでも、当時は景気が良かったこともあり、リニューアル開店初日の日販は以前の3倍の90万円を達成し、その後も順調に経過した。この頃、A氏はこれまで自分を助けてくれた人たちへ恩返しをするためには相応の力が必要だと感じていた。まずやらなければならないことは自分の力をつけることであり、その力の上に仲卸業者との信頼関係が築かれると考えるようになっていた。そのためには力のある仲卸業者との取引が必要だった。これまでは、仲卸業者にお世話になったという思いから、仕入先は変えてはいけないという思い込みがあったが、この頃から自分の要望に応えてくれる仲卸業者を探索し切り替えていった。その中で、自分が今までしてきた関係性を中心とした仕入れは、関係性だけで出来る範囲の限定的な仕入れだったと気づいた。この頃には仲卸業者に対して自分の希望する商品を具体的に主張するようになっていた。

　A氏はお客さんの流れをつかむために、開店後1ヶ月は店頭に立った。店頭では、どのぐらいの品質の商品を、どの程度の価格で販売すれば、どういう反応が返ってくるか、お客さんの動線は自分の意図通りにできているかなどを観察した。これまでは自身が設計した動線のようにならなければお客さんが悪いと考えていたが、C3店ではお客さん目線で動線を組み立てられるようになってきた。そのために、商品が手に取りやすい高さになるように売場を設計するなどの工夫を試みた。商品陳列の方法も小分けを増やすようにした。その意図はお客さんの利便性を高めるだけでなく、小分けによって購買点数の増加を促すことでお客さんの買物パターンをより正確に把握することを狙ったからであった。

　その中で、様々な仮説が明確になってきた。例えば、りんごやバナナが売れる地域は果物の潜在消費量が高いというものである。りんごやバナナは年間を通して安定して流通する商品であり、そのような果物を購入する家庭には果物を食する習慣がある場合が多くあるいは習慣化する可能性が高い。そして、このような地域では個性の強い商品を勧めることが有効である可能性が高い。

　例えば、紅玉というりんごがある。このりんごの特徴は身が硬く酸味が強くておいしいとは言えない。この商品の特性を知らないお客さんに「りんごくだ

さい」、「はい、どうぞ」で販売してしまうと、このお客さんはりんごの味に失望して店から遠のくかもしれない。そうではなく、「りんごください」、「何に使いますか。このりんごは酸っぱいので、生食よりアップルパイなどの調理向きですけど大丈夫ですか。」と説明することや提案をすることが必要になる。そして、このような提案販売を受け入れてくれたお客さんは、その後リピーターになる可能性が高かった。このように果物の潜在消費量が高い地域では、A氏は積極的に果物の取り扱いを増やすだけでなく、個性の強い商品の提案販売で市場を開拓したのであった。

　経営が軌道に乗る中で、部下との交流も増えた。特に、K氏がA氏の右腕としての力をつけ始め、経営の方向性等を変えようとするときには頻繁に２人で飲みに行った。従業者への指導は熱心に行ったが、A氏が期待する水準に達しない時にはつい手が出てしまうことも多々あった。それでも根気よく教育を続け、まずは自分が手本を見せる、次に従業者にその方法をさせてみる、そして知識を補うような本を勧める、それ以上は自分で工夫して自分のものにしろ、という手順で教育を行った。

　C3店の経営が３年目に入ると、C社の方針でA氏は当時出店していた６店舗のうち３店舗を管理することになった。そこで日販12万円のC6店の店長にK氏を、日販40万円のC４店の店長にB氏を配置し、C3店は自身がそのまま店長を兼任することにした。このような配置をした理由は、仕組みづくりが得意なK氏を苦戦が続くC6店に、勢いがあるB氏を好調なC4店に振り分けることが妥当だと考えたからであった。その後のA氏の課題は、C3店の柱となっていた２人を失った中でC3店の売上を維持することだった。２人を失ったことによって、開店の準備が間に合わない、営業中の商品補充や検品が十分できないという状態になってしまった。従業者には１から10までを口酸っぱく指導し続けることで、しばらくしてある程度の状態を維持できるようになったが、売上は若干下がってしまい、そのまま横ばいが続いた。

　この頃、ともにC社で力を合わせて働いてきたZ氏とT氏がそれぞれ独立した。しかし、残念ながら経営はうまくいかず両者とも閉店することになってしまった。さらに、これまでA氏を育ててくれた親方が逝去した。C社は親方の息子が継ぐことになったが、A氏とは折り合いが悪く、A氏は再びC社を退社

することにした。A氏の退社を受け、C3店およびC4店、C6店の全従業者も退職した。このときA氏は33歳だった。

3-4　二代目A商店

　退職後の1週間は、充電期間と称してひたすら酒におぼれた。多い日でワインを3本と缶ビールを12本ほど飲んだ。自分には蓄えがあったためそれでも良かったが、後輩たちの就職先を探さなければならなかった。この年、Z氏が妹と弟との3人でA商店として2度目の起業をしていた。当時のA商店は創業間もないものの、日販40万円を達成するその地域の繁盛店であった。A氏はK氏ともう1人の従業者をZ氏の下で働かせてもらえないかお願いをし、受諾された。その流れでA氏もA商店で働くこととなったが、当時のA商店にはそれだけの人数を雇用する余裕はなかったことから、週に2日だけの勤務となった。休みの日は、新たに起業するための空き店舗を探索した。146件の物件を下見したが、なかなか魅力的な場所は見つからなかった。

　ある時、ある共同スーパーからA氏に青果部門として出店してくれないかと誘いがきた。A氏はこの申し出を、本部に支払うロイヤルティを本来の10%ではなく3%にするという条件と引き換えに受諾した。ロイヤルティの引き下げを要求した理由は、高いロイヤルティが価格設定を困難にすることを避けたためである。開店後3日間だけK氏が助っ人として働いたが、その後は1人で経営を行った。売場面積は20㎡ほどで、スーパー形式の業態だったため、A氏の仕事は基本的に仕入れと商品補充だけだった。それでも、他の鮮魚・精肉部門より高い売上を達成していたものの、店の事情から急遽閉店することになってしまったのであった。

　その後すぐに、ある仲卸業者から1ヶ月限定でアドバイザーの依頼が来た。その仲卸業者は、その時初めてあるスーパーへの納品を始めることになったのだが、そのためのノウハウがなかった。そこでA氏はアドバイザーとして、納品すべき商品の品質や売れ筋分析、陳列方法等を指導したのであった。

　この頃、A商店の営業は苦戦していた。この地域の核施設の1つであったダイエーが閉店したことによって、残りの3社のスーパーが元ダイエー客を奪い

合うかのような激しい競争を繰り広げ始めたのである。その影響もあってか、A商店の日販は20万円ほどにまで減少していた。この頃、Z氏はたまたま仲良くなったお客さんである大学生のわたしに、この状況をどう打破すべきかを相談してみたが、わたしは全く役に立たなかった。結局、Z氏はこのような状況を打開するため、A氏、K氏、もう1人の従業者に対してフルタイムで働くことを依頼し、3人は正式にA商店の一員となったのであった。

　A氏はこの状況下でZ氏が自分たちを迎え入れるということは、自分に売上回復の役割が期待されていると解釈した。しかし、その時のA商店を見て、仕事を抜本的に組み直さなければA商店の再建は無理だと考えた。それまでのA商店は新鮮で低価格の売り切り型の経営でお客さんの支持を得ていたが、この頃は減少した売上の中で生計を維持しようとするあまり、価格が同業他社並みとなってしまっていた。その結果、A商店はそれなりの商品がそれなりの価格で販売されている、特徴のない店になってしまっていた。

　仕事の分担はZ氏が仕入れを行い、A氏が営業の指揮を執ることになった。Z氏の仕入れ方法は、販売価格を念頭に置きながらそれに見合った商品を仕入れるという方法であった。しかし、A氏の考えでは、その方法では低価格を実現することはできるが、一方で付加価値を提案しにくい商品を仕入れてしまうことになる。その結果、周囲の価格競争に巻き込まれてしまい、売上と利益が減少してしまう悪循環に陥ってしまうのではないかと考えた。しかし、A氏は仕入れの権限がない以上、販売の工夫によって商品を売り切る必要があった。

　売場の構成を考えるとき、これまでは商品のカテゴリーという視点から考えることが多かったが、この頃から新たな視点も考え始めるようになった。それは商品特性と売場特性である。商品特性とは、商品を①お客さんの足を止める商品、②品揃えとして必要な商品、③利益率の高い商品、④旬の商品、⑤売場の色合いを良くする商品、⑥相場が変動中の商品という視点から分類するものである。売場特性とは、各売場とお客さんとが接する頻度からA商店の売場の強さを6段階で分類したものである。売場の構成は、カテゴリーだけでなくこれらの特性を加えることでさらに細かく計画されることになった。これらの考えはすぐにまとまったわけではなく、日々の試行錯誤を通じて少しずつ改訂されている。

A商店に入って初めての年末、A氏は同業他社で扱いがない季節商品のかまぼこを扱うことを提案した。当時、かまぼこはスーパーでは扱われていたものの、どのスーパーも価格をかなり高く設定しており、A氏は薄利多売で高売上を達成できるのではないかと考えたのであった。この時期のかまぼこ生産の仕組みは、12月25日に生産が一斉終了し、その商品の賞味期限はすべて1月5日となる。季節性が強く賞味期限が短いため、売れ残りはすべて廃棄されてしまう。そのため、卸売価格は12月30日に極端に下がるという特性がある。そこでA氏は12月30日、31日に大量仕入れをし、他のスーパーでは2個690円で販売されている商品を、A商店では3個500円で販売したのであった。かまぼこの販売は見事成功し、かまぼこから得た粗利益は2日間だけで67万円を達成した。

　年末商戦はかまぼこの成功がA商店全体の営業に勢いをつけ大成功に終わった。しかし、その反動で年が明けた1月は苦戦が続いた。その頃、閉店したダイエー跡地の向かいにあった八百屋が閉店をすることになった。そのままテナントの募集が始まったのであったが、家賃が7㎡で8万円と高額であったこと、数ヶ月たってもダイエーの後継店が決まらなかったこともあり、テナントは埋まらなかった。A氏はそのテナントは不良物件だと考えていたが、Z氏は勝負を仕掛けた。そのテナントで魚屋を開店することにしたのである。Z氏はC社では鮮魚部門を長く担当した経験から、そのスキルを活かそうと考えたのであった。

　魚屋の開店に伴い、Z氏が魚屋の店長になり、A氏が八百屋の店長になった。そして、A氏が仕入れを始めることになり、仕入先はZ氏の仕入れ先をそのまま引き継いだ。しかし、A氏にとっては新しい仕入れ先との取引になり、取引の感覚が全くつかめなかった。仲卸業者にA氏の意図が上手く伝わらず、要望する商品がなかなか手に入らなかったのである。こればかりは、少しずつすり合わせながらお互いの呼吸を合わせていくしか方法がなかったが、仲卸業者の中でも一番反応が良く対応が早かったのがD社であった。

　D社担当者は当初からA氏の意図を理解してくれた理解者だったという。例えば、それまでA商店が扱っていた愛媛産のみかんは、品質は良いが日持ちが悪いという。A氏が価格と品質とのバランスの取れた商品を要望すると、C社はそれまでの仕入れ先を変更して香川産のみかんを仕入れてくれた。A氏は自

分たちのためにそこまでしてくれたことに応えるために、依頼した分はすべて買い取りを引き受けた。

　D社の支援が得られたことで、A商店で扱う果物の品質は向上し、それに伴い売上も大きく増加した。A氏によれば一般的に八百屋の果物の売上比率は25％程度だといわれているが、A商店では約60％にまで果物の売上比率が増加した。売上の比率はバランスが悪いものの、利益率が高い果物の売上が増加したことで、経営には余裕が出てきた。この経験から、A氏は仲卸業者に自分の好みを理解してもらわなければならないことを強く認識したのであった。それ以降は、「こういうのが欲しい」、「これはいらない」というやり取りを続けながら自分の好みを理解してもらおうと努めたが、他の仲卸業者に一定の理解が得られていると納得できるまでに5年かかったという。

　Z氏が開店した魚屋は順調に営業を開始することができた。当初は店舗規模が小さいことからZ氏が1人で経営することになっていたが、売上の増加に仕事が追いつかなくなり、八百屋から従業者を2人派遣しなければならなくなった。この頃、八百屋の日販は50万円ほどで安定していたが、これまで5人で支えていた売上をA氏、K氏、Z氏弟の3人で維持しなければならなくなった。

　そこで、従業者の配置を変えた。それまでA氏はサポートを担当していたが、店頭での接客に変更した。その意図は、営業の組み立てを、裏方が店頭を動かす仕組みから、店頭の動きを裏方が支える仕組みに変更したかったからであった。A氏がサポートの場合、店頭での販売力は落ちるものの在庫調整力は上がることで過剰在庫を円滑に減らすことができる。A氏が店頭の場合、店頭での販売力が増すものの在庫調整能力が下がってしまう。A氏はこの配置変更によって、まずは50万円の売上を達成する販売力を維持しようとしたのであった。在庫調整力が落ちてしまうことで売れ残ってしまう商品は、営業時間を延長することで対応した。

　従業者の不足を解消するため、新たに2人の従業者を雇用した。1人目はA氏の下積み時代のお客さんであり、2人目はA氏のC社時代の後輩である。前者は元々フランス料理店を経営していたが、その店舗の閉店に伴いA氏がスカウトをした。後者はA氏が店長を務めていたC3店でレジ担当として働いていた。両者はそれぞれ一定の知識と経験を持つ即戦力としてA商店に貢献している。

2008年、A商店は株式会社として法人化した。Z氏は従業者が結婚していくのを見て、従業者が安心して生活できるようになるためにこの決断をした。そして、「やるなら一気や」と多くの福利厚生を用意した。しかし、そのためのコストを想定しきれていなかった。経費が大幅に増加したことで、これまでと同等の売上では利益が出なくなってきた。これまでの仕組みでは、生計の維持すら難しくなってきた。さらに困難は続き、2011年に一身上の都合によって創業者であるZ氏がA商店を退職することになってしまった。従業者で話し合った結果、A氏がA商店の2代目経営者となることで再出発することになった。A氏は37歳になっていた。

　A氏の最初の仕事は経営の立て直しであった。当時、ニュースでは食品への異物混入や産地偽装が世間を賑わせていた。A氏はC社を退職してからは国内産の野菜と果物のみを取り扱っており、この流れを好機と捉えた。開店準備の繁忙さから商品ごとに産地を記載することはできなかったが、接客や声出しの中で商品ごとの具体的な産地を強調した。産地を質問するお客さんが増えたことで、お客さんとの会話の時間が増えるようになり、その時間を提案販売につなげた。例えば、「なぜ産地を気にされるんですか？」と尋ねれば、「赤ちゃんの離乳食を作っているので気になるんです」と返答がある。そのことによって、会話の中でお客さんの重要な情報を入手することができ、そのお客さんに合わせた提案販売をすることができる。商品のアピールにおいても、「国産売ってます」というのではなく、「食の安全を守るのが我々の仕事です」と表現することで、食品問題に敏感なお客さんへの対応を心掛けた。

　こうしてA商店は周囲の同業者を超える売上を達成したのであるが、そうなったことで競合店による品揃えの模倣や価格競争を仕掛けられるようになった。そこで、A氏は模倣が難しい接客面で競合店との違いを今まで以上に意識して出すようにした。従業者には、1人ひとりのお客さんが何を買ったかを覚えることを求めた。次の接客機会の時、まずお客さんは顔を覚えていてくれたことに気を良くする。そして、その日には前回と違う献立のための食材を提案することや、その人の献立が予想できるほど親しくなればおかずを一品足すための提案販売までもが可能になる。さらに、その会話を周囲のお客さんに聞こえるようにすれば、「じゃあ、私もそれもらおうかな」と購買意欲を波及させ

ることができる。

　一方で、意識して飲食店への卸売りを増やすようにもなった。飲食店への卸売りは注文商品の細かさや配送コストによって負担がかかるが、A商店全体としては仕入量が増加することにより、仲卸業者に対するバイング・パワーを高めることができる。卸売りの販売量が増えたことを受けて、A氏は2012年に飲食店卸売業として合同会社を設立し、A商店が業務委託を請け負うという形で展開している。

　A氏はこの事業の実施のため、ある人物を他社から引き抜いた。その人物は、当時飲食店販売用のカットねぎをA商店に販売していた卸売会社に勤めていた。カットねぎはその卸売会社が自社農場で栽培していたのだが、話を聞いてみるとその従業者は少しでも良いねぎを提供できるように休日を返上してねぎの栽培を手伝っていたという。それだけの勤労意欲をもちながら働いているにもかかわらず、その人物の月給が20万円に及ばないことや、貯金ができないことから結婚しているものの挙式・披露宴を開催できていないことをA氏は聞きつけた。そして、A氏はその人物が勤務する会社以上の給料を出すことを条件にA商店への転職を勧めた。しかし、その人物はA氏の申し出を断った。その理由は、彼にとって給料を理由に転職することは人間として恥ずかしいことなのだという。A氏はその人間性にますます惚れ込み再度転職を勧めるものの結局3度断られ、4度目の誘いによってその人物をA商店の一員にすることができたのであった。

3-5　小　　括

　興味深い点として次の2点を提示する。それは、第1に労働集約的な商品取扱い技術の発展、第2に関係者との関係性の強さである。

　第1に労働集約的な商品取扱い技術の発展である。A氏は八百屋の家系に生まれたのではなく、八百屋業界に新たに参入した人材であるため、C社でのアルバイトを始めた時点で商売に必要なリソースを保有していない。そのため、それまでに勤務経験のあるホテルで学んだ「何かが足りないことに気づく」能力を起点に商人として成長をすることになった。他にも、商品知識がないため

に試食販売の担当になったことは、その後の果物への商品知識に特化した学習につながったことなど、A氏があらかじめ保有していたリソースあるいはリソースの不足がA氏のその後成長に影響を及ぼしていたことが読み取れる。特に、人間関係を大事にするA氏の性格は従業者や仲卸業者との関係性構築の基盤であると考えることができ、A商店のこれまでの事業展開やその時々のフォーマット特性として顕著に表れている。このようなA氏やA商店の成長が労働集約的な商品取扱い技術において見られることは、小規模小売業者の特性を考察する上で1つの指標となる可能性がある。

　第2に関係者との関係性の強さである。A氏が下積みをしてA商店の経営者となるまでには、多くの人の支えがあった。C社の親方やぶりうちについてきたJ氏、ぶりうちを支えてくれた仲卸業者、いちご4,000箱をともに売ったT氏、C社時代のA氏の右腕となったK氏とB氏、A商店に勤務することになったかつての後輩やお客さんなど、A氏はその時々で縁のある人たちと強い関係性を結びながら事業を展開してきている。特に、A氏と従業者との間には深い関係性を読み取ることができ、A氏が経営する店舗はある種のコミュニティとして機能していると考えられる。これは、組織のコミュニティ性が小規模小売業者の特徴の1つなのか、あるいは、高水準の経営成果を達成するために必要なリソースなのかという点を考えさせる興味深い発見事実であると考えられる。

第4章

B商店のエスノグラフィー

4-1　経営方針

　B商店の経営理念は「お客さんをだまさない商売」である。お客さんをだまさない商売として、すべてのお客さんを平等に扱うことを心がけている。そのため、基本的に卸売りはしない。B氏にとって、卸売りをするということは飲食店業者を優先的に扱うということを意味する。それは、お客さんを差別的に扱うことになるため卸売りはしない。飲食店業者であっても来店すればお客さんとして商品を販売するが、それ以上の配慮はしない。

　B商店には経営理念を支える2つの基本方針がある。それは、薄利多売と売り切りである。まず、B氏は価格を設定する上で、相場に見合った価格帯の中で提供できるぎりぎりの低価格を意識している。それを実現する第1の方法が薄利である。しかし、利益率の操作だけで可能になる低価格の水準は低い。そのため、第2の方法として多売が必要になる。販売量が増加することで仲卸業者に対するバイイング・パワーを発揮できるだけでなく、粗利ミックスによって個々の商品の赤字を全体での利益で吸収することが可能となり、単純な薄利以上の低価格を実現できる。

　次に、B氏は八百屋が扱う商品は生鮮食品である以上、鮮度が競争優位の源泉だと考えており、商品は提供できる範囲内で最も新鮮な状態で販売すべきだと考えている。そのため、その日に仕入れたものをその日のうちにすべて販売する売り切り方の経営を実践することで、常に新鮮な商品を提供できるように

している。また、売り切りには日々の営業への達成感の向上や従業者への教育効果もあると考えている。従業者にとって商品がすべて売り切れた瞬間や何もなくなった店内を見渡したときの高揚感は大きいだけでなく、その状態を達成するためには営業中に何をしなければならないかを考えながら働くようになる。

4-2　品揃え

　本節では、品揃え形成および仕入れ、価格設定について説明する。まず、品揃え形成である。品揃えは野菜を中心に約80品目を扱っている。B氏が品揃えを考える上で考慮することは、第1に一般家庭で日常的に使用される食材であること、第2にB氏がお客さんの立場で考えて妥当な価格かどうかの2点である。

　取り扱われる商品はキャベツやにんじんなどの一般的な野菜である。品揃えを限定する理由は、一般的な商品のほうが売れ行きは良く、販売していて楽しいからである。一般的な商品であっても、B氏が嫌いな野菜は取扱量が少ないか取り扱わないこともある。また、基本的に取り扱う商品であっても高騰して納得できない価格であれば取り扱わない。品揃えを検討する場合、B氏はお客さんの立場で考えることの重要性を認めるが、しかしそれはお客さんの要望をそのまま聞くということを意味しない。

> わたし：「ここ何年かでのお客さんの変化っていうのは？」
> B氏：「若い子が増えたな。やっぱり、所帯に響くやん。響くし、日々お金はらわなあかんやん。」
> わたし：「品揃え変わったりします？」
> B氏：「変わらない。」
> わたし：「特段お客さんの何か見て変えたりっていうことも？」
> B氏：「お客さん見て変えたりしてしまうと、やっぱり芯がぶれるから。ぶれてしまったら今まで付いてた常連さんが離れてしまうかもしれんやん。めちゃくちゃ高い時、白菜とか高かったら買わへんもん俺。例えば仕入れが110円やったものを、自分がその商品に対して100円しか払われへんのなら100円で売るし。」
> 　　　　　　　　　　　　　　　　（インタビュー日：2011年4月26日）

具体的にB氏が品揃え形成をする場合の基本的な方針は、まずその時々の市況を考慮した相場勘の中で、商品ごとにお客さんから見て「これは安い」と思える価格を想定する。次に、その価格に収まる商品群の中で最も品質が高い商品を選択する。このときB氏が考慮する品質とは、味と見た目である。それらが想定する価格の範囲内で納得できるものであれば、商品規格やブランド、産地などにはこだわらずに仕入れを行う。

　商品規格やブランド、産地などにこだわらない仕入れをすることは次のような意図もある。それは、スーパーが積極的に扱うことで高価格となっているMサイズや秀等級の商品ではなく、スーパーがそれほど扱わないことから価格が安いS・Lサイズや優または良等級の商品を扱うことで仕入れ価格を抑えるためである。しかし、この方法では仕入れ価格を低下させることができる反面、B商店で扱う商品の産地、等級、サイズ、価格にばらつきが出てしまうことになる。

　B氏は規格やブランド、産地にこだわらないことは、商品品質が同業他社に比べて劣ることを必ずしも意味しないと考えている。同じ商品の規格でも産地が異なれば、同じ産地の商品でも生産者が異なれば、同じ生産者でも収穫時期が異なれば、それぞれ品質は異なる。ある産地の秀等級の商品と、別の産地の優等級の商品のどちらが高品質かは一概には言えない。あるいは、味は同程度であるが形状の差によって等級が異なる場合もある。そのため、B氏は目と舌で商品を見極め、納得できる水準の商品を決定する。実際、従業者同士で商品の品質について議論をするときは、生産者番号単位で評価をしている。

　後述する通り、B商店では営業時間中の追加発注・配送の仕組みができている。B氏はこの方法を活かして営業時間中に品揃えを増やすことがある。B氏は朝の仕入れ時に各仲卸業者の在庫状況を確認し、仲卸業者にとってその日の販売が順調ではない商品の目星をつけておく。そして、あえて朝の仕入れ時にはその商品の仕入れを行わず、追加発注時に以下のような交渉を行うことがある。以下の例は極端に仕入れ価格が安い例ではあるが、仲卸業者の過剰在庫を引き受けるときは、相場価格より格段に安く仕入れることができる場合が多い。

　B氏は朝の仕入れ時に、ある仲卸業者がきゅうりを大量に購入している様子を確

認する。B氏によれば当日のきゅうりの相場は1箱1,000－1,300円程度だという。B氏は14時頃その仲卸業者のもとに追加発注商品を受け取りに行き、その仲卸業者の倉庫前で倉庫に入りきらないきゅうりを確認する。

B氏：「それしんどそうやなあ。」
仲卸業者：「そやねん、買うてってくれる。」
B氏：「（筆者注：1箱）100円やったらええよ。」
仲卸業者：「うそやん。」
B氏：「ほんとやん。」
仲卸業者：「そんな無茶言わんとってよ。」
B氏：「だって俺別にきゅうりいらんし。しんどそうやから手伝ってあげようと思っただけやのに。」
仲卸業者：「ほんまに勘弁してよ。」
B氏：「（筆者注：冷蔵庫に入りきらない分）それ全部もらってあげるから。（筆者注：冷蔵庫に入れずに）置いとってもくさるだけやろ。そのかわり100円にして。」
仲卸業者：「まじで。」
B氏：「まじで。」

B氏は1箱100円で約10箱仕入れたきゅうりを、その後タイムセールで販売した。B商店でのその日のきゅうりの販売価格は1盛り4本入りで100円であった。1箱には約60本のきゅうりが入っている　　　　　　　　（出所：B氏回想）

次に、仕入れである。B商店は基本的に全ての仕入れを最寄りの中央卸売市場本場で行っている[1]。仕入れ先については、創業当初はB氏が下積み時代に取引のあった仲卸業者との取引を継続したが、B商店の成長とともに、その仕入れ量に対応できる仲卸業者を探し、適宜変更をしてきた。仲卸業者に求める条件は、第1に十分な商品量を安定して供給できること、第2に仕入れ量の増大によって価格の引き下げができること、第3に誠実な取引ができることである。

B商店の場合、ある単品の仕入れ量が小規模仲卸業者の取扱量よりも多いことがあり、一定規模以下の仲卸業者からは継続して仕入れを行うことが難しい。また、商品取扱量の少ない店では、価格の引き下げに限界がある。経営規模が大きい仲卸業者の場合、単品の商品では利益を取らなくても複数の商品で利益を出す、あるいはB商店との取引で利益が出なくても他社との取引で利益を出すという選択ができるが、小規模仲卸業者では難しい。

B氏：「やっぱキャベツ5杯下さいって店と、うちらみたいに50杯下さいって店はやっぱ違うよ。お宅がちゃんとした付き合いするのであれば、うちはこんだけ引く（筆者注：仕入れる）ことができますって。」

（インタビュー日：2011年8月4日）

ベテラン従業者：「小さい商店が、仲買いの卸値が600円のキャベツ1種類しかなかった場合、絶対650円かまあとんとんいって600円までしかこれへんやん。ほな、おっきい力の仲買やったとしたら、俺んとこキャベツこれ高い、とかこれ安いとか、その間とってって言うこともできる、してくれるやん向こうは。その人よりは他で（筆者注：利益）とるわ、っていうのもようありますよね。これほんとは1,000円すんねんけどお前んとこ600円で渡しとるから他の人にここでとるからって言うこともできる。小さい商店は俺んとここの商品しかないからこれしかできへんって、言うたらその店はもう切られるわな。仲買がプールをうちにもしてくれはる。仲買いが700円で買うとっても500円でくれるから。200円損しとるわけやで。ほかの商品で、その200円の損を、ひろの店でも、他の店でもとれるからいいよって。うちはそんだけの物量もあるし、売る力もあるからいいよって。」

B氏：「だから良い商品安くくれる時あるよって話。だからさっき言っとったみたいに、どうせ安いの買っとったんやろって言われるけど、ではない。」

ベテラン従業者：「今日1,200円のレタスしかなくて。でも600円のキャベツと合わせていくと、もう伝票めんどいから両方600円でええよって、そんなうちょくあんねん。力のある仲買いとしか付き合わんから。」

わたし：「でも力のある仲買いさんってなかなか取引してくれないんですよね？そんなことないですか？」

B氏：「そんなこともないんちゃう。」

ベテラン従業者：「Bさんの買い方って、うちの力見せつけるためにガーンって買えって買い方、新しい取引先開拓する時は。こんだけうちいけんねんぞって。」

わたし：「そん時はやっぱ無理して多めにいってるんですか？」

B氏：「無理は別にせえへんな。多少無理しとった時もあったかもしれんけど。でもやっぱキャベツ5杯下さいって店と、うちらみたいに50杯下さいって店はやっぱ違うよ。だからヤマジに開拓する時はうちの力みせときって。お宅がちゃんとした付き合いするのであれば、うちはこんだけ引くことができますって。」

（インタビュー日：2011年8月4日）

　B氏は誠実な取引ができるかどうかということも仲卸業者を選択する上での重要な条件だと考えている。その理由は仲卸業者の意欲の低さに由来する。B

氏からみれば、仲卸業者は総じてやる気がなく、基本的に楽をして稼ごうとする人種だという。例えば、仲卸業者がある小売業者にキャベツを10箱販売したとする。仲卸業者がその商品を小売業者の輸送車に搬入中、10箱のうち1箱に傷んだ商品を発見した場合、彼らはそれを見なかったことにして搬入するだけでなく、10箱を積載する最下部に積載し、輸送途中で商品が傷んだように見せかける偽装をすることがあるという。薄利多売を行うB商店では10箱中1箱分商品が傷んでいれば赤字となる。そのため、不良商品を購入させられた場合は必ず返品を要求するが、「そのぐらい別に」とか「今度なんかするわ」などと当初は相手にされなかったという。

　しかし、B氏は不良商品が流通した場合に、卸売業者が当該商品を検査した後、出荷段階で問題があったと考えられる場合には卸売業者は出荷団体に対して注意を行う、という卸売市場流通制度を根拠として仲卸業者に返品の必要性を主張することで、仲卸業者に対して誠実な取引を要求し実現してきた。

　仲卸業者に誠実さを求める以上、B氏も仲卸業者に対して誠実さを示している。仲卸業者との取引は基本的に長期取引を前提としている。その時、複数の仲卸業者を競争させて、その都度自社に有利な取引先を選択するということはしない。また、一部の小売業者にはセリ取引を観察することでどの仲卸業者が何の商品をいくらで落札したかを確認した上で仕入れの交渉をする者もいるが、B氏はこの方法には反対している。仲卸売にとってセリ取引を見られるということは、小売業者にとってお客さんに仕入れ価格を知られることに等しいと考え、小売業者はそこまで踏み込むべきではないと考えている。

　清算も誠実に行う。B氏は仕入れ代金の支払いは必ず翌日に行う。B氏としては仕入れ時に支払いを済ませることが最も誠実な取引だと考えているが、仲卸業者の伝票作成時間の確保のため翌日の支払いとなっている。

　B氏が仲卸業者との取引で心がけていることは信頼関係の構築である。そのため基本的には長期取引を前提とし、仲卸業者とよりよい関係性を築くことで双方にとって有益な取引を継続させようとしている。B氏にとって仲卸業者と小売業者との関係は売手と買手といった単純なものではなく、取引は常に利益を優先して行われるものでもない。B氏は取引で大事なことは人と人の付き合い方だと考えている。そのため、時には互いに損をしながら取引を行うことも

ある。

　例えば、仲卸業者がある商品を仕入れすぎてしまった場合、B氏に「なんとかならへん？」と1本の電話が入り、B氏が一手に買い取ることがある。一手に買い取った商品は必ずしも順調に売れるわけではなく、売り切るためにとばすことが必要になり、B商店にとって損失になることもある。一方、仲卸業者はそのお返しとして、B商店が安売りをする場合には仲卸業者の仕入れ価格より安くB商店に商品を販売してくれることがある。または、不作や気象の影響などによって商品の流通量が少ない時でも、B商店が必要とする量は優先的に用意してくれる。仲卸業者にとってB商店はお客さんであるが、B氏は自分の方が立場は上だという態度はとらず、日々の取引への感謝は忘れない。年末年始にはすべての取引先に従業員全員であいさつに伺い、お礼をする。

　　わたし：「Dさんとの付き合いは、C社の時からなんですか？」
　　B氏：「ううん、やめてから。やめて開ける2日前に挨拶いってん。開けたいんで、お付き合いしてください、お願いしますって。」
　　わたし：「まだでも6年ぐらいの期間でそれぐらいの信頼関係ができてるのは、なんでなんですか？」
　　B氏：「きっちり挨拶まわりとかもまわるからちゃう？」
　　ベテラン従業員：「でも、ある商店の社長が言うてた話やけど、正月とかきっちり挨拶、粗品とか持って挨拶する店は俺んとこぐらいやで。」
　　B氏：「俺、きっちりすんねん。」
　　ベテラン従業員：「言うとったわ。そんなん他の店、せえへん。」
　　B氏：「例えば、ここの店はビール1個とか、ここは人数多いからビール2ケースとか。でも個人的にこの人はお世話になっとうからビール2ケースプラス、この人とこの人にはまた別の酒、とか。そらお世話なっとうねんから、ありがとう言うのは当たり前や、人として。だからそれは、ちなみに全員連れて行く。」
　　わたし：「全員で行くんですか。」
　　B氏：「ありがとうございました今年1年、言うて。また来年もお願いします、って言って挨拶しにいく。」　　　　　　（インタビュー日：2011年8月4日）

　このような関係性をよりよい仕入れにつなげるため、B商店では取引先ごとに仕入れの要望を伝えている。また、この要望はただ伝えるだけでなく、仲卸

業者が期待に応えてくれない時は厳しい行動に出ることもある。

> ベテラン従業者：「良いとこ（筆者注：産地）があって、そこ引き続けたら（筆者注：仕入れ続けたら）儲けるかって言ったら儲からへんし。」
> わたし：「同じとこを引き続けるんじゃなくて、変えるのは？」
> B氏：「Dさんやから伝えてある。」
> わたし：「どういう風にですか？」
> B氏：「産地が変わるいうんは向こうも知ってる話や。だから今年伝えた話やないんやけども、そん時そん時で一番ええ味のとこ探してください、僕別に産地こだわりないんで。その代わり食べさしてもらって、味見して。美味しくなかったら、すいませんこれはちょっと変えてくださいって、って言う。」
> わたし：「結構要望っていうのはいろんなとこに伝えてあるんですか？」
> B氏：「結構伝えてあるな。」
> わたし：「いまいちやって口出すことって結構あるんですか。それとも期待に応えてくれてるんですか？」
> B氏：「結構応えてくれとんちゃう。ほんま悪かったら躊躇なく電話して返品するから。もちろん向こうもそんなん丸損なんねんから、やっぱちゃんとしたもん来よるわな。」
> ベテラン従業者：「それをすることによって、あそこはちゃんとせなあかん店なんやって伝わるしな。ほいほい受け入れててゴミ売ってるって思われたら終いやしな。」
> B氏：「例えばお客さんでも、どこどこ産のなになにない？　って言う人おらへんもん。昔1回鳥取産のスイカないって言われたけど、これ美味しいから食べてみって。騙された思て食べてみって言ったら、やっぱ帰ってきたもん。甘かったわって。」　　　　　　　（インタビュー日：2011年8月4日）

B氏によれば、信頼するということと、仲良くなるということは別であり、どれほど信頼しても適度な距離感を忘れてはならないという。どれほど信頼していても、情報の裏を取り、他の仲卸業者の動向に気を配るということをしなければ、仕入れに必要な相場勘が養われないのだという。また、仲卸業者も人間である以上、目先の利益に目がくらんでしまうこともあるという。信頼関係を基盤とした日々の取引の積み重ねの結果、B商店の仕入れに対する仲卸業者の理解も深まる。そのことによって、B商店と取引のある仲卸業者は他の小売業者よりも優先的に商品を確保するとともに、価格も格段に安く提供してくれ

る。

わたし：「この辺で取引量がBさんより多いとこってあるんですかね？」
B氏：「この辺で、小売で？　ないと思う。」
わたし：「やっぱり取引価格も安かったりするんですか？」
B氏：「する。向こうがこっちが言ってる値段に合わせてくれたりとか、まぁ大体付き合い長いから、Bのとこやったらこれくらいの値段ならこれくらい売ってくれるっていう量を必ず用意してくれる。それを断ることはまずせえへん。用意してくれるんやったら全部もらうわ。その代わり、その量買って欲しいんやったら値段なんぼにしてっ言う。」
わたし：「仲卸さんてこの店のことをどのぐらい知ってるんですか？　自分が取引してる分は分かるじゃないですか。ほかの取引先のことまではさすがに知らないんですよね？」
B氏：「いや、知ってると思うよ。だからまぁ、極端な話、Aの店ではこういうのを仕入れてるって知ってるやん。ほならBの店はその商品を売ろうとせえへん。仲卸さんも持ちつ持たれつの関係を保っとうから。何で言うたら小売業界も減ってきてるし、取り合いをしてしまったら仲卸同士潰し合いをしてしまうから。　　　　　　　　（インタビュー日：2011年4月26日）

わたし：「仲卸とのこの関係はうちしかないでっていうのあります？」
B氏：「仲卸って、別の仲卸の荷物積んで運ぶのって、極端に嫌うねん。自分とこの商品じゃないから。Dさんめっちゃしてくれとってん。自分とこ果物やのに野菜載せてくるし。同じ果物でも別の仲卸の運んでくれるし。それは付き合いの仕方や思うで。それもあるし、その日に入ったええのは絶対回してくれるな。その場におって値段聞いてるやん。でも他の人には絶対俺らより高い値段言うてるから。必ず安くもらえる。うちの分を絶対確保してくる。例えばの話、今日の話。今日なんかうちイチゴ150円とか170円でもらえとんねんな。でもうちの次に来たとこ400円言われとったからな。どこよりも必ず安くもらえる。」
わたし：「ちなみにイチゴ今日何円やったんですか？」
B氏：「2個450円。数が無くて追加ができんかったから。後までもたしたいから（筆者注：高めの値段設定にした）。ちょっとでも苺置いてますよ、って売場作りたかったんやけど、まぁすぐいってもうたけどな。周りが高いからな。」
　　　　　　　　　　　　　　　　　　　（インタビュー日：2011年8月4日）

　B氏の仕入れは毎朝6時30分頃に行われるのだが、仕入れにかかる総時間は

15分ほどである。時間の内訳の多くは、前日の仕入れ分の支払いに関わる時間であり、当日仕入れ分の取引時間はほんの数分である。B氏が仕入れ先の仲卸業者を訪れると同時に、仲卸業者はその日のB商店への販売商品をB氏に提案し、多くの場合B氏はそのままその提案を受け入れ、そのまま仕入れは終了する。取引時の会話もほんの一言二言程度交わすだけである。

　　B氏：「おはようございます。」
　　仲卸業者：「今日はこんなん。」
　　B氏：「X杯（筆者注：購買数量を提示）ください。」
　　　　　　　　　　　　　　　　　　（出所：筆者フィールドノーツ）

　B氏とある仲卸業者との取引は上記のやりとりだけで完了してしまう。仲卸業者は彼らの仕入れ段階でB氏の求める基準を満たす仕入れができなかったと判断すれば、仲卸業者側からB氏に代替提案を行う。
　仲卸売御者との信頼関係構築のためには、B商店との取引で仲卸業者に十分な利益を出してもらうことが重要だという。そうでないと長期的な取引関係の継続が困難になり、他の小売業者に優先して商品を供給してもらうことができなくなる。そのためにB氏が気を付けていることは、必要以上に値下げを要求しないことだという。相場から推測して、仲卸業者が提示する価格に引き下げの余地があったとしても、提示価格がB氏の満足する水準に達していれば、それ以上の交渉は行わないという。時に儲け、時に損をする、そのような持ちつ持たれつの関係が仲卸業者との関係性を深める重要な点だとB氏は考えている。
　最後に、価格設定である。価格設定については、B商店では目標純利益額と経費との2点から判断している。まず、B商店ではその日の仕入れ価格の相場に応じて、1日の純利益額5万円を目標とし、それを達成するための価格設定を商品ごとに行う。個々の商品の価格設定では、お客さんがつい手を出してしまうような価格帯に価格を揃える工夫をし、特に100円を単価とする商品を多く構成している。そのため、全商品に一定マージンを乗せて価格を決めるという方法ではなく、単品ごとに利益率を変更する粗利ミックスを採用している。基本的に地域固有の人気商品や定番商品、相場が高騰している商品などが他の

商品よりも利益率が低く設定される。

　次に経費である。B商店では当日の仕入れ量の約8割を販売した時点で、商品の支払い、人件費、その他経費の全てを賄えるように価格設定を行う。つまり、当日仕入れ量の残り2割分で純利益額5万円を達成できるように設計する。具体的にはまず、仕入れ時に商品ごとにどれぐらいの値段をつけ、それぞれどの程度の粗利益を出せるかを算出する。そしてその日の取扱商品が大まかに決まれば、品揃えとして集積された時の各商品の売れ方を想定する。その結果、単品ごとにどれだけの数量を仕入れればバランスよく販売できるかを導き出す。

>わたし：「前回のとばす話の続きで。まず必要経費があって、それを超えた分が利益っていうお考えがあって、だから超えてからはとばすことに抵抗がないってお話だったんですけど。1日の中でそろそろこの商品とばそかっていう判断は、経費の目処が立たないとできないわけですよね。経費の判断って具体的にどうされてるんですか？」
>B氏：「朝買い物する時に、大体これが売れたらなんぼ、これが売れたらなんぼ、これが売れたらなんぼって計算するやん、ざっと。ほんなら（筆者注：仕事中に）自然と中見て残（筆者中：在庫数）見たら、売れとう商品って分かるわけよ。ほんならできるやん。これ10杯売れたから浮いたなって。これも売れてるな、これも売れてるなって。」
>わたし：「じゃあもう1日の原価計算は朝と。」
>B氏：「朝と仕事中、頭の中でだーっと。」
>わたし：「全ての品物がどれだけ仕入れたか頭の中に入ってるってことですよね？」
>わたし：「入ってる、入ってる。入ってるって言うか、朝計算しながら買い物していくから。だから例えば50種類買いましたと。25種類で経費クリアしとったら、残りの25種類は損せえへん買い方したらええだけや。売値が100円やったら、90円でもええ話や。消費税入れて95円なってまうけど、5円の儲けがあるやん。って計算の仕方をすんねん俺。だから例えば、値段の付け間違いとかあったとしても他のでフォローできるから、マイナスになることはまずない。売りきっとう限り。」（インタビュー日：2011年5月31日）

　さらに、価格設定では販売ロットを大きくする工夫もされている。例えば、きのこ類は3パック100円で販売することが多いが、単品3パック以下での販売や異なるきのこ類の組み合わせ販売は認めていない。

仮に、ホウレンソウを2束150円として同業他社と同じ値段で販売するとする。同業他社では1束80円、2束150円などに価格を設定することが多いが、B商店では1束のみの販売はできるだけ行わず、1束100円、2束150円と設定することで大ロットでの販売を促進している。

　当日の価格が決定して商品陳列が一通り完了すれば、それぞれの商品に看板（値札）がつけられる。看板には商品名と価格のみが書かれているが、産地が魅力的であるときには産地名も記載される。基本的に看板は一度作成したものが継続して使われるが、看板が汚れるか、価格が変更される場合は再度作成される。さらに、営業時間中にも商品の価格や産地、規格の変更が行われることも多く、その都度看板も作成される。

　看板を作成するのは基本的にB氏の母親である。その理由は従業者の中で最も字がきれいだからである。営業中の繁忙時など、B氏の母親に看板の作成を依頼する時間がない時は各自が作成する。しかし、従業者が作成したものはその後「こんな汚い字で書かれたら売れるもんも売れへんなるわ」とB氏の母親に叱られながら差し替えられることが多い。

　看板は白色の段ボールの中で上面および底面の開閉部分を切り取ってできる4つの部分が用いられることが多い。箱の形状によっては胴面部分が適しているものもある。また、切り取った4つの部分の中でも縦長の部分のほうが優先的に使用される。白色にこだわる理由は茶色より白色のほうが見栄えがいいか

図4－1　看板

出所：筆者撮影

らである。縦長にこだわる理由も同様である。当初、B氏は茶色の段ボールを用いて看板を利用していたが、上記の理由から母親が白色に変更した。白色の段ボールで看板にしやすいのは、大きさ、硬さなどの点から蜜柑箱が最も適している。

看板に書かれる商品名は主に黒色、価格は赤色の太ペンで書かれる。商品名は黒が基本でまれに青色のものがあるが、その使い分けに特段の意味はなく、看板作成時に手もとにあったもので書かれる。

4-3　売場づくり

本節では、店舗レイアウトおよび商品の陳列方法について説明する。まず、B商店の店舗レイアウトである。B商店の店舗レイアウトは次の**図4-2**の通りである。

中央売場は3段重ねられたバッカンを列にして並べた上に戸板を敷いた売場が作られる。その前面に発泡スチロールを並べて作られた売場がさらに作られ、最前列の路面を含めて合計3段の高さの売場が作られる。中央売場はB商店の主要売場であり、最も販売量の多い売場である。例えば、上段には人参、茄子、トマトが並び、下段にはピーマン、しめじ、えのき、シイタケ、エリンギ、きゅうり、そして路面には青ネギ、もやし、かぼちゃ、卵などが陳列される。

西売場は北側売場と同じ構造で作られる。陳列される商品は季節の果物が中

図4-2　B商店の売場構成（売場名は筆者命名）

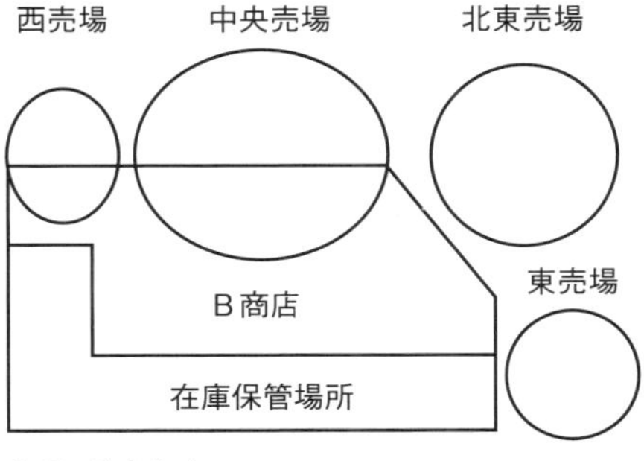

出所：筆者作成

図4-3　中央売場（左）、西売場（右）

出所：筆者撮影

心となり場合によってお菓子や調味料などの食料品、冬場であれば塩干物などが陳列される。

　北東売場はバッカンを1段だけ並べその上に段ボールを引いた売場と発泡スチロールを並べて作られる売場との2つの売場から構成される。前者の売場では白菜、大根が陳列され、路面には玉ねぎとジャガイモが陳列される。後者の売場ではキャベツ、レタス、オクラ、白ネギ、ブロッコリー、ごぼう、にんにく、しょうが、レモンなどが主に陳列される。この売場は中央売場に次いで販売量の多い売場である。

　東売場はバッカンを1段だけ並べその上に段ボールを引いた売場と発泡スチロールを並べて作られる売場との2つの売場から構成される。陳列される商品

図4-4　北東売場（左）、東売場（右）

出所：筆者撮影

は西側売場と基本的には同様の果物に加え、ほうれん草や小松菜、チンゲン菜などの葉物、長芋、里芋、サツマイモ、バナナなどである。店舗側には3段重ねのバッカンの上に飲料品および加工食品が陳列されている。

　商品は第1便が朝7時半頃、第2便が8時半ごろに到着する。それぞれ2トントラックに満載の商品が届き、手分けをして店舗への搬入が済み次第、売場への商品陳列を始める。搬入はB氏の両親を除いた全従業者が行う。役割分担は、1人がトラックの荷台に上がり運転席側から荷台後部側へと商品を受け取り易いように小分けし、残りの従業者がその商品を店内所定の場所へと搬入する。最も体力が要求されるのがこの荷台での小分け役であり、基本的にキャリアが浅くかつ若い従業者が行う。

　トラックへの荷積みは仲卸業者が行っており、基本的にそれぞれの商品ごとにまとめて積載されている。小分け役は特定の商品を効率よく搬入できるロットでまとめながら、荷台の端へと商品を移動させる。商品のロットづくりはそれぞれの従業者の搬入可能量に合わせることで、より効率的に行われるように組み立てる。

　例えば、B氏およびベテラン従業者であれば1箱20キロの玉ねぎを一度に3箱運ぶことができるが、他の従業者は2箱が適量である。これを大根なら何箱か、白菜なら何箱かと考えながらロットを作る。基本的には、キャリアを積めば体格に関係なく玉ねぎ2箱、大根5箱などと他の従業者と同程度の商品を搬

図4-5　到着した商品（2トントラック分）

出所：筆者撮影

入できるようになるが、キャリアの浅い段階では無理をして商品を落下させる危険性もあることから、その点への配慮も必要である。

とはいえ、トラックを店舗前の道路に停車をして商品搬入を行うことから、10分ほどで商品搬入を完了しなければならず、悠長に考えながらそれぞれのロットを組み立てる時間はそれほどない。優先すべきは荷下ろしの動作を最も早く行うことであり、荷台上の移動や小分けを行う数秒の間に従業者の流れを読みそれに合わせたロットづくりを行う。小分け役のロットづくりが不十分な場合は、従業者からその都度指摘されながら、あるいは従業者各自で増減を調整しながら搬入を行う。

夏場であれば商品搬入が完了した時点で、へそのあたりまで衣服が汗で濡れており、冬場でも胸のあたりまで濡れている。そして、呼吸は完全に乱れている。従業者にとってはこの商品搬入が仕事の最初の山場であり、就職後間もない従業者であれば商品搬入後の手に握力はほとんど残っていない。店舗への搬入役の場合、まずは店頭陳列分を各売場の前に置く。大根や白菜であれば約5箱ほどである。残りの商品は店内へ搬入されるが、それぞれの商品は基本的な保管場所が定められている。

店内での保管の仕方としては、規格情報が前面に見えるように置き、同一商品でも販売する順番がある場合はその順番が遅いものから下に置く。保管場所は店内奥側で縦は50から60cm、横は店内全面を使った商品1列分と西売場の

図4-6 店内保管の様子

出所：筆者撮影

店内側全てが使われ、高さは天井一杯まで積み上げられる。商品搬入時には従業者はみな仕事用手袋をつける。数十キロの商品を持つ際、素手では段ボールが掌にめり込み、その痛みで長時間持つことができない。また、段ボールで掌を切ることもある。1日の商品取扱量が10トン前後に及ぶB商品の商品をすべて手作業で搬入し、かつそれを毎日繰り返すとなれば、素手では難しく、仕事用手袋が必要となる。

　商品搬入は体への負担が強く、多くの従業者は腰を痛めている。B氏に至っては、かつて自力で立てないほど腰を痛めたこともあり、腰の痛みを軽減できる病院を日本全国といっても過言ではないほど探し回ったことがある。最終的には、九州のある医療施設で中国針を腰に埋め込むという方法で腰の痛みを解消した。その結果、現在ではほとんど腰の痛みを感じないという。

　次に、商品の陳列方法である。B商店での商品陳列は商品をザルに盛って陳列する方法（以下「ザル盛り」と表記）および商品をそのまま重ねて陳列する方法（以下「重ね盛り」と表記）、商品が封入されていた段ボールを加工して陳列する方法（以下「箱盛り」と表記）の3種類が主な陳列方法である。

　それぞれに共通する決まりごとは常に商品を山盛りの状態にするということであり、どのように盛るかということは各自で判断して盛ることになっている。とは言え、B商店で共有されている最低限の盛り方はある。例えば、きゅうり

図4-7　店重ね盛り（左）、箱盛り（中央）、ザル盛り（右）

出所：筆者撮影

を盛るときはヘタの部分を上にする、蜜柑の場合はヘタの部分を下にするなどの決まりごとがある。最低限の決まりごとを守りながら、どのように盛ればお客さんからみてきれいだと感じるかということを考えなければならない。B氏が「やっぱ見た目がすべて」と言うように、微妙な商品陳列の加減が商品の売れ行きに影響を与える。

　例えば、トマトのザル盛りの場合、1つのザルに何個盛るかはその日の商品相場によって決まる。トマト1箱の個数は基本的には規格上12個－32個とされており、1箱の個数とその値段によってどの程度分割して販売するか、つまりザルに何個盛るかが決められる。わたしがトマトを盛るときは、はじめにそのことを確認する。例えばトマト4取りとはトマト1箱から4つのザル盛りを作ることを意味する。1箱16個であれば1ザル4個となり、1箱20個であれば1ザル5個となる。

　これが決まれば次は実際にトマトを盛り始める。まず、作業台の上にトマトを1箱用意し、4取りであればその横にザルを4つ並べる。次に、箱を開けトマトの色目が赤めのものと青めのものとがどの程度の割合で入っているかを把握する。そして両者をバランスよくザルに盛るためには、それぞれ何個ずつザルに盛ればいいかを判断する。そして青いものの上位4つから順番に1つずつ4つのザルに盛る。そして、青いものの5番目から8番目までを同じように1つずつザルに盛る。この動作を1箱すべて盛りきるまで繰り返す。

　盛り方については、4個ずつザルに盛る場合は十字型に並べ、前面ほど赤く

図4-8　トマトのザル盛りの例

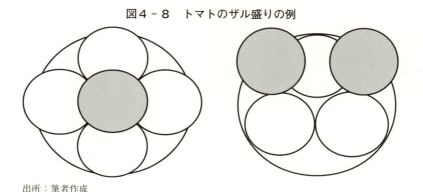

出所：筆者作成

大きいものを置き、後面ほど小さく青いものを置く。5個以上をザルに盛る場合は、上段と下段の2段にして盛るので盛り方はさらに複雑になる。上段かつ前面には赤く大きいものを置き、下段かつ後面には小さく青いものを置く。2段の作り方も下段3個上段2個とするか、下段4個上段1個にするかで見栄えは大きく変わり、さらに前者の盛り方の場合は上段2個が乗っている方を前面にするか、あるいは後面にするかどうかでも見た目の印象は変わる。B商店では下段3個上段2個で上段2個が前面となるように陳列するのが基本的な陳列方法である。

　さらに、トマトを箱からザルに盛りながら、目と手で傷んだ商品がないかを検査する必要がある。まずは箱を開いた瞬間に上面部分に傷のあるもの、傷んだものがないかを目で調べる。次に、箱に入っているトマトを軽くつかんだ触感から、傷がないか、傷んでいないかを調べる。最後に、箱からザルにトマトを移動させるとき、手首を返してトマトの底面を調べ、問題がなければザルに盛る。この一連の検査をすべてのトマトで行い、検査が完了すればザル盛りが終了する。

　これは1箱分のザル盛りの場合であり、実際にはトマトであれば1日数十箱分をザル盛りに変えなければならない。そしてその数十箱のトマトは同じ生産者、同じ産地、同じ規格ではない。1箱目は熟成度も高く形もよく円滑にザル盛ができたが、2箱目を開けてみると熟成度の低い青いトマトばかりで、1箱目と2箱目を混合してザル盛りを作り直さなければならないこともある。仕入れ段階で気付いているときや時間があるときはあらかじめすべての箱を検査することができるが、多くの場合はザル盛りをしながら数箱単位で調整しながら実行することになる。

　多少の傷や傷みがある場合、どこまでが販売可能で、どこからが販売不可能かの統一的な基準がB商店にはない。B氏からは「自分がお客さんの立場で考えて判断して」とだけ従業者に伝えられ、実際にわたしも自身で判断している。判断に困った場合は、近くの従業者に「これは大丈夫ですか？」と尋ねて意見を聞く。

　あるベテラン従業者によれば、傷については栽培上自然についた傷はそのまま販売するが、輸送などで人為的についた傷や傷みを発生させている物につい

ては販売しないという。しかし、調査初期のころはわたしの商品選別基準とB商店との検査基準の間に若干のずれがあり、わたしの基準がある時は厳しすぎ、またある時は甘すぎる場合があり、その時々でそのことに気付いた他の従業者から指導を受けた。

　トマトのザル盛りの場合、B氏であれば両手で2個ずつ選別しながら盛ることができ、検査時間を含めて1つのザル盛りに2秒もかけず盛ることができる。しかし、わたしは両手で1個ずつしか検査をしながらのザル盛りができず、さらに検査や盛り方を考えることにも時間がかかり、1つのザル盛りに4秒ほど時間がかかってしまう。

　このトマトのザル盛りは、B商品でザル盛りをしている商品の中では作業内容が最も簡単な商品の1つである。例えば茄子の場合、1箱あたりの個数が決まっているトマトとは異なり、1箱5キロなど重量が基準となっている。そのことから、個数が基準となっている商品に比べ規格がそれほど精確ではないことから、サイズと形、見た目、個数のばらつきが大きく、さらに1箱10取り前後が多い茄子では分割数の増大がザル盛りをさらに難しくする。

　トマトの場合、箱を開けた時の検査は熟成度とサイズ程度だが、茄子の場合は形や見た目のばらつきを頭に入れてからザルに盛らなければならない。そのため、1つのザル盛りの作り方は従業者によって異なる。基本的には重量を揃えてザル盛りを作るものの、1つのザル盛りの中で、どのザル盛りも本数は同じだが大きさが異なるものが混ざるようにするか、大きさは同じだが本数が異なるようにするか、そのどちらかが選ばれることになる。この選択は、その日の商品のばらつき具合や売れ行きを把握しながらその都度行われる。

　重量を基本としてザル盛りを行う場合、はじめに1つのザルに対して茄子4本あるいは5本と目星をつけて盛り始め、最後に過不足を調整する。このとき、最後に余った数本はハンツとよばれ、次の箱のザル盛り分に回され、不足分や傷または傷みなどで廃棄ロスが出た場合の穴埋めに使われる。

　1箱を10盛りへと均等に分割することは難しく、わたしの場合ひとまず10盛りを作成してから事後調整を行う。この事後調整時間をいかに少なくし効率的にザル盛りを行うかが開店準備および営業時間中の商品補充では重要となる。しかし、中央売場の目玉商品であるトマトと茄子、人参を滞りなくザル盛り出

図4－9　茄子のザル盛り

出所：筆者撮影

来るのはB商店でもB氏および2名のベテラン従業者だけであり、わたしを含め他の従業者は十分に行うことができない。この3種を含めた中央売場全体を管理できるのはB商店ではB氏しかいない。

　なお、ザル盛りされた商品の陳列は、例えばトマトであれば重ねることなく1段で陳列されるが、きゅうりであれば後述するようにザルのまま直方体状に重ね盛りをされる等、商品特性によって異なる。

　第2の陳列方法は重ね盛りである。重ね盛りでは商品はそのまま直接陳列され、多くの場合ピラミッド型もしくは直方体型に重ねられる。例えばピラミッド型の大根の場合、まず両端に2重に重ねて補強した鉄製ブックエンドを配置し、その間に大根を横一列に10本ほど並べる。その上に大根を重ねピラミッド型に山盛りし、大抵5段ほどの高さとする。段数を増やして高さを出すと売場の迫力が増すが、お客さんの商品の取り方次第では商品陳列が崩れる危険性があることから、商品陳列を行う従業者が安定した状態に組み立てられる段数が上限となる。わたしであれば5、6段程度であるが、ベテラン従業者であれば10段近く組み立てられる者もいる。積み上げ方は2本並べたその間に置きながら積み上げる方法が採られている。

　直方体型に重ね盛りを行う主な商品は白菜である。白菜の場合は縦横2列ずつの合計4つが1段となり、その上に積み上げられる。積み上げ方は商品の平

図4-10 大根と白菜の重ね盛り

出所：筆者撮影

らな面を底面にして安定させ、その真上に同じように積み上げていく。商品の大きさや形の違いによって商品陳列全体としての重心に傾きが出るので、一段ずつ修正しながら積み重ねなければならない。

　重ね盛りの場合、ピラミッド型もしくは直方体型に盛るかは、その日の商品陳列担当者によって異なる。その担当者が一番見栄えの良い盛り方にするからである。

　大根や白菜の場合、商品陳列と並行して行う商品検査はそれほど困難ではなく、大根であれば萎びている部分あるいは枯れている葉の部分を千切り、白菜であれば枯れているあるいは傷んでいる箇所を千切りながらそれぞれ商品陳列を行う。大根の場合、葉と根との境界部分を両手で握り、雑巾を絞るようにねじれば効率的に千切ることができる。このときどの程度の握力でねじればよいかはその時々の商品の状態によって異なり、作業を始めてから数本を試しながら見極める。白菜の検査では視認して確認できた最小限の箇所を手で千切る。

　商品の在庫量が多く、売れ行きに合わせてすぐに補充できる場合は、重ね盛りが続けられる。在庫がなくなり、店頭陳列分だけの在庫となると、重ね盛りの方法が変わる。ピラミッド型の場合、底面の幅を短くすることで同じ在庫量でも高さを出せるように盛り方を変える。直方体型の場合は縦をなくし横2列

図4-11　えのきの箱盛り

出所：筆者撮影

だけにすることで同様に高さを出す。さらに在庫が少なくなれば、ザル盛りに変更し、ザルに盛った状態での重ね盛りに変える。これらの過程はすべて、商品を見栄えの良い状態に維持することを意図して行われる。

　第3の陳列方法は箱盛りである。箱盛りは、その商品自体が封入されていた段ボールを加工して陳列される。まずは段ボール上面を開き、開閉部分の上面4か所を切り取り、それぞれ切り取った部分に対して垂直に立てられる。この切り取られた部分はあおりと呼ばれ、箱の上に山盛りにされる商品を支える役割を果たす。

　商品の在庫量が多く、売れ行きに合わせてすぐに補充できる場合は、あおりを付けたまま箱盛りが続けられる。在庫がなくなり、店頭陳列分だけの在庫となると、箱盛りの方法が変わる。店頭在庫量だけで山盛りの状態を維持できなくなれば、段ボールの底面に逆さにしたザルを敷き詰める。それによって商品陳列をかさ上げし、少なくなった在庫量でも山盛りができるようにする。さらに在庫が少なくなれば商品1つひとつをザル盛りし、ザル盛りのまま山盛りにする。さらに在庫量が少なくなれば、箱を廃棄し、単純なザル盛りとなる。これらの過程はすべて、商品を見栄えの良い状態に維持することを意図して行われる。

4-4　売り切り

　本節では、従業者の役割分担および在庫調整方法、接客、B氏のサポートについて説明する。まず、従業者の役割分担である。B商店では来客の繁忙さに対応するため、各従業者は担当する売場での接客と会計、商品補充、商品陳列などのあらゆる業務を行う方法を採用している。そのため、お客さんは従業者の担当売場ごとに欲しい商品を伝え、従業者が用意して買い物袋に商品を入れ、会計を済ませることになる。各従業者が担当する売場の面積はおおよそ2㎡から3㎡ほどで、それぞれの商品数は約10品目である。すべての従業者は腰にエプロン（前掛け）をつけ、エプロンの中に会計用のお金を用意している。また、エプロンには大小2種類の買い物袋の束が装着されている。

　従業者が担当する売場は日替わりで交代し、すべての従業者がすべての売場を担当するようにされている。その理由は売場ごとに求められる能力や必要な労働量が異なっているため、それぞれを満遍なく経験することでB商店での仕事に必要な能力を養うためである。

　B氏によれば、売場が固定されている場合、従業者の商品知識がその売場で扱う商品の知識だけに偏り、お客さんに対する販売提案が制約されてしまうことや、その売場だけの販売動向しか認知できず、B商店全体としての販売動向やお客さんの情報が不完全となる危険性がある。実際にお客さんの動向を観察すれば、その日に購買予定の野菜と果物とを全てB商店で揃えるお客さんやどちらか一方だけのお客さん、単品だけを購入するお客さんなど、お客さんのB商店の利用の仕方も様々である。

　次に、従業者は営業時間中に自身の売場だけを担当するのではなく、手が空いた時間で他の売場に手伝いに入ることもあれば、後述する商品補充や価格変更、売場変更などで従業者間の連携が必要となることもある。このような場合、多くの売場で経験を積み、他の売場への理解が深まるほど、従業者間の連携がより円滑に進められる。

　最も商品回転率が高い中央売場では、接客、会計、商品補充を効率的に遂行する能力が求められる。中央売場では接客中にお客さんに対して「いらっしゃ

図4-12　混雑する中央売場の様子

出所：筆者撮影

いませ」そして「X円になります」、「ありがとうございます」などの必要最低限以外の日常的な会話をする時間はほとんどない。常に順番待ちをしているお客さんにストレスを与えないように高回転で接客をしながら、合間の数秒、数十秒で欠品を出さないように商品を補充しなければならない。

　逆に主な取扱い商品が果物である西売場や東売場の商品回転率は相対的にそれほど高くない。とはいえ、あくまでもB商店内での相対的な違いであり、繁忙時である10時-13時の間は中央売場と状況はほとんど変わらない。繁忙時を過ぎれば、これらの売場ではお客さんと会話をしながらの提案販売や他の売場への手伝い、店内や店舗前面街路の清掃などが求められる。

　北東売場は中央売場と東・西売場の中間的な商品回転率であり、求められる役割もそれらの売場のものが満遍なく求められる。また、お客さんの流れによっては、中央売場または東売場のどちらか一方に集中的にお客さんが来店することもあり、流れを読みながら忙しい売場寄りに従業員が移動してお客さんの流れに合わせる役割も担う。

　次に、在庫調整方法について説明する。B商店では開店時に設定された価格が閉店まで維持されず、その日の仕入れ状況や営業状況によって変更される場合がある。例えば、仕入れ時に同種の商品の中でも、産地や等級によって仕入れ価格に差がある場合がある。同じ商品内に複数の産地や等級がある場合、仕入れ価格や品質の差が小さければ同じ価格で販売する。仕入れ価格や品質の差が大きければ、それぞれ異なる価格を設定して販売する。その場合、集客力が高く販売しやすい営業序盤に相対的に商品力の弱い商品から販売を開始する。

その商品が完売すれば、集客力の弱まる営業時間中盤以降ではあるが相対的に商品力の強い商品の販売を始め、売り切りを目指す。

B商店では在庫管理上の理由から同一商品内でも価格が変更されることがある。売り切りを達成するためには、個々の商品をどの順序およびどの時点で欠品させていくかが重要な意思決定事項である。売れ行きの良い商品から無計画に販売しただけでは、閉店前の品揃えはその日に売れ行きの悪かった商品が無秩序な品揃えを形成することで、売り切ることが非常に困難となる。そのため、例えば生姜やオクラなどの需要量の小さい商品から完売させ、閉店時にはキャベツやニンジンなどの需要量の大きい商品を残すことで、数少ない商品数でも秩序だった品揃えを維持することで販売しやすい状況を作り出し、売り切りを目指す。

そのために、B商店では価格の上げ下げによって販売速度を操作し在庫管理を行っている。閉店間際まで売場に残っていて欲しい商品の売れ行きが想定より早い場合、価格を高く引き上げることで商品の回転を抑える工夫をしている。価格を引き上げたとしても、売れ行きが鈍りすぎれば元の価格に戻す。

欠品をしても品揃えにそれほど影響を及ぼさない商品や、想定より販売状況が悪く他の商品と比べて過剰在庫気味の商品などにはとばす指示が出される。B商店の場合、とばし方によっては原価以下になる大幅な値引きがされることもある。とばすことによってその商品の在庫量を他の商品と同程度に揃え、売れ過ぎれば元の価格に戻す。どの程度値引きするかは時間帯によって異なる。集客数の多い時間帯であればそれほど値引きをしなくても一定の販売促進効果が得られるが、集客数の少ない時間帯はより多くの値引きをしなければ同程度の販売促進効果が得られない。つまり、とばし方の巧拙によって、利益損失の程度が異なるのである。さらに、とばすことは基本的に利益を減少させてしまい経営を圧迫する危険性がある。無謀なとばしを回避するために、とばす判断は必ず1日の必要経費を捻出する売上を達成する目処が立ち、残りの販売額はすべて利益となる状態が見通せないと積極的には行わない。

価格改定は形式的には売場の担当者全員がその権限を持っている。売場担当者が自身で判断して商品価格を変更することもあれば、他の従業者の提案によって変更する場合もある。多くの場合は、キャリアの長い数名の従業者が率

先して価格を改定している。以下は2人の従業者が価格改定を相談し、実行する例と実行しない例である。

価格改定の実行例　　　　　　　　　　　　　（出所：筆者フィールドノーツ）
商品：ニラ1束100円、時刻：16時50分頃。
従業者：「ニラ2束チンチョーにしますか。」
ベテラン従業者：ニラ売場とニラの在庫を確認する。ニラの在庫：約30束。
ベテラン従業者「うん。」
従業者A：ニラ2束150円の看板を作成し価格改定を実行。

価格改定の不実行例　　　　　　　　　　　　（出所：筆者フィールドノーツより）
商品：ほうれん草1束100円、時刻16時頃。
わたし：ほうれん草の在庫確認、在庫：5箱。
わたし：「ほうれん草ボースケですけど、バンド・チンチョーでいきますか。」
ベテラン従業者：「いや、まだそのままでいい。」
筆者：「わかりました。」

　2つの例は、ベテラン従業者およびわたしがある商品の在庫を確認後、その値段のままでは営業時間中に売り切ることが難しいと判断し、前者の例はある従業者が1束100円のニラを2束150円に、後者の例はわたしが1束100円のほうれん草を1束80円、2束150円に変更することをそれぞれベテラン従業者に提案した例である。わたしの提案はベテラン従業者に受け入れられなかったが、これはわたしの販売予測が妥当ではないとベテラン従業者が判断したからである。実際、ほうれん草は価格改定をせずに売り切ることができた。
　価格改定は販売ロットの変更によっても行われる。例えば、人参3本100円を4本100円に変更する場合がある。販売数量の変更が選ばれる理由は、第1に調整したい在庫量が少なく販売価格の変更では非効率な場合、第2に販売価格を改定しにくい商品の場合である。
　第1の場合、調整したい商品の在庫量が少量の場合、短時間の価格改定は従業者の混乱を招く可能性があることや新たな看板作成の手間がかかってしまう。第2の場合、例えば100円の商品を90円に改定することは、暗算による会計時の計算を複雑にすること、従業者が用意するおつりの量が増えることなどから、

図4-13 商品補充の様子

出所：筆者撮影

価格改定が従業者の負担となり仕事の効率を低下させてしまう。これらの理由から販売ロットの変更が選ばれることがある。

　B商店では在庫がある限り商品陳列を山盛りの状態に維持することが必須である。商品が売れればすぐに売れた分だけ足すが、従業者の処理能力を超えた来客があると、商品陳列が滞ってしまう。山盛り状態から1、2割ほど商品が減ると、他の従業者から商品陳列が遅れていることを注意されることになる。

　多くの場合、各売場では従業者の足元に補充用在庫が1商品1箱ずつ置かれており、商品が売れればその都度足元の補充用在庫から商品補充を行う。商品補充の仕方は、新しい商品ほど奥から陳列し、手前になるほど店頭での陳列順が古い商品となるようにする。

　補充用在庫がなくなれば店内に保管されている在庫を取りに行く。このとき、自身の売場に必要な在庫だけを取るのではなく、近隣の売場に必要な在庫も同時に取ることで店舗全体の作業効率を高めることを従業者は意識しなければならない。ある従業者が在庫を取りに行く時は周囲の従業者に「何か要りますか。」と尋ね、あるいは他の従業者から「（商品名）持ってきて。」と頼まれながら、店舗全体としての商品補充を円滑にする。

　また、自身が知らない間に他の従業者に在庫を運んできてもらうこともある。これによって、自身が知らない間に商品陳列が山盛り状態ではなくなっていたことや、商品補充のタイミングが他の従業者より遅れていることなどに気づく

こともあり、重要な従業者間のコミュニケーションとしても機能している。さらに、店内に在庫を取りに行く往路では、既に商品陳列が完了した商品の空き箱やごみを集め、ゴミ捨て場に運んでから店内に入る。店内に入ると、釣銭や買物袋の補充も同時に行い、できるだけ多くの仕事を連動させることで仕事全体の効率性を向上させなければならない。

　店内に入った時にしなければならない最も重要なことは、目的の商品を取るだけでなく店内に保管されている他の商品の在庫量を確認することである。ある時間帯にそれぞれの商品がどれぐらい残っているかという情報を知ることは、当日の営業状況を知るだけでなく、その後の営業において価格改定や売場変更、追加注文をするための重要なリソースとなる。誰かが店内に入った後は、「（商品名）あと何ケースあった？」と聞くまたは聞かれながら、あるいはそのやり取りを聞きながら、各従業者は当日の営業状況を把握する。自身の担当売場の商品ではなくても、在庫状況から販売に苦戦しそうな商品を見つければ、積極的にその商品の声出しを行い、販売の応援をすることもある。

　商品補充のために店内から在庫を運び出し、売場の前に商品を置く瞬間は1つの見せ場でもある。「新しい商品出すよー」と声を上げれば、お客さんはより新鮮な商品を手に入れようと集まってくる。そして段ボールを開き商品が姿を現した瞬間、お客さんから「それちょーだい」と声をかけられることも多く、店の活気が増す。

　20㎡というB商店の売場面積では在庫保管場所に限りがあり、売れ行きの良い商品は正午過ぎには売り切れてしまう。この状態を放置していると集客力が低減してしまい、他の商品の売れ行きも鈍化する。そこで、B商店ではその日売れるもの、売れる時間帯、お客さんの反応[2]などから判断し、売り切れてはいけない商品の追加発注を仲卸業者に行っている。

　基本的には毎日野菜1便、果物2便の追加発注・配送が制度化されているが、仲卸業者は営業を行っている15時ごろまでは柔軟に対応してくれるという協力関係を築くことができている。追加発注は12時と14時ごろに行い、それぞれ約1時間後に配送される。ある仲卸業者はB商店からの追加発注商品の配送時に、他の仲卸業者への注文分もまとめた共同配送を行ってくれる。この追加発注・配送によって、開店から閉店まで「できる限り売場に残って欲しい商品」の欠

品を防ぎつつ、売れる商品の販売量をできるだけ増やすことができる。さらに、追加発注によって1日の営業に必要な商品の仕入れを一定量延期化することができ、売れ残りや欠品リスクを低減できる。例えば、降水確率が50％の日や連休の前後などのその日の来客数の見通しを立てにくい時には、追加発注のタイミングごとに営業計画を修正できることから、見込み発注の誤差による売れ残りや欠品のリスクを低減することができる。

　理想としては全従業者が担当売場の管理に責任を持って追加発注をすることが望ましいが、能力的な問題もあり、実際にはB氏とその両親、2人の従業者の合計5名によって全商品の追加発注が行われている。基本的には、B氏を除いた4人の従業者がそれぞれ担当商品の中から追加発注する商品と量を考えるが、最終的はそれぞれの従業者の追加発注案を集計したものをB氏が若干修正をした後に追加発注を実行する。

　具体的な追加発注の方法としては、B氏が「追加ー」と声を上げると、各従業者が適当な用紙や段ボールなどに追加発注商品を書き出し、数分以内にB氏に提出する。つまり、B氏が声を上げる瞬間には、各従業者は何がどれだけ必要かをおおまかに頭の中に入れている。このことが可能なのは、それまでの声出しや商品補充から得られる情報から、常に頭の中で店内の在庫量とそれまでの販売量とを整理しているからである。

　B商店では品揃え上欠品させても販売に影響の少ない商品から、適宜閉店に向けて売り切り始める。例えば、営業時間中に一度も追加発注がされず、朝の仕入れ分だけの仕入れとなる商品は、もやしやカイワレ、生姜、ニンニク、ベビーリーフなどである。商品が売り切れれば、それらの商品が陳列されていた売場は空き売場となる。空き売場をそのまま放置すれば見栄えが悪く集客力の低下につながることから、空き売場が発生次第他の商品の売場として再構成される。売場の再構成方法には3種類の方法がある。

　第1の方法は売場の拡張である。空き売場が発生した場合、まずはその売場の担当従業者が空き売場を再構成する。基本的には売場で在庫量が多い商品の売場を拡張する。例えば、2列しか陳列していなかった商品を4列に拡張することで、商品がお客さんの目に触れる機会を増加させ販売につなげることを狙う。

第2の方法は売場の増加である。空き売場が出たもののその売場で特別に売場を拡張してまで販売促進をする商品がない場合、他の売場を参照して相対的に在庫量が多い商品の売場を空き売場に新設することで、その商品の売場を増加させる。ある商品を2つの売場で商品陳列することを、B商店では「ふたて出し」と呼んでいる。この方法も、商品がお客さんの目に触れる機会を増加させることで販売につなげることを狙っている。

　第3の方法は売場の集約である。B商店の取扱品目は営業開始直後では80品目－100品目ほどあるが、営業の終盤の夕方16時頃になると30品目ほどに減少している。16時頃であれば、売場拡張および売場増加によって全ての売場を使用しているが、17時頃になり10品目－20品目ほどになれば、在庫量を全て店頭陳列しても全ての売場を使用する必要がないどころか、少品種少量の商品が売場全体にまばらに陳列されている状態となり営業上好ましくない。

　そこで、少品種少量の商品でもできるだけ見栄えの良い売場を作るために、売場の集約が行われる。具体的には、西売場から東売場に向かって少しずつ売場を閉鎖し、最終的には東売場だけで商品陳列が行われる。売場の閉鎖は、その時の在庫量を手がかりにしながら山盛りの商品陳列を維持できる状態に合わせて実施される。売場が集約されることでお客さんはB商店の品揃えを一目で確認することができる。

　次に接客について説明する。B商店の開店時間は10時頃とお客さんに説明しているが、9時30分頃から徐々に来客がある。従業者は開店準備中には基本的に接客準備をしておらず、当日1人目のお客さんが来店してから接客準備を始める。どの従業者から接客準備を始めるかはあらかじめ決まっていないが、多くの場合キャリアの浅い従業者が率先して接客準備をするか、あるいは当日1人目のお客さんを接客した人がそのまま開店準備中の接客要員となったりする。従業者は自身の担当売場の準備が終わり次第接客準備をし、お客さんがそれほど来店していなければ他の従業者の売場準備を手伝う。

　全体の開店準備および接客準備が整い、お客さんの来店が始まる10時頃から本格的な営業が始まる。その合図は誰かが最初の声出しを行うことである。「本日もB商店は新鮮野菜を大安売り」、「今日は（商品名）が（値段）円、見てってよ」、「らっしゃい、らっしゃい」などそれぞれが思い思いに声出しを始

める。

　声出しの内容は特に決められておらず、各自が考え、互いに参考にしながら様々な声出しをする。わたしの基本的な声出しの構成は、「らっしゃい、らっしゃい」、「(地名)産の(商品名)が(値段)円」、「見てってよ、見てってよ」を基本単位として組み合わせながら声出しを行う。声出しをするまとまった時間があれば、「らっしゃい、らっしゃい。今日は愛媛産の蜜柑が1盛り100円。蜜柑が1盛り100円。見てってよ、見てってよ。蜜柑1盛り100円。らっしゃい、らっしゃい。蜜柑見てってよ。」と10秒程声出しを続ける。声出しと商品補充とを並行して行う場合は、「らっしゃい、らっしゃい」しか声出しをしないこともある。どの商品の声出しを行うかは自由だが、基本的には自身の担当する売場で最も訴求力の強い商品を宣伝する。ある程度時間が経過し、売れ行きの鈍い商品が発生すれば、その商品を中心に声出しを行う。

　従業者は接客をしていない限り、基本的に開店から閉店まで声出しを続けなければならない。しかし、声出しはむやみやたらに定型のフレーズを叫び続けるわけではない。他の売場の様子を見て声出し要員が多い場合は、微妙にタイミングをずらしながらとにかく声を重ねて迫力を出す。この場合はそれぞれ好きな商品に好きなフレーズを用いて声出しを行っている。声出し要員が少ない場合は、数名が完全に声出しのタイミングをずらし、終始誰かの声が出ている状態を保つ。この場合、声出しの内容もそれぞれが重複しないように変更される場合が多い。声出し要員が1人の場合は、とにかく単調なフレーズを繰り返しながら、無理なく声出しを継続できるように努める。わたしの場合であれば、「らっしゃい、らっしゃい。(地名)産の(商品名)が(値段)円」というフレーズを3、4商品程度のローテーションで繰り返している。基本的にこれらの声出しは売場の活気を高めるために行われる。

　声出しは活気を出すだけでなく、従業者の気力を回復する効果もある。従業者にとって、夕食の買い物で賑わう14時から16時ごろが体力的に最も厳しい時間帯となる。このときに、疲れを原因に声出しを止めてしまい、従業者が誰も声出しをしていない時間帯が生まれることがある。静かな売場の中で接客や商品陳列、商品補充を淡々と続けると、ふと自身の疲れを自覚することで精神的な疲れが増し、注意力が散漫となる。そのような状況では、商品補充や商品陳

列に十分な注意が払えず、売場を最適な状態に維持できなくなってしまう。

　そのとき、誰かがその状況に気づき「らっしゃい」と一声上げることで他の従業者も我に返り、各自声出しを再開する。「らっしゃい、らっしゃい。なんかへばってる奴おるけど、らっしゃい、らっしゃい。」と誰かが声を上げれば「らっしゃい、らっしゃい。別にへばってないけど、らっしゃい、らっしゃい。」と冗談を交えながら声出しを行うこともある。他の従業者の声出しを聞くことで、休んでいる場合じゃないと自身を奮い立たせ、気力を回復する。

　さらに、誰がどの商品の声出しをどのように行っているかは、従業者にとって店の営業状況を把握する貴重な情報源となっている。開店序盤であれば売場ごとの声出しに耳を傾けることで、その従業者が何をその日の目玉商品と判断したのかが分かる。中盤であれば声出しの繰り返し方や声の迫力で商品の売れ行きの違いを感じとり、何がその日の在庫の負担となっているかが分かる。

　このように、従業者は単なる思いつきで声出しを行うのではなく、他の従業員の声出しを聞きながら状況を判断し、その流れに乗って同じ商品の声出しを連携して行う。他の従業員の声出しの内容を参考にして、自身の売場より他の従業者の売場の売行きのほうが悪そうだと判断すれば、自身の売場の商品の声出し以上に、その売場の商品の声出しを優先する。

　また、営業中は声出しをし続けるという原則があることから、ある時点で誰かが声出しを行っていないということは、その従業者は接客中であることを意味する。ある売場から担当従業者の声がしばらく聞こえなければ、その売場は来客が集中し接客が滞っている可能性がある。そのことに気づき、実際に混雑していれば手伝いに向かう。

　単純に他の従業者の声出しから商品情報を得ることもある。声出しの内容を把握することで、どの売場で何が何円で売られているかが分かり、お客さんに他の売場の商品について尋ねられたときに答えることができる。B商店の商品価格はその日の仕入相場に合わせて変更するので、従業者は日々価格を覚え直さなければならない。さらに価格が決定するのが開店直前ということもあり、他の売場の商品価格を知らないまま営業が始まることもある。その場合、他の従業者の声出しを手掛かりに営業中に商品価格を頭に入れなければならない。

　B商店では売場ごとに従業者が接客をする対面販売方式を採用している。B

氏は基本的に接客を行わないことから、接客はB氏を除いた残りの9人で行われる。各従業者は円滑な営業のため担当売場から基本的に離れない。B商店の売場面積は約20㎡にもかかわらず、売場に9人の従業者が存在する理由は、単純にそれだけの従業者が必要なだけの来客があるからである。B商店における1日の平均来客数は平日では2,000人から2,500人、土曜日では3,333人から4,167人ではないかと推測している[3]。

　仮に平日の来客数を推計の中央値である2,250人とし、B商店の営業時間を10から19時までの9時間とすると、各従業者は1時間当たり25人、つまり2分24秒に1回接客を行うこととなる。接客時間はお客さんが単品だけを購買する場合は20秒程で終わるが、複数の商品を購買する場合は数分かかる場合もある。

　単純化して単品の商品が売れる場合の従業者の作業を例示する。まず、単品の商品の販売に20秒かかり、販売して空いたザルに商品を盛り直すことに10秒かかり、合計30秒で接客および次のお客さんへの接客準備が完了する。そして次のお客さんが来店するまでの残り1分54秒の間に、商品陳列の乱れを直すことや、商品補充のために店内に在庫を取りに行くこと、商品補充後の空ダンボールの廃棄、売場の清掃を行わなければならない。

　しかし、実際にはお客さんがそれほど明確に購買商品を決めていないことや会計に時間がかかることもあり、2分24秒以内に接客に係るすべての作業が完結するわけではない。また、営業時間中に一定数のお客さんが安定して来店するわけではなく、開店直後に集中する。開店後の10時から13時までの3時間で、1日の販売量の4割ほどを達成する。この時間帯は全従業者で対応可能な接客数を超える来客があり、店舗前は順番待ちをするお客さんで溢れてしまう。ここでお客さんに順番待ちをさせてしまうことは、ストレスを与えてしまうだけでなく、商品管理上の問題も発生させる。

　対面販売の場合、基本的にはお客さんが要求する商品を従業者が用意して買い物袋に入れる。しかし、順番待ちをするお客さんの中には、その時間中に売場に陳列される商品を手に取りながら選別し、好みの商品を探そうとする者もいる。この商品選別の過程で、商品を掴む握力や乱暴な選別で商品陳列が崩れてしまい、商品が傷むことで売り物にならなくなるという陳列ロスが発生する。薄利多売のB商品では、1箱の販売分から1つのロスが発生するだけで利益を

図4-14 商品を選別するお客さん

出所：調査補助者撮影

失う商品もあり、陳列ロスはできるだけ避けなければならない。

　しかし、接客に偏りすぎて商品陳列および商品補充が疎かになれば、店内に在庫はあるが、売場では商品が売り切れてしまい、何も陳列されていないということが起きることもある。その場合、売場の見栄えが低下することによる集客力の低下や、欠品による売り逃しが発生する。したがって、基本的には各売場の担当者は担当売場での仕事を行うが、1人で担当売場の管理を完全に行うことはできない。その時々で忙しい売場とそうではない売場との間で従業者同士が連携しながら接客や商品補陳列、商品補充などの作業を行う必要がある。

　接客に係る従業者間の連携例として、あるお客さんがわたしの担当する中央売場を起点として、トマトとキャベツを買う場合を例示する。まず、お客さんが中央売場に来店しトマトを購入する。そして従業者に北東売場に陳列されて

図4-15　従業者の位置取り直し

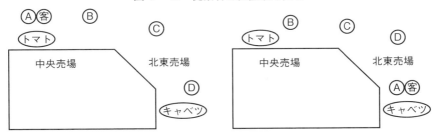

出所：筆者作成

いるキャベツが欲しいことを告げる。このとき、従業者には2通りの選択肢がある。1つはお客さんに北東売場まで移動してもらってキャベツを購買してもらう方法である。もう1つは従業者がお客さんとともに北東売場に同行しそのままキャベツを販売する方法である。お客さんからすれば、1人の従業者から欲しい商品をすべて購買できることが便利ではあるが、従業者がどちらの選択肢を選ぶかはその時の忙しさの程度による。

前者は担当売場に複数の来客がいる場合に選ばれる。わたしの場合、「すみません、売場ごとの会計になりますので、あちらの売場でお願いできますか」とお客さんに伝える。多くのお客さんはこのことを知っているので特に問題は起こらない。また、知らないお客さんの場合でも、特に問題なくこの申し出に従って頂ける。後者は担当売場への来客がそのお客さん1人だけであり、かつしばらく他の来客はないだろうと推測できる場合に選ばれる。従業者はお客さんと一緒に北東売場まで同行するために自身の担当売場を離れることとなる。つまり、その従業者の担当売場を管理する者がいなくなる。その間、その売場の商品陳列および補充作業は止まるとともに、その売場に新たにお客さんが来店した場合、接客する人間がおらず、お客さんが退店してしまうかもしれない。それらを考慮の上、従業者が担当売場を離れることを他の従業者が穴埋めできると判断すれば、従業者は北東売場まで同行してキャベツを販売する。

このとき、従業者は「売場離れます」と大きな声で周囲の従業者に伝える。それによって、隣接する売場の従業者は自身の売場だけでなく担当者が不在となった中央売場の両方に目配りを始め、状況に合わせて担当者が不在となった売場の管理を行う。

隣接する売場の従業者は中央売場付近に新たなお客さんが来店する可能性があると判断すれば、中央売場寄りに少し移動し、その場で商品陳列や商品補充、声出しを行う。この移動によって、中央売場と北東売場との境界を担当していた他の従業者は、さらに押し出される形で中央売場寄りに移動し、中央売場付近に自然と位置取りを直すようになる。このような連携をしながら、接客の中で従業者が担当売場から離れた場合は、従業者間でその穴埋めを行う。

トマトとキャベツの場合、売場間の距離が10m弱ほどあるのでお客さんに移動をお願いするが、例えば中央売場の両端に陳列される商品であるトマトと大

根の場合では売場間の距離が3mほどであることから異なる対応をとる。大根売場の従業者を見て手が空いていると判断すれば、その従業者に大根を手渡ししてもらう。

　わたしの場合、営業上優先すべきはお客さんに余計なストレスを与えないことだと考えていることから、基本的にはお客さんの買い物に合わせてできるだけわたし1人だけでまかなえるように接客を行う。しかし、従業者の中には従業者は担当売場から離れるべきではないと考えている者もおり、お客さんに対してどの程度接客を行うかはその従業者の判断に任されている。そのため、ある従業者が売場を離れたことに対して、他の従業者が連携して穴埋めを行うということが円滑になされず、売場間で混乱が起きてしまうこともある。

　最後に、B氏のサポートについて説明する。各売場の従業者は担当売場を最適な状態に維持するように努める。B商店にとっての最適な状態とは、接客が円滑に行われ、かつ商品が山盛りで陳列されており、売場にはごみが落ちていない状態である。しかし、各売場の営業状況が異なる場合、売場ごとの在庫量に差が出てしまう。その状態を放置すれば、閉店間際に営業状況の悪かった売場だけが在庫を残してしまい、売り切りが困難になってしまう。例えば、それが中央売場であればきのこ類が多く残り、八百屋ではなくきのこ屋になってしまう。とは言え、ある程度の連携はあるものの、基本的には各従業者は担当売場の管理に注力してしまい、売場全体に対して注意を払い続けることは難しい。そのため、B氏が各売場の調整役を担う。

図4-16　営業時間中のB氏の定位置

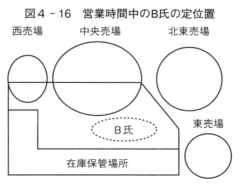

出所：筆者作成

B氏の担当売場は中央売場の一部であり、店内の定位置からにんじん、なすび、トマトの商品陳列・商品補充および店内在庫の小分けやトリミングを行う。それらの作業と並行して、定位置から売場全体を見渡し、売場調整を行う。

　売場調整では、個別売場の調整と売場間の調整とがある。まずは個別売場の調整を例示する。まず、従業者が商品補充中にお客さんの来店に気づかないことがある。商品補充はお客さんに背を向けて行うため注意が散漫になることがある。そのようなとき、B氏は従業者に声をかけ気づかせる。

　　　わたしは商品補充に気をとられ来客に気づかない。
　　　B氏：「教授、前。」
　　　わたしは商品補充をやめて接客に向かう。　　　　　　　　（出所：筆者回想）

　一方で、接客に注意を払いすぎると他の仕事の効率が下がり、売場の管理が十分ではなくなることがある。そのような場合にも、B氏は気づき次第従業者に声をかける。

　　　わたしは接客に集中し、商品補充がおろそかになる。
　　　B氏：「教授、売場遅れてんで。」
　　　しかし、接客待ちのお客さんがいることから商品補充を行えない。
　　　わたし：「○（注：ある従業者の名前）くん、○（商品名）出しといて。」
　　　わたしは他の従業者に応援を頼み、なんとか売場の状態を回復させる。
　　　　　　　　　　　　　　　　　　　　　　　　　　　　　　（出所：筆者回想）

　単純に、従業者の不注意から仕事が十分ではない場合にもB氏の指導が入る。

　　　B氏：「教授、看板。」
　　　わたしは看板が数センチメートル斜めにずれていたのを直す。（出所：筆者回想）

　　　わたしが声出しをしていない。
　　　B氏：「どしたん教授、へばってんの。」
　　　わたし：「何を言ってるんですか、これからが本番ですよ。らっしゃい、らっしゃい。」
　　　　　　　　　　　　　　　　　　　　　　　　　　　　　　（出所：筆者回想）

B氏は各売場や従業者の様子を観察しながら、接客や商品陳列、商品補充、声出し、看板などの管理に滞りがないように指示をする。これらによって、各売場がそれぞれ最適な状態になるように努める。

　次に売場間の調整を例示する。商品補充に注力しすぎて来客に気づかない例を前述したが、担当従業者個人への注意では対応しきれない場合がある。その場合、他の売場で余裕がある従業者に応援に向かうように告げる。

　　　東売場に多数来客し、接客待ちのお客さんが発生する。
　　　しかし、北東売場の従業者はその状況に気づかず、黙々と商品補充を行う。
　　　B氏：「おい、ずれろ。」
　　　北東売場の従業者2名が東売場に応援の接客に向かう。　　　（出所：筆者回想）

　在庫状況を比較し、想定通りではない商品がある場合、その商品の管理を強める指示を出す。まずは対象の商品を積極的に管理することを指示する。このとき、どのように管理するかを助言することもあれば、対応を従業者に任せることもある。従業者が何かしらの対応をしたにもかかわらず、売れ行きが好転しなければ価格改定を指示する。

　　　B氏がキャベツの売れ行きが悪いことに気づく。
　　　B氏：「キャベツしんどいんちゃう。」
　　　ベテラン従業者：「わかりました。」
　　　ベテラン従業者：当該商品をふたて出しに変更。　　　　　（出所：筆者回想）

　　　B氏は白菜の売れ行きを見て、現在の価格では想定より早く売り切れてしまうと
　　　　判断する。
　　　B氏：「白菜ないからダリにして。」
　　　ベテラン従業者：「わかりました。」
　　　ベテラン従業者は白菜1玉の価格を350円から400円に変更。　（出所：筆者回想）

　以上のように、B氏は各売場の営業状況を観察しながら、売場間の接客状況や従業者の配置、売場間の在庫量の差などを解消するために、各従業者への助言および指導、従業者の連携の修正を通じて、売場間の調整を行っている。

創業から2013年3月現在までの間に、B氏が1度だけある事情を理由に1週間ほど欠勤したことがある。そのときは平常時と比べて売り切りまでに2時間ほど多くの時間がかかり、かつ売上も2割ほど低下したという。このことから、B氏のサポートがB商店の売り切りおよび売上に重要な役割を果たしていることが推測できる。

　以上のようにして、B商店では18時から19時の間に閉店ができるように毎日の営業を組み立てている。閉店直前には商品は東売場に集約され、2、3名ほどで接客を行う。前述のように、品揃えはできるだけ販売が困難な商品から欠品させ、販売が容易な商品が閉店前に売場に残るように管理される。その理由は、閉店時間前に販売が容易な環境を整えるためである。お客さんの立場から考えると、閉店時間およびその時間帯の品揃えが不確かであることから、B商店を買い物先の候補として選びづらい。そのため、基本的に閉店前は常連客がほとんどおらず一見のお客さんや通行人に販売をしなければならない。このとき、需要量の大きい商品や、人参やジャガイモ、玉ねぎなどの関連販売が容易な商品を残していなければ、売り切りは非常に難しくなる。時間に余裕があれば従業者が懸命に声かけや声出しを行い通常価格での売り切りを目指すが、時間がなければセット販売やとばしを行う。B商店のセット販売は残品同士での抱き合わせ販売であり、多くの場合とばしも同時に行われる。例えば、100円の商品2つをセットで150円、それでも売れなければ100円と価格改定を続け、

図4-17　セット販売

出所：筆者撮影

売り切れるまで値下げを行い続けることで最終的に売り切る。すべての商品が売り切れれば、従業者一同が「かんばーい（筆者注：完売）」と声を上げ、1日の労をねぎらい営業が終了する。

　わたしが売り切りに携わった一例を挙げる。この日は18時の時点でねぎ2束と白菜1個、ピーマン・しめじセット4盛り、ピーマン・ほうれん草セット1盛りが残っていた。そして、私と2人の従業者との合計3人で売り切りを目指していた。このとき、新人従業者がピーマン・しめじセットを分離し、ピーマン2盛りとしめじ2盛りに変更した。このときわたしともう1人の従業者はその変更を止めようとしたが、新人従業者は「1盛りでも早く売りたいじゃないですか」と反抗し、その状態が維持されることになった。結果としては、しめじ2盛りはすぐに売れたもののピーマン2盛りはその後も売れなかった。

　その後も3人で必死に声出しを続けたものの、店舗前を通り過ぎる人は仕事帰りの通行人がほとんどであり、むなしい声出しを30分ほど続けたのであった。時折、見込み客とおぼしき通行人がいたものの、わたし達は声かけをためらってしまいそのまま通り過ぎていった。わたしはさすがに反省し、次のチャンスは逃すまいと決意して声出しを続けた。従業者の1人が私に気を配り、「教授先に着替えてきていいですよ」と声をかけてくれたのだが、私は「いや、売り切りたい」と返答した。そのやり取りを見ていたB氏の父親が「教授が全部買ったら終わるで？」と提案したものの、わたしは「それはプライドが許しません」と笑いながら応えた。その30分後、ついに1人のお客さんが来店した。

　　　お客さん：「白菜ください。」
　　　わたし：「ありがとうございます。もしよかったら他のもいかがですか？　勉強します。」
　　　お客さん：「えー。」
　　　わたし：「勉強させてください。ここにあるもの総額430円なんですが、250円まで勉強します。[4]」
　　　お客さん：「えー。でもこんなにピーマンいらんわ。」
　　　わたし：「サラダ、肉詰め、チンジャオロースで決まりです。」
　　　お客さん：「そんなんうちの子やったらピーマンの肉詰めだけでなくなるわ。」
　　　わたし：「じゃあ大丈夫じゃないですか。」
　　　お客さん：「ホンマや。でも肉詰め疲れるやん。」

わたし：店舗に隣接する整骨院を指差す。
　　　　「ここがあります。」
お客さん：「もー。」
B氏父親：「もう200円にしとき。」
わたし：「社長から頂きました。200円でどうですか？」
お客さん：「上手いこと買わされてしまったわー。」
一同：「ありがとうございます。」
お客さん：「まあ、買ってあげなみんな帰れへんしな。」
一同：「ありがとうございます。」
わたし：会計を済ませる。
　　　　「かんぱーい。」

出所：筆者フィールドノーツ

　誰が売り切るか。これは従業者にとっても大きな関心の1つである。日によって閉店前の在庫量は異なり、売り切りの難易度も異なる。在庫量が少なくなればなるほど、従業者は閉店作業に向かうため販売担当者は少なくなり、閉店直前は従業者1人で売り切らなければならないことも多い。閉店直前に残された商品数盛りを売り切ることは難しく、この局面を担うにはそれなりの能力が必要になる。そのため、売り切ったという実績は自信につながる。その日の

図4-18　ある日の売り切る直前の様子

出所：筆者撮影

営業の流れや、ここ何日かの売り切り担当状況などから、ある時は誰が売り切るかを取り合うこともあれば、冗談半分で押し付け合うこともある。どのような状況であれ、その日を締めくくった従業者には一定の敬意が払われる。

4-5 小　　括

　興味深い点として次の4点を提示する。それは、第1に売り切り、第2に経営者の人間性、第3に労働負荷の高さ、第4に仲卸業者との協働である。

　第1に売り切りである。B商店のフォーマットは売り切りを達成するために多くの経営活動が連動するように組織化されている。価格改定や追加発注・配送が特徴的なように、B商店が営業時間中に営業計画を修正できる範囲は広い。そのため、その時々のお客さんの反応に合わせて営業計画を修正し、その計画に適応するために経営活動が連動しやすいように設計されている。個々の従業者はその時々の状況で自身が何をすべきかを判断する手がかりとして他の従業者の声出しに耳を傾けることで適応と連動が可能になる。個々の従業者の能力の限界は、B氏のサポートによって調整される。また、B氏が販売予測をする際に「市場までの混雑の程度」といった独特の指標を参考にする理由は、その日の変化を捉える指標が様々な場に柔軟に張り巡らされているからではないかと考えられる。

　第2に経営者の人間性である。B商店のフォーマットは経営者であるB氏の個性が強く反映されていることを読み取ることができる。B商店が売り切りにこだわる理由は、B氏にとってそのほうが気持ち良いからであり、薄利多売にこだわる理由はそのほうが売れ行きは良く楽しいからである。品揃えに関しても、メロンは嫌いだから売れると分かっていても取り扱わない。お客さんは平等だから卸売りはしない。迫力があるのが好きだから商品は山盛りにする。従業者には自由に考えて経験を積んでほしいから権限委譲をする。企業である以上、B氏にとっても利益の獲得は重要な位置づけにあるものの、それは無限に求められるものではなく自身の経営志向の範囲内で追求され、目標純利益額という一定の満足水準を超えて求められるものではないようである。経営目的の視点からはB氏は企業志向に位置づけられるだろうが、彼が構成するフォー

マットは競争環境下で利益を最大化するために構成されるものではなく、自身の好き嫌いに反しない範囲で売上を最大化する姿勢を読み取ることができる。

　第3に労働負荷の高さである。B商店では、営業時間中基本的に一息つく時間がないといっても過言ではない。営業時間中に飲料を一口飲む時間があれば笑顔がこぼれるほどに、常に何かの業務に追われている。この「追われている」という感覚がB氏は楽しいのだという。B商店の経営活動は高い水準で作り込まれているものの、それらの経営活動は決して標準化された単純作業ではないため、高い売上を達成するためには多大な労働負荷がかかってしまう。この労働負荷を乗り切るために必要だと考えられることの1つが、B氏を含めた従業者が口をそろえて言う、「売り切ったときの気持ちよさ」である。実際に、私自身何度経験しても売り切った瞬間の達成感や爽快感は言葉にしがたく、また逓減しない。「この仕事を続けられるかどうかは面白いと思えるかどうか」とB氏は考えている。また、B商店を牽引する2名のベテラン従業者はそれぞれB氏に対する強い憧れを持っている。彼らは「B氏のために……」という思いから強い労働負荷に耐えている側面もあることや、B商店には4名のB氏の家族が働いていることを考慮すると、従業者間のある種の紐帯がB商店での負荷の高い労働を可能にしている点も考えられる。

　第4に仲卸業者との協働である。B商店の品揃え形成や価格設定は現在の取引先だからこそ可能となっている。さらに、仲卸業者との間に追加発注・配送が制度化されることでその日のリスクを低減しつつ売上を最大化できる効果は大きい。B商店の売り切りや薄利多売は仲卸業者の支援なくしては達成できないものであり、B商店のフォーマットはその支援効果を最大限引き出せる形で設計されているとも読み解くことができる。小規模小売業者のフォーマットにおいても、仲卸業者との関係性や取引方法は重要な位置づけにあることが示唆される。

注
1　例外として、年に数回程度農家から産直販売の営業を受けて受託することがあるが、B商店側から働きかけることはしない。その理由は、農家主導の産直販売は一定期間ある程

度の品質の商品が卸売市場を経由した場合の価格よりも安く仕入れることができるが、供給の不安定さから長期的な取引には向かないことや、単体の農家ではB商店が必要とする商品量をまかなえないという欠点があるからである。

2　B氏によれば、お客さんの反応は商品や看板への目線の配り方、商品の取り方などから推測するという。

3　残念ながら、B商店は対面販売のためレジの記録などのデータはなく、来客数は推測に頼るしかないが、その根拠を示す。調査時、わたしを含めたB商店の接客担当従業者数は合計10人となる。ここで来客数の推測は従業者が使用した買い物袋の数から推測する。わたしとB氏は接客におけるお客さん1人当たりの買い物袋の平均使用数は1.2枚－1.5枚程度ではないかと推測している。また、従業者が1日にどの程度買い物袋を使用するかは担当売場によって多少異なるが、わたしの記録では平日で約300枚、そして土曜日で約500枚程度である。よって、接客担当従業者数×1日の買い物袋平均使用数÷お客さん1人当たりの買い物袋の平均使用数を計算すると、平日の平均来客数は2,000人－2,500人、そして土曜日の平均来客数は3,333人－4,167人ではないかと推測される。

4　この値引き額については、事前にB氏に確認していた。

第5章

B氏のライフストーリー

5-1 青春時代

　B氏は1979年に出生し、2人の姉を持つ3人姉弟の末子として育てられた。幼少期を思い出せば、小学校の通信簿にはいつも「落ち着きがない」と書かれていた。じっとしているのがとにかく苦手で、いつも先生に怒られていた。怒られることが続くと、先生に何かを言われることをひどく嫌うようになった。自分では勉強がよくできたと思っているが、両親に言わせれば成績が良いのは体育だけだった。

　両親からは嘘をつかないことをしつけられた。そこには、「蒔いた種は蒔いたようにしか咲かない」という母親の考えがあったからだ。2人の姉がいたこともあり、父親からは「女性に手を出さない」ことをしつけられた。普段温厚な父親も、姉弟喧嘩で姉に手を出した時には厳しく怒られた。

わたし：「僕でもほんとひろさんの経営姿勢とか経営理念を見たら、ほんとにでもお母さんの嘘をつかないことのしつけでだいぶ影響されてると思うんですよね。」

B氏：「いや、ほんまな人を騙したり裏切ったりしても絶対ええこと返ってこうへんから。何より自分の心に残るわ。人を騙したり裏切ったりして自分がええ目とかあったとか。やっぱ心残るもん。しんどいもん。だから嘘つくなっていう育てられ方はすごい良かったんちゃうかな。だからやっぱりお客さんにもそういうこと絶対せえへんようになっとおし。でも、ほんまい

つからそんな考えになっとんか知らんけど、昔からほんまにそんなんやった。」　　　　　　　　　　　　　　　（インタビュー日：2011年10月8日）

　幼少期は長姉とは年が離れていたこともあり次姉と遊ぶことが多かった。遊ぶ内容はおままごとをしたりお化粧をされたりすることが多く、髪型もおかっぱ頭にされていた。小学校に入ると同級生の男友達と遊ぶことが多くなり、元気に家の近所を遊びまわっていた。

　　わたし：「僕ひとりっこだったんで兄弟がいる感覚分からないんですよ。」
　　B氏：「俺マンションやったから昔、同級生とかやっぱ多かって。ほんで公園で遊んだり、木登りして木折れて落ちたりとか、なんせ活発な子やったわ。あんたは鉄砲の弾丸や、ってよう言われとったもん。飛び出したら戻ってこうへんから。」　　　　　　　　　（インタビュー日：2011年10月8日）

　中学校に入ると、友達に誘われるがままにバレーボール部に仮入部した。指導してくれる先生はとても優しく仮入部期間の部活はとても楽しかった。そして、その勢いで入部届を提出した。しかし、正式に入部手続きを終えた後の練習初日、それまでバレーを教えてくれていたあの優しい先生はいなかった。どうやらあの先生はバレーボール部の副顧問らしく、今日から顧問の先生に指導者が変わるらしいことを知った。間もなく、ある先生が部活の指導のために体育館に入ってきたのだが、その人は驚くほどの強面の先生であった。そして、その先生こそがバレーボール部の顧問であった。

　　わたし：「それではなぜバレーを始めたかというところから。」
　　B氏：「普通に同級生とかが、バレーをやろうと誘われて仮入部に行ったんよ。ほんならそん時の顧問めっちゃ優しくて若い先生で、男の先生やけど、で、すっごい楽しかって、めっちゃ楽しいわこの先生、んじゃもうええわバレーしようと思って、1週間だけやねん、仮入部って、あれを出したんよ、入部届を。ほんなら（筆者注：入部届を）出した日に、その先生が副顧問やってん。顧問の先生もうばりばり怖くて。」
　　わたし：「パイプ椅子って言ってましたね。竹刀って。それまでは顧問は出てきてなかったんですか？」
　　B氏：「出てきてなかってん。」

わたし：「そういう作戦なんすね。」
B氏：作戦やったけど、その入部届を出した日に（筆者注：現れた）。その、怖い先生、見るからに身長も高いし、体逆三（筆者注：体型が逆三角形）やし、真っ黒やし、その先生が練習に来たんや。奥に女子バレーがおったから、もう女バレの先生ばり怖そう思って、かわいそう思とったら、3年の先輩らが集合や、言いだして集まって行ったらその先生のところやって、初日にいきなり3年の先輩が目の前でしばかれて。それ見た瞬間終わった思たもん。それで初め、最初は騙されて始まってん。」

（インタビュー日：2011年10月8日）

　顧問の指導は時に竹刀やパイプ椅子が飛んでくることもあるほど厳しかったが、バレーボール自体が楽しかったこともあり、部活には一心不乱に打ち込んだ。練習は平日16時から20時ほどまで行われ、週末は必ずと言っていいほど練習試合が行われた。部活には盆と正月以外の休みはなかった。どれだけ辛くても部活を続けることができたのは、単純にバレーボールが好きになったからだった。厳しくも楽しい充実した3年間はあっという間に過ぎた。一方で、バレーボールに打ち込めば打ち込むほど、次第に勉強はしなくなっていった。それでも高校受験では県立高校に進学できた。当時、B氏が選択可能な10校の公立高校の中では上から4番目の優良校であった。その高校は生徒の自主性を尊重する反面、当時の学生の間では校則がゆるいという評判だった。中学校までの厳しい校則や指導から解放された反動もあり、B氏の素行はどんどん悪くなった。髪を染めてボンタンを履くなど、外見の乱れが始まった。

　勉強面では決して真面目ではなかったが、高校でも迷うことなくバレーボール部に入部し、部活は真面目に取り組んだ。嬉しいことに、B氏の同級生には中学時代にバレーの有名校で名前が売れていた選手達が偶然集まっていた。これだけの部員が集まれば全国大会への出場が現実的に目指せるのではないかと期待し、これまで以上に部活に熱心に取り組んだ。発熱などで授業は休んでも部活だけは決して休まないほどの熱意であった。しかし残念ながら、バレーボール部の顧問はバレーボールの未経験者であったことから、練習内容は代々の主将が考えて実施するということが慣例になっていた。部活内での世代交代がされた2年生の夏、B氏は主将に選出された。同世代の中で優秀な人材が

揃ったチームの命運を背負った責任感から、練習内容の組み立ては真剣に考えた。

　　わたし：「鍵はやっぱキャプテンですね。」
　　B氏：「あるんかもしれへんな。」
　　わたし：「組み立てる能力って、僕だって身についたのこの２、３年ですよ。」
　　B氏：「純粋に自分のそのころのチームを第三者の目で見れてた。だからたぶんな俺自分のことでも覚めた目で見れる。だから自分がチームのキャプテンやから一番すごいとも思わんかったし、ほんならキャプテンに選んでもらえてんから、ずっとその座でみんなに認めさせるためにはどうしようとか。自分にはこういうところが足らへんからこれを練習しとこうとか。そんだけええメンバー集まってるの知ってるから、毎週練習試合いっとったから。だから、みんな上手なん知ってるから、自分が組み立てを失敗したらこのチームすごい弱なんねん。負けんためにどうしよ。うちのチームはこうこうこんなんやから、こういう風に練習して。喧嘩になったら周り見えへんねんけどな。」
　　わたし：「まあ、前だけ見えとったらいいですからね。」

（インタビュー日：2011年10月８日）

　試合に勝つための練習方法を組み立てる中でB氏が学んだことは、底辺から組み立てるということだった。何をすれば負けてしまうのかを考え、その時々のボトルネックを解消することが練習方法を考案する上での習慣となった。また、そのために全体練習とは別に個人練習の時間を増やした。その理由は、チーム全体としてのボトルネックと個人のボトルネックとはそれぞれ異なるからであった。そのようにして練習を組み立てていく間に、次第に客観的な目で自分を含めたチーム全体を見る能力が養われていった。部活の成果として、３年時の総体では県内でベスト４まで進むことができた。惜しくも敗退した相手は、当時の優勝校であった。個人成績としては、２年時の新人戦では市の優秀選手に選出された。

　部活を引退してからは、それまでバレーで発散されていた力のやり場を持て余し、素行の悪化がさらに進んだ。特に、喧嘩をすることが増えた。学内に喧嘩の相手がいなくなると学外でも喧嘩をするようになった。

わたし:「高校入ってやんちゃになったんですか?」
B氏:「高校すっごい校則ゆるかったんよ。」
わたし:「公立ですか、私立ですか?」
B氏:「県立。もう勉強とかも自主性に任せるし。だから今なんかすっごい学力落ちてるらしいからな。俺らの時は上から4番目やったんや。今もう下から数えた方が早い。すっごいゆるくて、それからだんだんずれ始めたんや。だからホンマに、高校から20歳ぐらいまではホンマに悪ガキやったよ。」
わたし:「何が一番多かったですか?」
B氏:「ケンカやな一番多かったん。肩ぶつかったとか、お前何メンチきっとんねんとか、そんなんばっかり。」　　　　（インタビュー日:2011年8月4日)

　素行は荒れていたものの、親に言われるがまま大学受験は行った。とは言っても、大学受験では複数の大学に願書を出したが、試験を受けるのが面倒で、試験日は朝に家を出た後は適当に時間をつぶしてから夕方頃家に帰り、「できへんかったから多分ダメやと思う」と両親に報告をした。さすがに受験校を全部落ちるわけにはいかず、1校だけ実際に受験した中堅私立大学に合格し、そのまま進学することにした。

5-2　八百屋との出会い

　大学進学後には素行がさらに悪化した。まず、学校に行かなくなった。昼過ぎに目を覚まし、夜になると友人と遊びに行く毎日だった。夜の繁華街では喧嘩をしてまわり、暴走族を見つけると追いかけまわして遊んだ。数えきれないほどの喧嘩をしてきたが、喧嘩で負けることはほとんどなかった。

　ある日、一見普通の会社員である中年男性と喧嘩をすることがあった。理由は彼の肩がB氏の身体に当たったからだ。不思議なことに、彼は喧嘩をする前にB氏に対して喧嘩の中止を提案した。その理由は、彼は合気道の有段者であり、素人のB氏が相手では怪我をさせてしまうからだという。その言動に苛立ったB氏は勢いよく殴りかかったが、気づけば地面に転がされていた。彼は、「ほらね」と言った。

　喧嘩だけではなくお酒も好きだった。無茶な飲酒を続けていると、ある日体中に黄疸ができ、意識はもうろうとし、自分の足で立てないほど酩酊した。急

いで病院で診察すると、肝臓がぼろぼろになっていた。そして、お酒が一滴も飲めない体になった。何度か痛い目に遭ったが、それでも真面目に勉強をすることはなく、働くわけでもなく、ただだらだら過ごす日々が続いた。遊ぶお金がなくなると、親の小遣いとアルバイトでまかなった。アルバイトは道路工事やポスティング、運転手などを経験したが、自動車の運転が上達したこと以外にアルバイトから何かを学んだとは感じなかった。

　２回生の夏休み、不甲斐ない息子に我慢できなくなった母親が、無理矢理アルバイトを見つけてきた。アルバイト先は母親が常連の八百屋だった。B氏は気が重かったが、お小遣いも欲しさに、夏休みの間だけという約束をして八百屋で働くことになった。

　八百屋といっても、普通の八百屋ではなかった。アルバイト先の八百屋は街路で戸板の上に並べた商品を対面販売で売るぶりうちと呼ばれるいわゆる露天商だった。日々の営業では、小松菜や白菜（しろな）などの知らない野菜を見るのが楽しい上に、なによりお客さんとの出会いが新鮮だった。それまで基本的に同世代の友人としか会話をしたことがなかったB氏にとって、お客さんとの会話が何より楽しかった。特に、地域特有の気さくな主婦達はこれまで学校で教えられてきた勉強とは異なる、多くの面白い知識や情報を教えてくれた。数週間も働くと自分を懇意にしてくれる常連さんも付き始め、ますます仕事が楽しくなった。また、商品販売後にお客さんから「ありがとう」と言われることが妙に嬉しく、働くことの満足感を生れてはじめて覚えた。

　これまでのB氏の人生の中で、主婦という存在は「あの子は……だから」とB氏の素行の悪さを非難する、いわば敵であった。しかし、八百屋の中で出会うお客さんとしての主婦は、自分に社会の色々なことを楽しく教えてくれる味方として現れている。次第に、B氏は八百屋で働くことの楽しさに魅せられ、将来この道で、八百屋として生きていこうと決心した。

　　　わたし：「八百屋って決めたのは、アルバイトを始めて何ヶ月目とかなんですか？」
　　　B氏：「ごめんやけど、俺１ヶ月目に決めたから。夏休みの間だけやったから、最初は。最初の頃なんか野菜も分からへんわな。ホウレンソウや小松菜や

白菜やなんや言われても全然分からんかった。でも、だんだん覚えていって、お客さんもやっぱ付いてくるやんか。ほんなら、すっごいそれが楽しくなってきてん。」
わたし：「Bさんに付くんですか？」
B氏：「そうそう。」
わたし：「そんなすぐ付きます？」
B氏：「付く。」
わたし：「1ヶ月目ぐらいでですか？」
B氏：「付く。その頃同年代としか喋ってなかったから、おばちゃんらとしゃべるんすっごい楽しかったんよな。自分の知らん知識も教えてくれるし、そら勉強やなんや教えてくれへんけど、それとは違うこといっぱい教えてくるわけよ。今まで自分の知らんかったようなこといっぱい。だんだん、うわ、八百屋って楽しい、ってなっていって。」
（インタビュー日：2011年8月4日）

B氏：「それまでそのおばちゃんと喋るいうことがなかったから、せいぜい喋ってもうちのおかんとか、近所のおばちゃんとかやん。マンションやったからな。でもそのころもう引っ越ししてしまって、高一の時にもう引っ越ししとうから、ほんまおばちゃんらと喋る機会っていっさいなかった。せいぜいしゃべっても学校の先生みたいな、女の先生みたいな、おばちゃんのな、やからほんまただの一般の会話や。お兄ちゃんどっからきとおんとか、お兄ちゃん男前や、うちのホストクラブで働かんか、とか、そんなんばっかりや、ほんまに。ほんまたわいもない話。芸能ニュースとかもあったし。ゆってるやろ、同年代でそんなん喋らへんやんか、じゃないような会話をしてくれとったから、余計だから、面白かったんちゃうか。」
わたし：「でも、おもろいですもんね。」
B氏：「うん。普通にお客さんが「ありがとう」とか。ありがとうって言われることがなかったから。さんざん今まで迷惑かけてきとう人生やから。あの子は、あの子はって、どちらかというと後ろ指さされる人生やったから。」
わたし：「ああ、それ大事なエピソードやな。これ盛りこも。」
B氏：「ありがとうって言われることが嬉しかったんやと思う。」
（インタビュー日：2011年10月8日）

　夏休みが終わると、当初の約束通り八百屋のアルバイトを辞めた。そして、また以前と同じ毎日が始まった。友人からは相変わらず遊びの誘いがあったが、アルバイトをして自分の手でお金を稼いで初めて分かったことがある。それは、

彼らの生活費やお小遣いの多くは親の仕送りであり、またB氏自身も同じ状況にいたことである。つまり、自分たちは親のすねをかじって遊んでいたのである。そのことに気づくと、まだ自立していない自分を恥じるとともに、八百屋で生きていく将来が、まだ先の未来ではなく、今だと思った。

> B氏：「(筆者注：大学が)遠い、遠かってん。自分の中でもあるんかもしれへん。当時を思い返せば、めんどくさいなーっていうんが。でも、うーん、俺この道で生きていこうって思って。大学夏休み終わってから、2週間ぐらい悩んだんかな。俺こんな生活しとってえんかな。逆に大学行った時、なんか周り見たら、やれコンパだ、やれ遊ぼうとか。でも結局下宿しとう子らって、親のすねかじっとったんやな。こんな生活しとったらあかんわって思って。八百屋したいっていうんがあったから、楽しかったから。」
> わたし：「したいっていうのがすごいですね。」
> B氏：「自分がやって楽しかったもん、すごい。」
> 　　　　　　　　　　　　　　　　　　　　（インタビュー日：2011年8月4日）

　このまま大学を辞め、八百屋に戻ってその道の勉強を本気で始めようと思い、いくつかのことを考えた。まず、八百屋という仕事に対する若干の抵抗である。小学生のころ、祖父と父が八百屋を営んでいた時期があったことからそれほど強い抵抗はなかったが、それでも友人に胸を張ってこれから八百屋の道に進むことを素直には言えない自分がいた。次に、八百屋で本当に食べていけるかどうかも考えた。しかし、人間が生きていく上で食べることを欠かすことは出来ず、その意味で食料品店がなくなることはない。市場自体は安定しているのだから、自分の才覚次第でどうにかなるだろうと結論づけた。

> わたし：「これで食べていけるのかって、考えなかったんですか？」
> B氏：「考えたけど、人間て食べていかな生きていかれへん。野菜である必要はないけど。ほんなら洋服やなんかするより。もともと自分サラリーマン向きじゃないっていうのはわかっとったん。人に使われるん好きじゃないし。型にはめられるんが嫌いやから。でも食べていかな生きていかれへんってことは、八百屋って自分の商売のやり方一つで食べていけるやんって。で、うち親父も八百屋しとったやん、むかーし。だから八百屋って職業に抵抗感が全くなかった。やっぱり若い子って、「え？　八百屋？」って言うけど、

俺は「八百屋やで」って。なんで悩んだかいうと、やっぱ親に入学金とか出してもらってたから。俺が悩んだんは、こっちの方で悩んだん、お金の方で。出してもらっとうのに、こんな中途でやめてしまって。けどやっぱり自分の中で八百屋がしたいってあったから。もういいやって。もうこれで一生食っていこって決めたし。」　　（インタビュー日：2011年8月4日）

　大学を辞めて八百屋をするかどうかは、家族にも友人にも相談することはなく1人だけで考えた。誰に相談したとしても、辞めるなと引き止められることが明らかだったからである。唯一悩んだことは、大学への入学金と学費をすべて両親に出してもらっているのに、自分の勝手な判断で辞めてもいいのだろうかということだった。2週間ほど悩んだが、決心をするとすぐに大学に行き、退学届を提出した。家に帰ると、両親に大学を退学したこと、そして自分はこれから八百屋として生きていくことを告げた。大学退学は事後承諾であり家族全員での大騒動となった。家族からはB氏は大学に行くのが嫌なだけで、八百屋で生きていくという決心を疑われた。母親からはたとえその決心が本当だとしても、大学を卒業してからでも遅くないと諭された。姉からは大学で一般常識や社会のルールを学んでから働くことを勧められた。家族全員での大喧嘩が続き、母親は毎日涙に暮れていた。それでも八百屋で生きていく決心は揺るがず、ついには父親からその決心を認めてもらうことができた。

　　わたし：「八百屋で生きていこうって、学校辞めてまで下積みに行くじゃないですか？」
　　B氏次姉：「学校辞めてまでって、学校に行くのが嫌やから辞めたっていう説もあるけどね。」
　　B氏：「違う違う。」
　　B氏次姉「学校が嫌いやねん。」
　　B氏：「違う違う。勉強は嫌いやで、基本。嫌いやったけど、八百屋に出会ってほんまに楽しい思ったしな。」
　　B氏母：「勉強が嫌いやから逃げただけや。」
　　B氏：「違う。八百屋に入ってからも勉強しとう。」
　　B氏母：「大学出てからでも遅くないって言った。」
　　B氏：「あのタイミングが大事やった。」
　　B氏次姉：「大学出てたらもっと社会的なことととか常識的なことを身につけてた

かもしれん。」
B氏：「かっこいいこと書いて欲しいからもう帰って。今のカット。でも俺八百屋で飯食っていくってのはホンマやねん。」
B氏母：「ホンマやねん。自分の将来の仕事いうか、決めたからな。パパは、自分で決めたんやったらそれでええんちゃうか、って。」
B氏：「大号泣しとったけどな。」
B氏次姉：「そんなん嫌にきまっとるやん。」
B氏母：「パパな、内装屋しとってん。その時でも、関学（筆者注：関西学院大学）出てパパに教えてやってくれ、っていう例もあると。関学出ても内装屋する子がおんねんから、自分で八百屋するっていうのも、それはそれでええのんちゃうかって。」
B氏姉：「自分だけで済む話やったらええけど、これは家族巻き込む話やからや。」
B氏母：「大ゲンカやで。」
B氏：「でも大学辞めたんはホンマにそれやで。」

（インタビュー日：2011年8月4日）

5-3　C社での下積み

　退学届を提出するとすぐアルバイトをした八百屋（C社）に出向き、八百屋になるための下積みはC社ですることになった。B氏が19歳の秋だった。1998年当時、C社は市内で数店舗を展開する企業であったが、企業形態は個人商店であったため終始アルバイトとしての雇用だった。八百屋といっても店舗形態の八百屋ではなく、当初はぶりうちと呼ばれるいわゆる露天形態の八百屋であった。場所はある商店街内の空き地に店を構え、3人の先輩との合計4人で営業を行った。店長はA氏であった。

　従業者として最初に覚える仕事は、対面販売と商品陳列・補充であった。対面販売では1人の従業者が1人のお客さんに対する接客をすべて行う。まず希望する商品を聞く、次に商品を取って袋に入れてお客さんに渡す、最後に代金の精算をするという流れである。そして、空いた売場に商品を補充し陳列を整える。以上が一連の仕事の流れである。それらの仕事に慣れてくると、声出しをするようになる。「らっしゃい、らっしゃい」から始まり、先輩の声出しを参考にしながら自分なりの声出しを身につけていく。声出しの内容は不特定多数の来街者に向けた商品情報の伝達であることが多い。声出しに慣れれば声か

けをするようになる。声かけの内容は特定の客に対する提案販売であることが多い。声かけの対象商品は、その日のおすすめの商品やその日の中で売れ行きが鈍い商品である。最初は「大根どうですか」という単純な声かけしかできなかったが、次第に「寒うなってきたから大根でも煮つけませんか」と具体的な提案を伴った声かけを覚えていった。

わたし：「今あるBさんの商品知識とか、それだけは想像だけで書いてるんですよ。」
B氏：「でも合っとうと思うで。」
わたし：「合ってるんですか？」
Bさん：「そら自分の店になってから学んだこともあるやろうけれど、やっぱり基本的な基礎知識はC社におる時代に植え付けられてるわな。」
わたし：「でも別に上司から教えられるわけじゃないですよね？」
B氏：「ない。」
わたし：「もう自分で見て覚えていくんですよね？」
B氏：「そうそうそうそう。だからほんま見て覚えていくとしか言いようがない。えらい俺のこと掘り下げて聞いてくるね。丸裸にされるわ。ほんまに。葉っぱぐらい残しといてよ。隠れるように。」
わたし：「今日のトマトの盛り方だって、ちっちゃいのから傷が見えんように角度とかあるじゃないですか。あれも細かい。」
B氏：「ああいうのも自分で。」
わたし：「自分流で、もう試行錯誤のなかで、こっちのほうがいいなとか、こうやったら早なるなとか、その過程でしょうね？」
B氏：「これのほうがきれいなあとか。これやったらお客さんが見たらきれいやし、買ってくれるやろうなとか。」
わたし：「やっぱ梨の、トマトでもいいんですけれど、4個盛りだったらもう十字に置いてたんですよ。Bさんちょっとクッってやるじゃないですか。確かに、って思って。」
B氏：「そやねん。あれは全部自分でよ。」
わたし：「誰かが盛ってるのを見たってわけじゃないですよね？」
B氏：「じゃない。でもやっぱりそういうのもな、オリジナルやいうけどな、やっぱり。」
わたし：「まあまあ知らないうちに見てる部分もあるんでしょう。」
B氏：「見てきて学んでったんかもしれへんなあ、習っとおころに。でも、自分では意識して徹底しとんはやっぱ今やけど、今の店やけど。でも昔からそういう知識。」

わたし：「急に生まれるわけではないですし。」
B氏：「あったんやと思う。こうやったほうがきれいに見えるやろなとかいうんは養われてったんちゃう、働いとおころに。」

（インタビュー日：2011年10月8日）

　基本的な仕事内容を覚えながら商品知識も学んだ。B氏はそれまでに一人暮らしや自炊の経験がなく料理もできないという状態から仕事をはじめ、まずは商品名を覚えることから始めなければならなかった。一通り商品名を覚えると、次に同じ商品の中での品種の違いも学んだ。さらに、どの時期に何の野菜・果物が出るか、旬の中でも評判の良い産地はどこかなど、基本的な商品知識を覚えていった。これらの知識は時間をかければ比較的簡単に得ることができたが、産地の見極めは難しかった。有名産地や産地間の特徴の違い、同一産地内での生産者による品質の違い、同一産地における品質の経年変化など、これらの見極めは簡単に学習できるものではなかった。悪戦苦闘しながらも、商品知識が身に付きだすと売り方の幅が広がり、対面販売の腕にも自信がついてきた。
　その後、B氏は市内の勤務地を転々としながら複数の店舗で働いた。店舗形態が露店から店舗へと移行した後、セルフサービス方式であるC3店の従業者となったのだが、それにともなって、B氏の業務内容も変化した。1日の最初の業務は、前日の売れ残りの陳列であった。そして、その日の仕入れ分が店舗に到着すれば店内の冷蔵庫に商品を移し、冷蔵庫内を仕入れ日順に整理する。営業時間中は商品補充と商品の小分けが主な仕事であった。

B氏：「スーパー形式やったから、ただ冷蔵庫に入れたもん出すだけ。で、冷蔵庫に残っとおもんを、昨日出しとったもんと入れ替えて出したり。最初の頃やろ。まあだから言ってみれば、前の日のから出してたっていう感じやな。あと冷蔵庫整理と。で、だんだん下の子らが手伝ってくれるっていう。」
わたし：「で、そのあとは仕事はどんな感じで変わっていくんですか？」
B氏：「あとはだんだん荷物返ってくる（筆者注：到着してくる）やん。荷卸しして、割ったり（筆者注：小分け）せなあかんもん割ったり、特別。だから、商品の補充っていう感じやな。だからほんまにスーパーみたいな。」

（インタビュー日：2011年10月8日）

取り扱う商品も青果物だけでなく鮮魚や食肉、加工食品にまで及んだ。B氏が鮮魚や食肉を取り扱うこともあったが、自身が甲殻類を嫌いなことから鮮魚部門への興味はそれほど湧かず、食肉の取り扱いには多くの薬品の使用が必要となることを知ると興味を失った。その反面、自分は青果物を取り扱う八百屋が天職であることを再確認したのであった。特に、売れ残りの商品を冷蔵庫に保存しながら翌日以降に再販売をすることに対して疑問を持った。そして、商品を毎日売り切るか否かという点に、B氏は八百屋のアイデンティティを見出し始めたのである。

> わたし：「この前スーパー形式が嫌いって言ってはったじゃないですか？　もうちょっと詳しく。」
> B氏：「なんていうかな。俺この道決めたんが、対面販売やったからやねん。やっぱお客さんとも接せれるし。でも、スーパーとかってすごい味気ない。自分らもスーパー行って分かると思うけど、かごにぱんぱんぱん入れて、はいレジ、はい終わり。そういうの楽しくないねん。そういうのがやっぱ嫌いやし、何売っても、残すんがすごい嫌。スーパーとかそうやけど、残すんがすごい平気やん。それやったら、八百屋っていったい何。」
> 　　　　　　　　　　　　　　　　（インタビュー日：2011年4月30日）

　5年近くの下積みを経て、B氏はC4店の店長を任されることになった。24歳のときだった。その店舗は以前A氏が店長として創業した店舗だった。店長就任当初、その店舗の従業者はB氏を含めて4人、店舗面積は20㎡弱、日販は40万円ほどであった。店長になったことで、販売だけでなく毎日の仕入れも新たな仕事の1つになり、また勉強の日々が始まった。仕入れにおいては相場勘を養う必要があり、「この商品の品質なら今の時期の相場の中ではこの価格でこのぐらいの量は売れるはずだ」という見極めが重要となることを学んでいった。また、相場が上がる傾向にあるのか、下がる傾向にあるのかを判断し、仕入れ量を決定しなければならない。特に、相場が高騰した後は突然暴落することが多く、その時に在庫を抱えないように慎重に仕入れを行わなければならなかった。

　相場勘を養う中で、自身の感覚を補うものを発見した。それは毎朝仕入れの

ために向かう中央卸売市場までの道路の混雑の程度である。B氏は自身の経験から、その日のお店の来客数と朝の市場までの道路の混雑の程度とが深く関係していることを見出した。この道路の混雑の程度はその日の営業を予測する上で、2013年時点でも一番頼りになるという。

> わたし：「他の店がまねしよう思てもできないじゃないですか。なんでできてるんですか、ここは。最初は苦労したんですよね？」
> B氏：「したよー。やっぱり目の前（筆者注：競合店）来て。その商売のやり方はずっとしとったんやけど、やっぱり目の前に来て、値段も見比べれる商品も見比べれる、ほならお客さんやっぱこっちのほうがよかったって戻って来てくれるお客さんすごい多くて。」
> わたし：「それまでの4、5年ていうのは？」
> B氏：「最初いけるっていう感覚は思えへん。あのー、頭ええ子にはわからんけど、感覚なんよ。俺らその日売れる量なんかはっきりとは分からへんやん。けど、これやったら何杯ぐらい売れるっていう、そういう感覚をずっと養ってるから。日々失敗の繰り返しやで。だから、最後とばしたりするわけ。とばすっていうのは言ってみたら原価割れで売ることやねん。でも、何て言うんやろな。不思議なことで忙しい時って、朝市場に行くとき車の台数とかってのも多いん。その街中を走ってる車の台数。だから俺1日忙しい、暇、って見るんは、正直朝市場行くまでに車の量見てる。あれなんか今日少ないな、やばいなって日はたいがい暇。でも天候悪くても車が多い日ってあんねん。でも、そんときは絶対忙しい。」
> 　　　　　　　　　　　　　　　　　　（インタビュー日：2011年4月26日）

　失敗を繰り返しながら学ばなければならないことは多かったが、店舗の運営は順調だった。その活況さは自身の店舗だけでなく寂れていた商店街に人が戻ってきたと周囲で評判になるほどだった。ある日、仕入れた商品がその日のうちにすべて売り切れてしまうことがあった。30㎡弱の手狭な店舗であったが、すべての商品がなくなった店内を見直すと、いつも窮屈だった店内に開放的な爽快感が満ち溢れ、従業者同士で驚いた。その頃から商品を売り切る楽しさを覚え、積極的に売り切りを狙うようになった。そして、気づけば売り切ることが当たり前になっていた。
　売り切ることは経営の楽しさとなるだけでなく、お店の評判を高めることに

もつながった。毎日商品を売り切っているお店を見ると、お客さんはB氏のお店で扱っている商品が新鮮だと評価し、お店に対して信頼をしてくれるようになっていった。

> B氏：「あとなんか売り切りにこだわるようになったんは、店長しとるときにさ、やっぱ店が狭いからさ、売り切ったら広いねんな。それからかな。そのほうがお客さんもついてきとったし。新鮮がええなって。」
> 　　　　　　　　　　　　　　　　　（インタビュー日：2011年4月30日）

　売上は順調に伸び、日販70万円を達成するほどまでに成長した。そうなると人手が足りなくなったものの、人材はなかなか集まらなかった。人材の確保に困っていると、B氏の母親が手を貸してくれることになった。母親は長年の主婦経験から基本的な商品知識を持っていた上に、7年間勤務した弁当屋で培った料理の知識や対面販売の腕は即戦力となった。

　経営自体は順調であったものの、店長となったことではじめて直面した問題もあった。それは毎月C社に納める金額が重くのしかかったことである。会社からは金額では毎月50万円以上、割合では利益の7割を納めることを要求された。それに加え、従業者としての福利厚生は一切なく、仕入れ用トラックの駐車場代や車検費用などの維持費、ガソリン代などの必要経費はC社負担ではなく、残された3割の利益の中から支払わなければならなかった。そのため、販売価格を一定以上安くすることができないこともあり、売りづらい商品も少なくなく、その中で多額の利益を上げなければならない重圧と闘うことになった。単なる従業者として商品を売るということと、経営者として商品を売ることとの間に、利益への圧力という決定的な違いがあることを感じることとなった。

　どれだけ成果を上げても手元に残る金額は少なく、その多少のお金の使い道は、会社からの生活の保障がないことから、万一の時のために積み立てることで精一杯だった。何のために働いているのか分からなくなる時もあった。次第に、会社から独立して起業することを考えるようになった。

> わたし：「僕A商店とBさんしか知らないんですけど、みんなC社の血が流れてる

じゃないですか。これは偶然？そんなにいいとこだったんですか？」
B氏：「全然いいとこじゃないよ。ほんまに。上がよくなかった。社長が。考えて。7：3でとんねんから、浮いたお金。プラス車検とか保険、駐車場代、一切通らへん。唯一良かったんは、こういう下の子らと交流ができたことやな。」
（インタビュー日：2011年4月30日）

　B氏にとって私的なことでは、この頃交際をしていた恋人との結婚を真剣に考えていた。将来のために2人で一緒に貯めてきた貯金もまとまった額になってきた。その思いを恋人の両親に伝えに行ったところ、思いがけず反対をされた。「八百屋みたいに怪我でもしたら働けなくなる仕事で、ましてや個人経営で何の保障もない。そんなところに娘はやれない」と言われた。結局、恋人の両親を説得することはできず、恋人とは別れることになってしまった。2人の貯金はすべて恋人に渡した。この時の悔しさを胸に、将来独立すれば必ず法人化して十分な福利厚生を用意し、従業者に同じ思いをさせないと誓った。

　このような経験から、B氏は独立に向けて準備を始めた。独立時にはそれまでの仕入れ先に取引をお願いしようと考え、毎日の仕入れの中で取引先との関係性づくりを意識して行うようになった。並行して、出店する場所も探し始めた。何よりも優先して観察したのは人通りだった。市内の商店街をすべて見て回ったと言えるほど探し歩き、2店舗に目星をつけた。

　1店舗目は市内でも有数の商業集積であり人通りも多かった。しかし、主要街路から外れると人通りが極端に減ることが難点だった。2店舗目は1店舗目と比べると人通りが若干落ちるものの、空き店舗の目の前にダイエーがあることが魅力的だった。さらに、空き店舗とダイエーとの間の道路には横断歩道があった。横断歩道に設置された信号によって空き店舗の目の前で通行人が足を止めているのを見たとき、これだと思った。特別な工夫をしなくてもお客さんが店先で足を止めてくれるのは大きな武器だと考えた。

わたし：「立地をどうやって決めたのかっていう経緯を教えてください。」
B氏：「ここの立地を決めたんは、俺いろんな場所見に行った。いろんな場所を見に行って。」
わたし：「どういう所を見たんですか？」

B氏：「もう市内の商店街という商店街。色んなとこ見まくって。」
わたし：「どういう所、何を基準に見て回ったんですか？」
B氏：「人通り。オンリー。」
わたし：「いろいろ見て回った結果、何でここなんですか？」
B氏：「やっぱり、ダイエー。で、駅。やっぱり、大型スーパーっていうのは集客力があるから。ほんで、横断歩道もあるし。人絶対止まるし。」
わたし：「でも狭いなー、とか気にならなかったんですか？」
B氏：「気にはなったよ。最初に見たとき狭って思ったよ。けど、最初2人やったんもあるし、何よりやっぱり、いくら広くても人おらんかったら話にならん。」
（インタビュー日：2011年8月4日）

　すぐにでもその空き店舗を押さえようとしたが、それだけの好条件の物件は一筋縄ではいかなかった。その物件の所有者は信頼のできる有名企業以外には店舗を貸さない方針だったのである。しかし、どうしてもその場所で起業したいと考えたB氏は、身近に関係者がいないかを探し回り、何とか商談を仲介してくれる紹介者を見つけることができた。

　B氏は物件の賃貸契約を懇願するため、紹介者に案内された日時に所有者の事務所に向かった。事務所のインターホンを鳴らすと、監視カメラが動きB氏を捉えた。門が開き、建物に入ると豪勢な絨毯が敷かれた廊下を通り、応接室に通された。応接室の中で先方から伝えられたことは、「貸す気はない」とのことだった。しかし、どうしてもその空き店舗を諦めきれないB氏は、何度も相手方の事務所に足を運び、貸してくれるようにお願いをした。インターホンを鳴らし、監視カメラがB氏を捉える度に「また来ました」とカメラに向かってにっこりと微笑んだ。ついには相手方が根負けし、「そんなにやりたいんやったらやってみ」と契約することに成功した。

　しかし、新たな問題が発生した。その店舗は6坪ほどの小さな店舗だったのだが、敷金として500万円、家賃として月々22万円の金額を要求されたのである。特に、敷金は当時の相場の2倍近い値段であった。さすがにそれだけの大金をB氏1人で用意することはできず、両親の援助を受けることになった。

　ようやく準備が整い、B商店を立ち上げることになった。独立を決心してから半年、下積みを始めてから7年近くが経過していた。B氏は26歳になっていた。大学を退学し八百屋の道に進むことを決心した時とは異なり、起業に対し

ては不安があった。B氏が下積みをしている頃、C社の先輩であった3人がそれぞれ独立して起業した。それぞれの店にも繁忙期はあったものの、結果的にはそのすべてが倒産してしまった。さらに皆1,000万円以上の借金を背負っていた。自身に仕入れと販売そして経営のイロハを教えてくれた先輩たちの失敗は、自分のやり方も同様に通用しないのではないかという不安につながった。その不安を払拭するために、なぜ先輩たちが失敗してしまったのかを考えた。そして、彼らの失敗における最大の要因は立地の悪さだと結論づけた。B氏は、この推論が正しければ、この立地であるならば、必ず成功できると確信し、起業へ踏みきった。

> B氏:「結局な、嫌なことって、1日たったら過去のことやし。1年経ったら笑えるし。さらに、10年、1年だったら笑えんこともあるけど、10年経ったら懐かしさにもなるやん。あんなんもあったよなあって。だから別に失敗を恐れてないな。失敗したって、別に、命取られる訳ちゃうし。生きとって働いとったらどうにかなるし。あかんかったら、すぱっと辞めたらええわっていう。失敗しても500万やし、どうにかなるわ仕事のことは。でも基本、でも、なんでもそうやな。とりあえず、やりたかったらやるもんな。」
> （インタビュー日：2011年10月8日）

5－4　B商店の創業

　2005年5月18日、B商店は個人経営の八百屋として創業した。母親との二人三脚での船出だった。母親と2人で創業した理由は、C社を辞めるときに自分が辞めて母親だけが残るわけにもいかず、「それなら2人で店をやろうか」という運びになったからである。退職時、母親からは「自分の都合で辞めるんやから、下の子ら連れてきたりしたらあかんで」と釘を刺された。
　創業時の理念として考えていたことは、「お客さんをだまさない商売をする」ということである。利益に対しては経営に必要な経費と若干の余剰金以上に欲を出さないと考え、良いものをどこよりも安くということを日々追求することにした。
　品揃えは、これまでの経験から特定の産地やブランドにこだわらず、仲卸売

と相談しながらその時々の旬の産地の中で最も状態がいい商品を選ぶことにした。この意向を仲卸売に伝え、仲卸売が提案する商品をB氏が味見をして意思決定をしている。

　取引を行う仲卸業者は下積み時代と同じ相手先を利用したが、1社だけ果物の取引先を追加した。それはD社であり、その後のB商店の発展に大きな影響を与える仲卸業者となった。下積み先を退社してから創業までの間に、B氏は知人の経営する青果店に挨拶に行くことがあった。そこで目にした果物が、今まで自身が扱ってきた果物の品質を大きく上回ることに衝撃を受けた。そのまま知人にその仲卸業者への紹介を依頼し、すぐに挨拶に向かった。仲介者の紹介があったことから、D社の担当者は快くB商店との取引を許可してくれた。

　　わたし：「なんでDさんを選んだんですか？」
　　B氏：「その時、Z君の店いったんよ。C社やめてから。「どないすかー？」言うて。で、見に行った時に、やっぱ商品並んどおやん。見るやんか。ほんなら、やっぱきれいかったんやな、すごい商品が。やっぱ比べてまうやん。ほんなら、めっちゃきれいかって、これどこやろって思って。「これどこで仕入れとんすか」言うたら、D社って言われて。「めっちゃきれいっすね、いいっすねここ」言うて。で、「あの挨拶行きたいんですけど」って言うたら、「一言いうとったる」って。「お願いします」言うてから、ほんなら知らんまに、いつの間にやらすごい気に入ってもらえて。俺ももちろんDさんめちゃめちゃすきやけどな。市場の中で一番好きいうても過言ではないぐらい。」
　　　　　　　　　　　　　　　　　　（インタビュー日：2011年10月8日）

　B商店で取り扱う品揃えおよび仕入れ先が決定すると、次は販売方針を固めた。B氏は、これまでの経験からただ1点、その日に仕入れた商品はその日のうちに売り切るということだけを決めた。B氏によれば、八百屋業界には品物貯金と呼ばれる悪習があるという。品物貯金とは、当日売れ残った商品を在庫として翌日以降の販売分に繰り越すことである。後日販売すれば繰り越した商品はお金に変わることから、在庫を貯金として解釈することで商品を繰り越すことに違和感を持たない仲卸業者や小売業者が多いという。しかし、B氏は商品の鮮度が落ちる以上商品の価値は減少し、利子が付加されない以上少なくともそれは貯金ではないと考えている。さらに、そのことを知らずの内に消費者

が負担していることに小売業者が無自覚であるということも品物貯金の問題だという。

> B氏：「どこの仲卸売さん、小売さんも、品物貯金って言葉使うやろ。残した場合。結局それってお金に変わるやん。でもそれって貯金じゃないやん。商品日々悪なるし、結局次の日にこれ何杯のこっとうから、あっ今日はこれ何杯しかいらんわって。例えば10杯仕入れないかん所を5杯残しとったら5杯でええわって。でも少なくしとったら、品物貯金じゃないやん。やし、やっぱ次の日で、次の日その相場が崩れとる時ってあんねん。前の日やったら箱500円やったのに、今日行ったら300円やった。けどこの分があるから変えられへんやん。それもめんどくさいし、これ何杯残っとるなーって考えるんも嫌いやし、前の日に全部売りきってまう。」
>
> （インタビュー日：2011年4月30日）

B氏はお客さんをだまさない商売とは、中央卸売市場を経由して適切に管理されてきた商品の中で自分が自信を持って提供できる旬の商品を、相場に合った適切な価格で、最も鮮度の高い状態でお客さんに提供することだと考えるようになった。

しかし、創業当初の経営は苦戦した。創業初日の日販は9万円だった。驚いたことに、直前まで働いていた店舗と同様の品揃えと価格では全く売れなかった。以前の店舗とB商店との距離は車で数十分ほどだが、お客さんの性質が全く異なることを痛感した。この地域のお客さんはとにかく価格と品質に対する目が厳しかった。周囲の店舗より少しでも値段が高ければ全く商品が動かなくなるという。また、例えば特売価格の10円で提供している大根でも品質が悪ければ必ず苦情が来る。安かろう悪かろうは、この地域では通用しないと強く感じた。

> わたし：「損して売るはいつからですか？」
> B氏：「最初から。」
> わたし：「それは何でできたんですか？」
> B氏：「売り切りたいから。最初の目的は。これってすごい不思議なことで、俺も色んなとこやってきたけど、その街によって全然違うねん。例えばの話やで。あそこ（筆者注：C4店）やったらこの商品100円で売れるけど、こっ

ち（筆者注：B商店）やったら売れへんねん。」
わたし：「もっと安くせなってことですか？」
B氏：「だから言えるけど、ここは値段にめっちゃシビア。すっごいけちな街やで。周りがちょっとでも安なったらまったく（注：商品が）動かへん。「この値段で売れへん？」っていうぐらい売れへん。この街は値段にほんまにシビア。」 　　　　　　　　　　　　　　　　（インタビュー日：2011年4月30日）

　とは言え、創業初日の成果を悲観したわけではなかった。創業2日目からの課題は、日販9万円をB商店における現状の日販最低基準として設定し、そこからいかに日販を高められるように事業を組み立てていくかを試行し続けた。

B氏：「最初1日な、俺らほんま数万やったけど、ゼロじゃないねん。お客さん誰もこおへん、ゼロじゃないねん。9万売れてんねん。ま、初日としては成功かな。ほんで次に今度その9万を最低ラインに持ってくんねん。ゼロじゃなかってんから、次また目標を高くせなあかんやん。ほんなら次からさらに伸びたと。そんなが一って伸びへんで。10万なったと。成功やな、昨日の越えたわ。」　　　　　　　　　　（インタビュー日：2011年10月8日）

　売上を伸ばすために地域特性に目を配った。地域の特性を知るためには、できるだけ多くのお客さんと接しながら情報収集をする必要があった。そのため、毎日仕入れ価格で販売するという大安売りを続けることで、多くのお客さんを集客した。B氏には2、3ヶ月は全く収入がなくても食べていける貯金があったことから、大安売りでは利益は全く出さず、とにかくお客さんを集めた。その中で、この地域ではどのような商品が好まれ、それがどのぐらいの価格帯だとよく売れるのかということを観察した。そして、100円で売れなければ80円、それでも売れなければ50円と、毎日意地になってとばしながら売り切った。当時、この地域には約20軒の八百屋が存在し、周囲の八百屋も安売りに対抗してきたことで苦戦したが、この過程で損をして売ることへの抵抗が薄れていった。
　価格だけでなく、仕入れ量の把握にも苦労した。どんなに売れ残っても品物貯金をするわけにはいかず、新鮮できれいな商品でさえ原価割れでとばしてでも売り切った。一般的に、とばす対象の商品は鮮度が落ちるか傷んでしまった見切り品であったが、そうではないきれいな状態の商品をとばすことが増え、

そのことへの抵抗もなくなっていった。そして、たとえ見切り品であったとしても傷んでしまった商品を販売することが不誠実な経営に思え、そのような商品は売場には出さず、家に持ち帰って使うようになった。

　売り切るために商品陳列の方法も変更した。下積み先では、商品が封入されている段ボールを開け、そのまま商品を山積みにする箱盛りの形で商品陳列を行っていた。B商店では、よりお客さんの目を引くことを狙い商品陳列の方法をザル盛りに変更した。どのようにザル盛りするかは、商品ごとに色々な盛り方を試し、その都度お客さんの反応を観察しながら最も有効なザル盛りの方法を試行し続けた。単純な置き方から、配置の仕方、置く時の角度のつけ方など、様々な盛り方を試しては変えた。

　1ヶ月ほどの大安売りの中で試行錯誤を続けるうちに、常連客が付き始め、経営が軌道に乗ってきた。常連客が付くことで、安売りをしない定価販売でも日販20万円ほどを維持できるようになり、母親と2人で食べていくには十分な稼ぎを得ることができるようになった。それでも品揃えや価格、仕入れ量の感覚を完全に把握したわけではなく、試行錯誤は続いた。経営に慣れてくると、とばし方も変わり始めた。当初は当日に売れ行きの悪かった商品を、閉店前に売り切るための在庫処分として商品をとばしていた。このとばし方は最終的に売り切れるまで価格を下げ続けるため、仕入れ価格を下回る値付けをしなければならないこともあり、経営を圧迫する可能性がある。そうならないために、とばす判断は必ず1日の必要経費を捻出する売上を達成し、残りの販売額はすべて利益となる状態になってから行うことができるように組み立てられる努力をした。そのためには、1日の仕入れ量に対してどのくらいの価格を設定し、そのうち営業中に何割が販売できれば必要経費を捻出することができるのかということを、仕入れ段階から設計する能力が必要となった。

　　わたし：「じゃあ、もう1日の原価計算は朝？」
　　B氏：「朝と仕事中、頭の中でだーっと。」
　　わたし：「全ての品物がどれだけ仕入れたか、頭の中に入ってるってことですよね？」
　　B氏：「入ってる、入ってる。入ってるって言うか、朝計算しながら買い物していくから。だから、例えば50種類買いましたと。25種類で経費クリアしとっ

たら、残りの25種類は損せえへん買い方したらええだけや。売値が100円やったら、90円でもええ話や。消費税入れて95円なってまうけど、5円の儲けがあるやん。って計算の仕方をすんねん俺。だから例えば、値段の付け間違いとかあったとしても他のでフォローできるから、マイナスになることはまずない。売り切っとう限り。」（インタビュー日：2011年5月31日）

　さらにとばし方の幅も広がっていった。閉店前ではなく、集客数の多い午前中であれば、閉店前ほど価格を下げなくても十分販売量を増やすことができることがわかった。慣れてくると、営業開始数時間以内にお客さんの商品への反応から当日の売れ行きを推測し、売れ行きの悪い商品を前倒しでとばすことで閉店前のとばしを抑制し、利益損失を最小限に留めることができるようになった。それだけでなく、営業中のそれぞれの時間帯ごとの適切な在庫量が判断できるようになったことで、それぞれの時点における商品ごとの在庫量を、とばすことを通じて調整し、閉店前に残すべき商品群を意図的に形成できるようになった。その結果、適切な在庫管理によって閉店前に残される品揃えであれば、無理にとばさなくとも定価で売り切ることができることが分かった。

　とばすという、損をすることで結果として望ましい成果を達成することを覚えると、その発想を商品の価格設定にも応用し、品揃えの中で利益を出す商品・出さない商品の区別をして価格設定をより戦略的に行うようになった。次第に、値入を変化させる軸も、地域固有の人気商品、一般的な定番商品、相場が高騰している商品など様々な使い分けを覚え、値入の仕方にも幅が出てきた。

　　わたし：「ここの商品で客呼んでここで儲けるとかあります？」
　　B氏：「それは日替わり。市場行って、例えば相場がどんどん上がっていってるもんってあるやんか。それを、損して売るとか。ほなら人を集めれるから。なら、その商品を買って帰るだけのお客さんって少ないん。やっぱこれももろとこ、これももろとこってなっていくから、他のんで（筆者注：利益を）とれるから。別に俺、損して売るん平気やねん。商売人としてどうなんって思われるかもしれへんけど、それで他のも買うてくれたら。昔から言う、損して得取れ。」
　　わたし：「どういう商品で利益取っていくんですか？　分かりやすいんだったら果物とか。」
　　B氏：「うち果物もそんなとらへん。あんだけ、まぁゴミの量みてもろた通り売

れるから、薄利多売。これでなんぼ取っとうって言うんはない。」
（インタビュー日：2011年4月30日）

　とばし方と値入れの仕方に慣れるにつれ、仕入れの精度が格段に上がっていった。どの商品に、どのくらいの値段を付ければ、どのくらいの時間で売り切れるかということへの予測が精緻になったからである。下積み先では、会社への上納金が厳しく、損をしてでもとばすことや、仕入れ原価を下回って販売する商品を品揃えに組み込むことが困難であったことから、これらはB氏にとって新しい学びであった。

　経営は順調であったものの、母親と2人では日販20万円が忙しさの限界だった。当時のB商店の接客能力ではそれ以上のお客さんに対応することができなかったのである。そのため、それ以上の売上増を実現するためには従業者を雇う必要があり、アルバイトとして1人の従業者を雇用した。しかし、日販20万円では3人が食べていくことはできない。そこで、もう一度原価販売の安売りを行うことでより多くの常連を増やし、3人で食べていける目安である日販30万円を実現した。

　　わたし：「最初は客付けるために原価で流し続けたって。」
　　B氏：「そうそう」
　　わたし：「どのぐらい続けたんですか？」
　　B氏：「1ヶ月ぐらいかな。」
　　わたし：「それでガーンですか？」
　　B氏：「それで大体2倍ぐらいかな。」
　　わたし：「20万とかですか？」
　　B氏：「うん。でもな、1人頭10万（筆者注：日販）ぐらいいったらしんどいな、忙しさが。それでさらに上を目指そう思って人を雇ってん。」
　　わたし：「売上がついてくるように、人を雇うのが先って言ったじゃないですか？」
　　B氏：「20万で飯食えとう状態やねん。3人なったら食われへん。でも上目指したい。さらに売ったらええわって思った。こんだけしか（筆者注：売上が）ないから人雇われへんとは考えへんかった。
　　わたし：「でも上手くいかずしんどい時期もありますよね。売上がついてこず。」
　　B氏：「最初の2、3週間ぐらいかな。」

わたし：「そんなもんですか。結構とばしてたんですか？」
B氏：「とばさへん、朝からずっと安売り。」
わたし：「でも利益は出てるんですよね？」
B氏：「出てへん出てへん。」
わたし：「2, 3週間でやっと？」
B氏：「あのな、2、3週間もしたらおばちゃんらのネットワークでぶわーって（筆者注：口コミが広がる）。あっこ安かったでって。」

（インタビュー日：2011年8月4日）

　このように、従業者を増やすたびに薄利での安売りによって集客し、多売に結びつける。この方法を繰り返すことで、売上は順調に増加していった。しかし、経営が忙しくなるにつれ新たな問題が生じた。それは、アルバイトの従業者が勤務に耐えることができず辞めてしまい、従業者数が安定しないことであった。ハローワークに求人を出すことでアルバイトを募集したが、人材集めは順調にはいかなかった。B氏はハローワークに出されている他の求人と比較して高めの給料を設定したにもかかわらず、八百屋という業種が不人気だからか、ハローワークを通じた応募は少なかった。時に、応募者が来ても、B商店の忙しさに適応できずに辞めてしまうのであった。

　どれだけ接客をしても、商品陳列・補充をしても、従業者の接客能力以上の来客が続き、一連の仕事に一息がつくことはない。B氏はこのような仕事に追われる感覚を楽しいと思えるかどうかが、B商店に勤務することの重要な適性だと考えているが、そのような人材はなかなか集まらなかった。それでも、それぞれの事情および時期は異なるが、C社の後輩が数人、B商店に集まってきたことで、その後のB商店の中核となる従業者が揃い始めた。また、この頃から父親もB商店に勤務することになった。父親はそれまで左官業に従事していたが、60歳を超える父親の健康を案じたB氏が、父親にB商店への勤務を勧めたことがきっかけであった。

　その後もさらに従業者を増やしながらB氏を含めた従業者5人で日販50万円を達成した。創業数年ではあったが、市内でも有数の繁盛店として関係者から注目されるようになっていた。この頃には、B商店周辺における同業者との競合の勝敗も決し、B商店に対して直接的な競合策を採る店舗はいなくなった。

中には廃業をせざるを得なくなった小売業者も存在し、ある小売業者に「あんたらのせいで店たたまなあかんなったわ」と罵られたこともあった。

　経営自体は順調であったものの、B氏は6坪程度の狭い店舗に対して5人の従業者というバランスから、この店舗の売上はこのあたりが限界だろうと考えていた。そこで、それ以上従業者を増やすことや売上の増加を目指さなくなった。それでも、経営はさらに順調に進み、次第に閉店時間が早くなった。早ければ12時、遅くても14時ごろには商品をすべて売り切って閉店するという状態が続いた。従業者や家族からは、より多くの商品を仕入れて営業時間を延長することで売上増を目指してはどうかという意見もあったが、朝の仕入れだけで店内にそれ以上商品を保管する場所はなかった。倉庫を借りてはどうかという意見もあったが、倉庫の家賃と商品移動などのコストを考えると、経営の質を低下させる可能性があり現実的ではなかった。また、家族を除けば、本当に世話をしなければならない従業者は1、2人であり、それに対して日販50万円という売上は十分であり、それ以上儲けようという欲がB氏にはなかった。

　昼過ぎに仕事が終わる、ということはB氏に対して悪影響を及ぼした。当時、B氏は戦争をテーマにしたアクションゲームに興味を持っていたのであるが、仕事後に暇な時間ができるようになると、どんどん夢中になっていった。プレイステーション2やプレイステーション3、インターネットのオンラインゲームなどで幅広く遊び、特にSOCOM、GHOST RECON、GRAND THEFT AUTOなどのゲームに熱中した。ゲームに熱中すればするほど勤労意欲は衰え、いかに早く仕事を終わらせて遊びに帰るかということに挑戦しはじめた。売上の頭打ちや仕入れ量の限界、ゲームへの熱中などから、B商店の成長は止まることとなった。

> B氏：「なんでこんな早よ終わるんって。いや、みんな（筆者注：同業他社）と共存しようと思って。ちゃうな、家帰ってゲームしたかってん。雨が降ったら、医者に止められてるとか言って。その頃って、ほんとに面倒みなあかんかったんは、おかんとおとんはおったから、ひとりふたりだけや。最低な。だから正直気が抜けとった。食わせられるわって。」
>
> 　　　　　　　　　　　　　　　　　　（インタビュー日：2011年8月4日）

2009年頃まで、B商店の経営は安定した状態で維持されていたが、B商店の街路を隔てた東側正面に同業者（以下「E社」と表記）が出店してきた。当時E社は市内に4店舗を展開していた。E社は出店地域の繁盛店の近隣に出店し、繁盛店よりも低価格で商品を販売するという戦略を徹底していた。実際に、E社の価格はB商店よりもさらに1割から2割安く、E社の開店当初にはB商店の売上は下がってしまった。

　この状況に危機感を抱いたB氏は、気を引き締め直し、競合に備えた。E社に負けない安売りを仕掛け、これまで蓄えた利益を投げ打ってまで価格競争に突入した。1日の営業時間中にE社がB商店よりも価格を下げればそれ以上に価格を下げ、E社がさらに価格を下げればB商店も追随するという日々が数ヶ月続いた。

　お客さんを奪われないように、在庫がなくなればもう一度商品を仕入れ直した。しかし、常に仕入れ直せる時間的余裕があるわけではなく、忙しさのあまり店を離れることができず、仕入れ直すことができないこともあった。そこで、仕入れ先にB商店への配達ができないかお願いをしたが、断られることが多かった。基本的に仲卸業者は、卸売市場内の商品の運搬や取引先の店舗への配送はアルバイトを雇用して対応している。しかし、そのアルバイトは昼前には仕事を終えているため、午後からB商店に商品を配送できる従業員がいなかった。

　例外的に、B氏が古くからリンゴとバナナだけを仕入れていた仲卸業者と前述のD社だけが、B氏の要望に応えて日中の追加注文商品の配送を行ってくれた。その理由は彼らとB氏が個人的に深い信頼関係を築いていたからだという。他の仲卸業者であっても、2tほどの商品を購入すれば十分な利益を得られることができ追加配送をしてくれるが、その当時のB商店の1日の仕入れ量は3t弱であり、現実的に不可能な量であった。

　しかし、果物の追加注文だけでは十分な品揃えを再構成できない。そこでB氏は、創業当初からリンゴとバナナ以外のすべての果物の仕入れを行っているD社の担当者に相談すると、追加配送どころか、他の仲卸業者から購入した商品の共同配送をも受諾してくれた。

わたし:「他にBさんが仲卸との関係で工夫してるなーって思うのあります？」
ベテラン従業者:「っていうか配達システム作ったんここやで。」
わたし:「えっ、どういうことですか？」
B氏:「そう。やっぱそういうのをみんなやっとんのであれば。俺らも最初、商品がなくなってきた、どうしようどうしよう。で、俺はD社さんに頼んだ。果物も買うんですけど、すいませんが野菜もちょっと一緒に便乗させてくれませんか。したらまあ、D社の専務と俺はもちろん仲良うさせてもうとるから、専務は快くええよええよ、なんぼでも持っといで。うちが配達したるって。ていうことは、もともとそういう追加のシステムってなかった。だから未だに、八百屋に「なんぼや欲しいんやけど、持ってきてくれへん」って言われたら、「いま無理」とか言うから。もともとそういうのがあれば、追加したところで対応してくれるはずや。でも、ないもんな。「いま無理」って普通に言うからな。」
わたし:「今追加で行ってくれてはるのって、Dさんところと？」
B氏「あと、あそこも来てくれるようになった。で、どこや、あそこも、2トントラック結構いっぱいになるくらい注文したら持ってきてくれんな。」
わたし:「やっぱそれ以下だったら？」
B氏:「断られるよ。」
わたし:「それくらいにならんと、追加は来ないんですね。ていうかそもそも普通の八百屋じゃ、その量、1日の仕入れでいってないですもんね。」
B氏:「「ごめんやけど、そこの荷物あとこれこれこんだけあんねんけど、今からちょっと配達お願いできへん？」って言ったら、ああそれだけあるんやったら行くわ。」
わたし:「それ別に配達料とか取らないですよね？」
B氏:「取れへん。その分買う、やねん。買うしそれで向こうも採算とれるから来てくれる感じであって、向こうも商売やからな。たまには「もうしゃあないか、行ったるわ」って言ってくれる時あるけどな。だから追加っていうシステムがない言うか、そういう八百屋さんがなかったんちゃう。朝買ったらそれ売り切って終わり、みたいなスタイル。朝買って全部は売り切れなかったけど、時間ある程度になって、ある程度荷物減ったら、はい終わり、やった。」
（インタビュー日：2011年8月4日）

　D社の担当者がB商店への追加配送および共同配送を受諾した理由は、当該企業のB商店への販売依存度の高さが考えうるが、D社担当者はそうではないと答える。その理由は単純に、「B氏のことが好きやねん」というのである。

わたし：「明らかにうちによくしてくれるわーって、Dさんとこだけですか？」
B氏：「いや、みんなほんとによくしてくれるよ。」
わたし：「それはB商店からの目線では何でですか？」
B氏：「それだけもの売るからちゃう？」
わたし：「でもDさんは最初から良くしてくれてましたよね？」
B氏：「Dさんはな、あれは人柄やわ。あの人商売抜きで人がええもん。」
わたし：「いいにしても、何でBさんを買ったんですかね？」
B氏：「分からん。けどすごい気に入ってくれてるわ。女の話もするし、ゲームの話もするし。」 （インタビュー日：2011年8月4日）

　D社の協力によって実現した追加注文・配送および共同配送によって、6坪の店舗面積による在庫保管量の制約から解放された。そのことによって、その日の営業状況に応じて売上を最大化することが可能になり、これまで以上に売上を伸ばすことが可能となった。さらに、追加配送によって仕入れを延期化できることは、市場リスクの低減にもつながった。例えば、降水確率が50％の日や連休の前後等のその日の来客数の見通しを立てにくい時には、追加発注時点まで意思決定を遅らせることができることから、見込み発注の誤差による過剰在庫や欠品のリスクを低減することができるようになった。

　次第に、E社に流出していたお客さんも徐々にB商店に戻ってきてくれた。お客さんの意見を聞くと、そこには大きく2つの理由があった。その理由は、E社の商品は確かにB商店より安いがその分品質が劣ること、そしてE社の従業者は接客態度が良くないということだった。実際、わたしが中央卸売市場でE社の情報を集めると、E社が提供している商品は、小売業者が何かしらの理由で仲卸業者に返品した商品をその後安く買い取った商品であることや、仲卸業者の在庫管理ミスによって倉庫の中に取り残され続けた商品情報が不明の商品であることが分かった。また、E社は従業者が声だしをしてお客さんを呼び込むということはしていなかったが、B商店では従業者全員が大声で声出しを行い、それぞれの店頭の活気は大きく異なっていた。

　E社との競合の勝敗は次第に決し、これを機にB商店はさらなる成長を遂げることになる。まず、お客さんはB商店とE社との比較の中で、B商店の良さを再確認することができた。B商店は単に安いものを販売しているわけではな

く、その価格での品質が高いことをお客さんは認識できたのである。また、その日のうちに使いきるものや、品質にはそれほどこだわらない商品の購入にはE社を利用するお客さんが出始めた。さらに、B商店とE社との競合の結果、この地域はお客さんにとって買い物の利便性が高まることで地域としての集客力が高まったのである。売上では、B氏がそれまで限界としていた日販である50万円を超え、60万円、70万円と順調に増え続け、2010年には日販が80万円に達した。

　日々の試行錯誤の中で、D社との間で追加注文・配送方法がさらに整備された。追加発注は12時と14時ごろに行い、それぞれ約1時間後に配送されるように制度化された。それ以外にも仲卸業者が営業を行っている午後3時ごろまでは柔軟に対応してくれるという協力関係を築くことができている。さらに、売上の増加は仕入れ能力の向上につながった。B商店の仕入れ量が増えることで、仲卸業者はB商店への販売価格を下げることができるとともに、取引先の中でのB商店の重要度が上がることで、同じ価格でもより品質の高い商品を割り当ててくれるようになった。つまり、より良いものをより安く仕入れることが可能になったのである。

　売上の増加に応じて従業者を増やそうと試みたが、これまでと同様に人材の確保は難航した。これまで以上に忙しくなったB商店の労働に、ほとんどの新人従業者は耐えることができず、早ければ当日中、長くても4日目には無断欠勤や行方不明になってしまうのである。これまでに延べ約30人を採用したが、ほとんどの従業者は長く続かなかった。それを見て、B氏の2人の姉が手伝ってくれることになった。長姉は子育てと並行しての勤務となり、毎日10時から13時までのパートタイムでの勤務となった。次姉は当時ある企業に就職したため土曜日および盆や年末等の本業の休業日にパートタイムで勤務していたが、2014年からフルタイムでB商店に就業している。

　人材確保の問題だけでなく、新たに仕入れの問題も出てきた。仕入れ量が増えるにつれて、それだけの商品を確保することが難しくなってきたのである。同一の商品を複数の仲卸業者から購入する場合、バイイング・パワーは弱くなる。また、経済的な効率性だけでなく、B商店とどのような付き合いをしてくれるかということも重視した。取引量が大きいぶん、仲卸業者はマージンを高

く設定してその分利益を上げようとすることや、品質の悪い商品をまぜて暗に不良在庫処分をしようとする誘惑がある。その中でB商店に対してどれだけ誠実に商売をしてくれるかということを見極め、適宜取引を行う仲卸業者を選別した。

　誠実な対応をしてくれる仲卸業者とは本腰を入れて付き合うのであるが、1社とだけ独占的に取引をすることはしなかった。理由は2つある。1つ目は、相場勘を養うためである。1社との取引だけでは、市場全体の相場を適切に把握することができないからである。1週間後、2週間後の品揃えを考える際、相場の変動を考慮して見通しを立てていくが、そのためには複数の情報源から自身の相場勘を精緻に研ぎ澄ます必要があった。2つ目は、取引における交渉材料の入手のためである。同一商品は1つの仕入れ先から購入することが原則だが、他の商品でも仕入れ先が複数あれば、その商品の値段を知ることができる。仲卸業者との交渉では他の選択肢があることを匂わせる。しかし、実際には代案先を選択したり、複数の仲卸業者を競わせたりはせず、あくまでもそれができる立場であることを示すだけである。

> わたし：「仲卸さんとの関係づくりで特に意識してはることってありますか？」
> B氏：「あるよ。言ってみたら俺ら客やんか。だから客やといってもえらそうな態度にはでえへん。だから簡単な話、これ僕らに売ってくださいっていう風な、下手下手に出る。その代わり向こうが困っとうもん、仲卸さんが困っとうもん、これ買ってくれへんいうやつは、数でもがっさり買うし、だからお互い持ちつ持たれつの関係を必ず。でも必要以上には仲良くならない。そうそう。ある一定以上の線をもっとかな。例えば仲良くなったら、やっぱり人間同士感情の生き物やから、その子が高く売っとっても周りに聞くことをせんようになんねん。例えばキャベツ担当しとったら、もう自分でキャベツ買うわ。ほんならその子が高く売っとっても周りに値段聞くことせん。ほんまやったら500円であるもんやのに、600円で売ってくるとか。仲卸売も、あいつやったら高くても買ってくれるからって。ってなったら困るから、必要以上に仲良くせえへん。」
>
> （インタビュー日：2011年8月4日）

　B商店の成長に伴い、従業者の育成にも力を入れ始めた。それまで追加注文やとばしの指示はB氏が積極的に行っていたが、各売場の従業者にそれらの権

限を与えた。合わせて価格設定や売場づくりも自由に行わせている。この時、それらの具体的な考え方や方法をB氏は教えず、各自の判断に委ねるようにした。その理由は、創業当初、不慣れな地に適応することに苦労したB氏の経験から、従業者がB氏の考え方や方法だけを絶対視してしまうことを避けるためである。

> B氏がわたしにライターを見せる。
> B氏：「何が見える。」
> わたし：「ライターですか？」
> B氏：「そう。じゃあ裏に何書いてるか見える。」
> わたし：「見えないですね。」
> B氏：「そやねん。でも俺には見えんねん。１つの物の見方からは１つことしか分からへんねん。だから俺はみんなには俺のやり方だけじゃなくて、色んな方法を学んでほしい。」
> (筆者回想)

　各自が自由に工夫して判断する。それを周囲の従業者が見て模倣しながら工夫する。その過程を繰り返しながら、それぞれ自身に合った考え方や方法を洗練する。それぞれの従業者に対して思うところがあればB氏も助言をする。このことによって、従業者が１つの考え方や方法だけに縛られない柔軟な発想を学び、数ある選択肢の中から状況に合わせた意思決定をできる能力を養うことをB氏は期待している。そうすれば、従業者が将来独立して他の地域に行っても、あるいは他の店舗で働いても、他の企業に移っても適応できるはずだ、というB氏の思いがある。

> わたし：「人材育成で気にとめてることありますか？」
> B氏：「自由奔放。例えば、これ違うやろってことしても、なんでこうやったんって聞く。その子はこうこうこうやからって言うけど、でもそれってその子のその見方しかできん。自分はこっちしか見えんけど、俺はこっちからも見えんねん。だから、こういう考え方もあるよって教えてあげる。ほんならそれだけでその子って幅が広がる。そしたら状況、状況に応じて、広く考えた中から選んでいく。俺もあの子らに自由にさせて、あっ、こういうやり方もあんねんやって思う時あるもん。

わたし:「例えば?」
B氏:「二手出しとかセット盛り。セット盛りはママさんかな。セット盛りっていう発想は俺にはなかったから。」
わたし:「でも最初は期待通りに動いてくれないですよね?」
B氏:「動かへん。後から、終わってから言う。こういうやり方もあったんちゃうって。「お前がとばしたんも間違いじゃないと思うけど、場所も空いとったんやし、二手出ししてもよかったんちゃうか」って。自分が型にはめられるのが嫌やから、人を型にはめようとも思わへん。考えてみいな。サラリーマンが無理な子ばっかりや。そういう子は俺らの仕事向いてへんと思うから。」
(インタビュー日2011年:2011年8月4日)

　B商店は、2011年7月6日に資本金500万円を元手に株式会社化をした。売上が拡大したことで経営の管理が難しくなってきたことも理由の1つであるが、従業者の1人が結婚をすることになったことも大きな理由の1つである。過去の自分の経験から、株式会社化に伴って、福利厚生は充実させた。ボーナスも年4回支給する。従業者が胸を張って働ける会社であることが、B氏にとって何よりの望みである。

5-5　小　　括

　興味深い点として次の3点を提示する。それは、第1に労働集約的商品取扱い技術の発展、第2に家族の支え、第3に仲卸業者の協力である。
　第1に労働集約的商品取扱い技術の発展である。A氏と同様に、B氏もまた小売業の家系に生まれたわけではなく、八百屋業界に新たに参入した人材であった。そのため、部活動で学んだボトルネックを解消するという思考法や両親からしつけられたお客さんをだまさない商売をするという理念をリソースとして成長を遂げていった。その後、ボトルネックを解消するという思考法は、創業時の売上目標を達成する計画や価格設定における目標純利益額と経費への見込み、仕入れ方法、とばし方などを発展する基盤になったと考えられる。労働集約的な商品取扱い技術を核としながらフォーマットを発展させてきた過程は、A氏と共通する傾向である。
　第2に家族の支えである。B商店は創業時の賃貸契約や売上の拡大に伴う従

業者の不足に度々頭を悩まされた。その都度、B商店およびB氏を支援し、就業してきたのが家族であった。また、厳しい労働負荷に耐え切れず従業者が根付きにくいB商店において、C社時代の後輩2名はそれぞれ就業後B商店を支える若頭として成長している。彼らはB商店に対してある種の家族意識を持つことで、パートやアルバイトという他人では支えきれない厳しい負荷のかかる仕事を達成しているのではないかと考えられる。

　第3に仲卸業者の協力である。B商店のフォーマットは創業時に確立されたものではなく、成長過程の中でその都度再構成され続けてきたものである。B商店の成長において決定的な影響を与えたのはD社の協力によって制度化された追加発注・配送である。これにより、日販上限の突破や仕入先の選定が可能となり、高水準での薄利多売を達成する仕組みを整えることができた。B商店の売上の上限が仲卸業者から得られる協力の程度に大きな影響を受けていることを考慮すれば、小規模小売業者の成長に影響を与える存在として仲卸業者は一定の存在感を持ち、経営者の特性をより効果的に引き出す存在として仲卸業者を位置づけることも考えられる。

第6章

考　　察

6 - 1　事例の要約

　本節では、A商店およびB商店の事例を要約する。まず、A商店である。A商店の戦略は売り切りと価値創造である。A商店では売り切りを実現するために個々の経営活動を厳密に定義にしている。例えば、A商店が売り切りを実践する上での中核的な商品取扱い技術が組み替えであるが、組み替えは5つの組み替え基準と6つの商品特性、6段階の売場特性というように詳細にその基準が定義されている。このように厳密に定義された経営活動に基づいて営業計画の設計と需要予測がなされる。そして、当日の営業で生じる需給の誤差を組み替えによって調整することで、営業時間中の品揃えが適切な状態であり続けるようにしている。営業計画と組み替えが不十分な場合、各従業者は日々のお疲れの中でそれらの修正を行うことで学習をする。

　さらに、価値創造を実現するために、A氏は自身の商品知識と仲卸業者の得意な商品分野とを適合させることで競争優位を発揮しようとしている。A商店は商品力を訴求しやすい果物を差別的な商品として位置づけ、それに合わせた品揃え構成と価格政策、商品調達方法の構築を行っている。近年では、長期継続的な取引によって仲卸業者との間に良好な関係性を構築できたことで共同での商品開発が可能となり、差別的な商品の品揃えを可能にしている。このような商品の存在をきっかけにして、消費者に対して積極的に声かけをすることで消費者の商品知識やロイヤルティを高める工夫をしている。

A氏は八百屋の家系に生まれたわけではなく、初めて八百屋業界に関わることとなったぶりうちをきっかけに、商人として成長を遂げてきた。A氏はホテル勤務で培った何かが足りないことに気づく能力を活かして下積み先で徐々に頭角を現した。そして、C4店勤務時代に営業計画の精緻さの重要性に気づくことで、事前予測の精度を高めることと予測の誤差を調整する方法を試行錯誤する。その後、C社での成功と挫折の中で営業に関する様々な仮説検証を繰り返し、売り切りの中核的な商品取扱い技術となる組み替えを生み出したのであった。また、C社時代の試食販売経験で培った果物の知識や仲卸業者との関係性構築を契機に、直荷引き商品の引き受け先になることができるようになった。それは、商品力の向上を可能にするだけでなく、A商店就職後の競合店の模倣対策の中で、価値創造という新たなA商店の戦略を生み出したのであった。

　次にB商店である。B商店の戦略は売り切りと薄利多売である。B商店が売り切りを実現する上での中核的な商品取扱い技術は、価格の上げ下げと追加発注・配送である。これらの方法によって欠品させる商品の順番を管理することで、営業時間中の品揃えが適切な状態であり続けるようにしている。さらに、価格と品揃えだけではなく、その時々の在庫状況に応じて売場の構成や商品陳列方法を柔軟に変化することで、理想的な欠品を生み出し続け、日々の売り切りを可能にしている。

　薄利多売を実現するために、まずスーパーの取扱い商品との重複回避と仲卸業者の過剰在庫を吸収することで低価格仕入れを可能にしている。そして、その日に仕入れることが可能な商品群の中で、目標純利益額と経費を基準にその日の品揃えと売上を設計することで高水準での薄利を可能にしている。薄利と多売を連動させるためには、店頭での接客を高回転でこなさなければならない。従業者はそれぞれの声出しを解釈することでその都度B商店の営業情報を把握し、その状況で必要とされる連携を遂行することで多売が可能な状態を維持している。従業者個人の能力では管理しきれない領域をB氏がサポートすることで、各従業者や各売場の連携が円滑に進められる。

　A氏と同様に、B氏も八百屋の家系に生まれたわけではなく、初めて八百屋業界に関わることとなったぶりうちをきっかけに、商人として成長を遂げてきた。B氏はC社でのアルバイトで対面販売の面白さに感動し、八百屋として生

きていくことを決心した。そして、C社店長時に初めて経験した偶然の売り切りや業界に蔓延する品物貯金への反感から自身の売り切りを発展させていく。C社時代における営業の制約やB商店創業時の原価販売などの経験からの従業者への大胆な権限委譲、競合店との価格競争を機にした追加発注・配送制度などを確立し、独自の売り切りを生み出したのであった。また、両親のしつけと非行への反省を契機としたお客さんをだまさない商売と適正な純利益額という発想やバレー部で学んだボトルネックを解消するという思考法は、B氏およびB商店の一連の成長過程の基盤になっていたと考えられる。

　本研究で最も興味深い発見事実は、「売り切り」だと考えている。各事例では個性的な商品取扱い技術によって店を切り盛りする様子やそのために有用な商品取扱い技術を身につけていく過程、商人としての成長など興味深い点が数多く存在している。本研究では、それらが相互に独立したものではないと捉える。エスノグラフィーに見られる価格の上げ下げや売場の再構成、声出しや経営者のサポートなどは、それぞれ独立した目的を達成するために行われるのではなく、売り切るために結びついてはじめて1つの実践としての意味を持つ。ライフストーリーでは様々な試行錯誤を経て売り切ることを商人の矜持として掲げたことで、それぞれが目指すべき事業の地平を拓いたように読み取れる。そして、核とするリソースや商品取扱い技術が定まったことで、それらを起点とした事業展開がなされてきたように理解できる。

　事例の理解を深めるため、A商店およびB商店の売り切りに関する商品取扱い技術について整理する。売り切り型の経営では刻々と商品数が減少していく中で消費者に対して意味のある品揃えを維持し続けなければならない。このことを可能にするためには、当日の営業状況に完全に依存することで無秩序に商品が販売されていくのではなく、各商品の売れ行きと欠品の順番とをそれぞれ管理することで自身にとって望ましい当日の営業状況を創り出しつつ維持することが必要になる。A商店およびB商店の事例を整理すれば、第1に価格改定、第2に売場の再構成、第3に接客が中核的な商品取扱い技術であると考えられる。B商店では当日の消費者の反応と在庫量、追加発注・配送の可否を手がかりとした価格改定によって各商品の販売速度を調整することで欠品を管理している。特に、価格の引き下げでは、時間帯による引き下げ率の変更や販売ロッ

トの変更、セット販売による実質的な引き下げなど複数の選択肢を持っている。さらに、B商店では営業時間中の価格改定を円滑に実施できるように、1日の目標純利益額設定とそれを実現するための仕入れ量と価格の設定、従業者への価格改定権付与を行っている。A商店では基本的に価格は改定されないものの、当日の営業状況によって価格の引き下げや販売ロットの変更がされる。

　また、A商店では5つの組み替え基準と6つの商品特性、6段階の売場特性から判断される組み替えによって、売場をその時々の営業状況に応じた売場に再構成することで欠品を管理している。B商店においても売場の拡張および増加、集約によって売場を再構成することで、在庫状況に応じて適切な商品陳列方法に変更しながら在庫調整を行っている。売場の再構成ではA商店およびB商店ともに商品陳列方法も適宜変更している。両商店ともにバッカンやダンボール、ザルなどの商品陳列用具を使用する理由は、これらの用具が売場の設営において可変性の高い用具だからである。その意味で、冷蔵ショーケースのような可変性の低い店舗設備は売場の再構成によって在庫調整を行う小売業者には適さない用具だと考えられる。

　卸売市場を通じて投機的に仕入れをする場合、小売業者は当日までどのような品揃えを形成できるかが不確かであるように、顧客も来店するまで何を購買できるかが分からない。そのため、あらゆる商品をその店舗で購買するというほどの強固なロイヤルティが形成されていない限り、顧客は店舗で商品と出会いながら需要を形成しなければならない。顧客と商品とが出会うためには、第1に顧客が店舗に入店すること、第2に顧客が店舗内で商品を認識することが必要になる。A商店における東売場や花形売場の商品構成やお客さんの足を止める商品という商品特性、B商店における目玉商品を各売場に点在させるという商品陳列方法は、顧客の入店を促進する方法として理解できる。

　しかし、ある顧客が店舗に入店したからといって、その顧客がその店舗の品揃えをすべて認識するとは限らない。たとえ顧客の購買目的に適う品揃えが在庫されていたとしても、その商品が認識されなければ購買されない。売場の再構成や商品陳列方法は、商品の視認性を高めることで品揃えに対する認識を深める方法だと考えることができる。A商店では顧客が手に取りやすい高さに商品を陳列することや陳列された商品から成る売場の全体的な色合いを調整する

ことで、B商店では商品を常に山盛りにするという方法でそれぞれ品揃えの視認性を高める工夫をしている。これらの方法はあらかじめ準備された売場に顧客を誘う方法という意味で受動的な方法である。

　一方、積極的に品揃えの状態や商品の情報を発信する商品取扱い技術が声出しである。声出しによって、その時々で商品力のある商品やタイムセールの案内などによって顧客の入店意欲を喚起することができる。ある商品に関する声出しは顧客の聴認性を高めることで品揃えに対する認識を深める効果を持つ。A商店およびB商店ともに営業時間中は声出しをし続けることが原則となっている。声出しの内容では、A商店では「お買い得」や「大特価」などの文言で顧客の関心を集める側面が強く、B商店では商品の価格や産地などの商品情報を発信する側面が強い傾向がある。

　しかし、実際には顧客が入店して商品と出会えたとしてもあらかじめ想定された商品が購買されるとは限らない。顧客は店舗で出会った品揃えを通して自身の需要を再構成してしまう。このような顧客における需要の再構成過程に働きかけることで、小売業者にとって望ましい需要を顧客に喚起させる方法が声かけである。声かけでは、顧客が買い物かごに入れた商品を手がかりにそこから作られるであろう献立を推察し、その献立をより豊かにするための食材を提案することや、在庫が過剰気味の商品の宣伝をしつつその商品から作ることができる献立を提案する。A商店では前者の傾向が強く、B商店では後者の傾向が強い。顧客が声かけに応じた場合、従業者は顧客とコミュニケーションをする機会が生まれる。このとき、前述のような提案販売だけではなく、他愛もない会話で消費者との関係性を築くことや、今後の提案販売につなげるために顧客情報を引き出すこともある。A商店ではこの会話の中で商品知識の伝達を中心とした顧客教育を行うことで、A商店が扱う商品の価値を認識するための知識を消費者の中に醸成することや関係性の向上を通じてA商店へのロイヤルティを高めることが試みられている。

　以上のような方法を駆使しても完全に品揃えと在庫量を管理することは難しい。そのため、閉店前の時間帯には意図した通りではない状態になってしまうことが多い。この時間帯は基本的に品揃えと在庫量ともに偏った状態であることが多く、品揃え自体の魅力によって集客や販売をすることは困難である。そ

のため、やや強引な方法によって販売しなければならない。A商店では常連さんや飲食業者にお願いをして買ってもらうことや、B商店では大幅な値下げによってとばすこと、それぞれ積極的な声かけによって提案販売によって、日々の売り切りを達成している。

では、このような事例を既存研究上に位置づけた場合、どのような示唆が得られるでああろうか。節を改めて検討する。

6－2　概念および枠組みの確認

本節では、A商店およびB商店の事例を考察するための概念として、品揃えおよび商品取扱い技術について整理する。その理由は、第1にこれらの概念が両事例の実践を説明する上で有用な概念だからである。前節で整理したように、両事例の個性的な特徴は、様々な商品取扱い技術によって品揃えを調整することで売り切りを達成していることである。そのため、これらの概念を用いることで本事例を効果的に説明できると考える。第2に、これらの概念は小規模小売業研究の中核的な位置づけにあり、本研究の目的である逸脱事例と先行研究とを突き合わせつつ、新たな概念や理論仮説を提示する上で重要な概念だからである。しかし、結論を先取りすれば、これらの概念は個店の経営活動を説明するために構築されたものではないため、既存概念のままでは本事例を説明しきれない。そのため、これらの概念を修正あるいは拡張したものを次節にて新概念として仮説的に提示する。

まず、品揃えについて整理する。森下（1960）は流通過程に商業者が存在することへの理論的説明を起点として商業の構造および機能を考察している。森下（1960）が強調したことは、売買の集中とその社会化である。商業者は品揃え形成を通じて多数の購買と多数の販売とを結びつけることで、つまり売買の集中によって、社会全体の需給を効率的に調整しうることを示している[1]。さらに、売買の集中が作動するためには、第1に商業者が生産および消費から独立していること、つまり商業者が社会性を持つこと、第2に形成される品揃えが多数の売り手および多数の異種商品および同種商品から構成されること、つまり品揃えが社会化されていることが重要であると説明している。

田村（1980、2001）は、売買の集中において取引費用が節約される機制を精緻化している。まず、田村（1980、2001）は売買の集中によって商業者のもとに集められる商品の集合を社会的品揃え物として概念化している。次に、売買の集中において取引費用が節約される理論的根拠として、第1に取引量の経済、第2に情報縮約・整合の経済、第3に多数連結の経済を挙げている。取引量の経済は規模の経済および範囲の経済から構成され、商業者が取引活動を専門化することを通じて取引量を拡大することによって生じる。情報縮約・整合の経済は探索の経済および交渉の経済、履行の経済から構成され、商業者の介在による市場の情報条件の改善を通じた取引の効率化によって、間接取引費用が直接取引の場合よりも節減することによって生じる。多数連結の経済は取引数単純化および不確実性プールから構成され、商業者との取引者数が増加することで間接取引費用が節減することによって生じる。

以上のように、商業研究では売買の集中およびその社会化の観点から、品揃えを核概念として研究蓄積がなされてきた。しかし、森下（1960）が「社会の商業資本を一体（p.136）」として扱うことで抽象度の高い理論化をしたことで、その後の研究は商業の機能的側面あるいはマクロ構造を説明する理論として展開されてきた。このような抽象度の高い基礎理論を批判的に継承し、商業の内部編成および商業者の性格を問題意識として考慮しつつ、基礎理論と現実問題との対話を可能にするための媒介理論の提示を試みたのが石原（2000、2005）である。

石原（2000、2005）は、取引数最小化の原理（Hall　1948）および不確実性プールの原理（Hall　1948）、品揃え形成（Alderson　1957）、商業資本の社会性（森下　1960）に一致する商業の基本原理として、「売買を商業者の手許に集中することによって、生産者と消費者が直接取引を行う場合よりもはるかに効率的に両者を結びつけることができるという点（石原　2005）」を売買集中の原理として概念化している。そして、売買集中の原理が具体的に作用する局面について商業集積に立地する業種店を想定しながら、「売買集中の原理とは、たんに多様な商品を集めるといった平板なものではない。それは将来に対する不確実性を含んだ市場において、無数の商品を、消費者の買い物状況に応じてコード化するとともに、消費者の需要開拓に向けて積極的に働きかけ、需給両面に

おける環境変化にすばやく対応して、適切な情報を発信する、この仕組みの総体として捉えなければならない。(石原　2000、p.148)」と説明している。

　売買集中の原理は消費者の関連購買行動および商業者の商品取扱い技術の制約を受けることで一定の作用範囲の中でのみ働く(売買集中の第1原理)。その理由は、消費者は小売業者に対して自身の買い物目的に合わない商品の品揃えを望まず、小売業者は自身の商品取扱い技術を超える水準で品揃えを形成することで不利益が生じるためである。さらに、売買集中の原理の一定の作用範囲は長期的に拡大する傾向を持つ(売買集中の第2原理)。その理由は、輸送手段や各種技術の発展、小売業者の努力などによって商品取扱い技術が変化するためである。

　売買集中の原理は個店単位および商業集積単位の2段階で作用する。まず、売買集中の原理が作動する現実的な局面として特定の小売業者の品揃えを検討する場合、限られた売場面積のもとで品揃えを形成しようすれば、小売業者は商品種類数、同一品種内の品目数、同一品目の在庫量という3つの要素間のトレードオフ関係を処理する必要がある。これらについての意思決定をするとき、小売業者は仮説的な根拠として市場像を拠りどころとしながら品揃えを形成する。市場像とは小売業者が有するその地域の消費者の選好や購買行動に関する1つの仮説的なイメージであり、それが具体的な形として具現化したものが小売業者の形成する個別的品揃え物である。小売業者は市場像に基づいて形成した品揃えに対して消費者の審判を受けることで不特定多数の消費者と意味の共有を図ることができる。

　次に、石原(2000)は個々の小売業者が部分業種店[2]であることを前提とした場合、売買集中の原理は基本的に商業集積単位で作用すると説明している。さらに、その作用には第1に、売買が自立的な第三者としての小売業者によって集中されること、第2に、そこに集結する個店の品揃えが相互に関連しあうことを条件として挙げている。商業集積内での同業種を中心とした競争が活発であるほど、市場像の構想とその具現化、商品者からの審判の結果を受けてのフィードバックという循環が働くことで、個店だけでなく商業集積単位での売買の集中がより効果的になされることになる[3]。

　また、個々の個店の品揃えに関して、石原(2000)は在庫の観点からも検討

している。小売業者の具体的な品揃え形成を想定した場合、不特定多数の消費者と向き合うためには小売業者は投機的に在庫を形成しなければならない[4]。一方、在庫回転率は小売業者の利益を規定する重要な要素であるため、小売業者は投機的に在庫を行いながら、可能な限り在庫負担を軽減するための延期的な商品調達をしようとする。調達市場が有限である場合、小売業者が安定的に延期的調達を行うためには特定の生産者または卸売業者と個別的かつ継続的な関係を取り結びながら取扱い基準の選択基準について意味の協約を成立させる必要がある[5]。

　在庫の観点から商品を分類した場合、石原（2000）は需給調整およびリスクの観点から在庫を概念化している。まず需給調整の観点から、商品を調整在庫および通過在庫に分類している。調整在庫とは商業者段階での通時的な需給調整が必要な在庫であり、前述の田村（1980、2001）が示したように在庫されること自体に一定の意味がある在庫である。一方、通過在庫とは商業者段階で極めて短期的な需給調整のための在庫であり、在庫されることに意味はなく、消費者からの購買を待つだけの瞬間的な在庫である。

　次にリスクの観点から、商品は低リスク型商品と高リスク型商品に分類している。低リスク型商品とは商品寿命が比較的長く需要量が経時的に安定している商品であり、在庫形成の投機リスクが小さい商品である。一方、高リスク型商品とは商品寿命が比較的長く需要量が不安定かつ予測困難な商品であり、在庫形成の投機リスクが大きい商品である。小売業者は超過利潤を得るために経時的にマークアップ率を変化させるが、その可能性は低リスク型商品では小さく、高リスク型商品では大きい。特に、高リスク型商品は初期に十分に在庫を形成することによって大きな超過利潤を獲得できる可能性が高いため、リスク挑戦的な小売業者は高リスク型商品を積極的に投機しつつその早期販売を試み、リスク回避的な小売業者は高リスク型商品を延期または回避して低リスク型商品に向かう可能性があることを説明している。

　第2に、商品取扱い技術について整理する。石原（1999、2000）は、商品そのものに関する知識や情報、その物理的取扱いに必要な特別の技能や施設等を商品取扱い技術として概念化している。そして、具体的な商品取扱い技術として、①商品の物理的属性にかかわるもの、②小売業者と消費者とのインター

フェイスにかかわるもの、③商品取扱いにかかる経営上の知識や技術を挙げている。まず、商品の物理的属性にかかわるものについては、野菜や鮮魚、肉などの生鮮食品の取扱い技術の違いを例示し、伝統的な業種分類の中で最も重要視されてきたと位置づけている。また、同一の使用価値物であっても商品取扱い技術が異なる場合があることも指摘している。その例として、日本酒を樽もしくは一升瓶、紙パックのいずれに詰めるかによって異なる扱いが求められることを例示している。

　次に、小売業者と消費者とのインターフェイスにかかわるものについては、商品の加工処理や商品知識、アフター・サービスを例示している。商品によっては最終段階での加工や時間の経過に応じた加工が必要となる。このような商品に対する働きかけは商品によって独特の技術を必要とし、小売業者はその商品についての十分な知識が必要になる。さらに、小売業者と顧客との間の情報格差が大きく商品に対する加工処理の必要性が高いほど、より多くの知識が必要となる。

　最後に、商品取扱いにかかる経営上の知識や技術については、需給状況の観察および予測、発注といった一連の判断と作業を例示している。小売業は業種に関する全ての商品を扱うことが難しく、取り扱う商品を判断しなければならない。そのとき、小売業者の経験やデータの蓄積が重要な役割を果たす。一方、POSシステムに代表される情報技術の発達は、それまで人や組織の中に蓄積しなければならなかった情報を機械の中に移し替えることによって、特殊な経験や能力の必要性を極小化することを指摘している。

　石原（2000）は新たな商品取扱い技術に支えられた業態店の代表例の１つとして、食品スーパーの商品取扱い技術を次のように整理している。「食品スーパーは生鮮食品の販売には欠くことができないとされていた職人的加工業務をバックヤードにおける処理プリパッケージに置き換え、売場に冷蔵陳列台を設置して品質管理を徹底した。売場と加工工場としてのバックヤードが直結され、弾力的生産システムさながらに、販売に誘導されるように加工が行われる。さらに、商品の供給ルートとしては産地開発を射程に入れながらも、生鮮食品流通のメインルートともいうべき中央卸売市場を徹底的に活用することによって、安定性を確保する。ハード機器の開発を含めたすさまじい技術革新が生鮮食料

品の中に存在した技術の壁を取り払い、野菜、果物、鮮魚、肉などを同列に取扱う、総合食料品小売業の成立を可能にしたのである（石原　2000、pp.191-192）。このように、個々の小売業者がどのような品揃えを形成できるかは、その小売業者が保有する商品取扱い技術の制約を受ける一方で、小売業者は理想とする品揃えを実現するために自身の商品取扱い技術を発展させる。品揃えと商品取扱い技術とは相互に影響を与え合う関係にあると考えられる。

　一方、石井（1996）は特定の商品取扱い技術の習得やその行使を可能にするための組織的側面に着目している。石井（1996）は家族従業者が有する家業意識[6]が、小売業における長時間の労働や無給での労働といった労働強化の基盤であり、特定の個店や個人に帰属する技能の習得および継承の基盤でもあることを主張している[7]。そして、そのような小売業者が第 1 に商品の標準化の程度が低い業種、第 2 に商品取扱い技術の標準化の程度が低い業種において競争優位を発揮してきたことを示している。また、代表的な業種として生鮮食品業種を挙げている。しかし、そのような競争優位の源泉は流通革命の進展とともに減少し、商人家族が生存する余地が縮小したことを指摘している。

　以上、品揃えおよび商品取扱い技術についてそれぞれの概念を確認した。次に、それぞれの概念を本研究の対象である八百屋に関連付けて整理する。まず、品揃えに関しては青果物流通の実態を考慮すると、八百屋は仕入れの直前まで当日に選択可能な商品とその量が不明確である点、および第 1 章で整理したように低関与・経験財・最寄り品という商品特性を考慮すれば、品揃えは高リスク型商品によって構成されていると考えられる。そのため、基本的には投機的な仕入れを行いながら早期の販売を目指すことが基本的な経営方針となる。また、投機的に形成された品揃えを日々の営業状況に適応させながら需給調整をする点から、品揃えは調整在庫としての性質が高いと考えられる。

　また、部分業種店としての性質が強い八百屋の品揃えには、商品種類数および同一品種内の品目数、同一品目の在庫量という点で強い制約がかかると考えられる。強い制約を前提とした上で効果的な品揃えを形成しようとする場合に重要なことは、商品の集合が顧客の購買目的や行動に合わせて意味のあるまとまりとして形成されているかどうかである（石原　2000）。顧客は日々の買い物においてそれほど需要を明確にしていないことが多い（青木　1989、中嶋

2009)。そのため、顧客は店頭で商品と出会うことによって自身の需要を明確にする。例えば、じゃがいもとにんじん、玉ねぎが並んでいるのを見ると「今日のおかずは肉じゃがにしよう」と思いつくかもしれないし、「今日のおかずは肉じゃがにしませんか」と提案販売をすることもできる。しかし、みかんとれんこん、トマトが並んでいるのを見て、その日の献立を考えることは難しい。

このように、品揃えは消費者の需要を喚起できるような意味のあるまとまりとして形成されていることが望ましい。店舗面積が大きければ幅広い品揃えを用意することで顧客が自発的に自身の需要を喚起することをある程度期待できる。一方、店舗面積が小さい場合にはより少ない品揃えで顧客に適応しなければならず、顧客が自発的に自身の需要を喚起する余地が小さい以上、品揃えはより強い意味のあるまとまりであることが要求されると考えられる。さらに、本事例のように売り切り型の経営をする場合には、欠品を出しつつ、つまり時間の経過とともに減少する品揃えの中で意味のあるまとまりを維持し続ける、あるいは再形成することが必要となる[8]。

次に、商品取扱い技術について整理する。まず、商品の物理的属性にかかわるものとしては、前述の通り鮮度という点から高リスク型商品としての性質が強いことが最も顕著な特徴である。多くの場合、八百屋ではスーパーのような冷蔵陳列台などによる品質管理は行われていないため、長時間にわたって商品の鮮度を保つことが難しい。そのため、A商店およびB商店では当日中の売り切りという方法で品質管理をしている。また、青果物流通において仲卸業者は野菜と果物で分業し、それぞれの仲卸業者が取り扱う品目数はそれほど多くはない。そのため、小売業者は複数の仲卸売業者と取引をしなければ必要な品目を揃えることができない。さらに、青果物の仲卸業者は各従業者が特定の商品を専門的に担当している。そのため、同一の店舗で購買する場合でも、個々の担当者ごとに取引をしなければならない。このような青果物の特性に由来する仕入れ方法もまた、商品の物理的属性にかかわる商品取扱い技術の1つである。

次に、小売業者と消費者とのインターフェイスにかかわるものとしては、加工処理として、まず陳列時および陳列後の品質劣化に対するトリミングを挙げることができる。また、青果物は一定の等級で分類されては入るものの、同一分類内でも品質にばらつきがある場合がある。そのような場合に、それらを同

一の商品として扱うかどうかが1つの問題となる。事例では、ザル盛りの過程で品質を均質化することや品質によって価格が異なる商品として区別していたことも加工処理にかかわる商品取扱い技術の一例である。商品知識については、商品情報に関する知識として個々の商品や産地、生産者ごとの特性に関する知識と、使用価値に関する知識として料理や調理方法に関する知識を挙げることができる。一方、情報格差については青果物が最寄り品であることを考慮するとそれほど大きくはないと考えることができる。しかし、周辺商品や特殊商品を扱う場合や直荷引きを利用した商品開発などの場合には、一定の情報格差が生じていると考えられる。

　最後に、商品取扱いにかかる経営上の知識や技術としては、人や組織に蓄積された経験とデータが中心となっている。それぞれのライフストーリーから読み取れるように、個々の特殊な経験を生かしながら独自の経営手法を生み出している。リソースがないために果物の試食販売しかできなかったことから果物に強い八百屋となったA商店や、仕事に追われることを楽しむために薄利多売を追求したB商店は、それぞれの特殊な経験とその中で磨かれた能力を基盤として商品取扱い技術を発展させている。そのため、これらの商品取扱い技術のほとんどは標準化または機械化されておらず、労働集約性が高いものとなっている。一方、個人の能力の限界に対応するため、それぞれの経営者のサポートや営業中の連携などの支援体制も工夫されている。

6-3　売り切りの解読

　本節では、事例を読み解きながら品揃えと商品取扱い技術について概念的な整理をする。まず、売り切りとは理論的にどのような局面を捉えているのであろうか。小売業者によって品揃えが形成されそれらがすべて売り切られるまでの過程、つまりA商店およびB商店にとっての1日の営業は、売買集中の原理が1単位作用する状態を捉えていると考えることができる。それは、部分業種店において売買集中の原理が限定的に作用する過程における品揃えの動態と、小売業者がその過程に適応するために用いる商品取扱い技術の編成とそれらの用い方を捉えていることを意味する。これらのことを検討することで、既存研

究で提示された概念およびそれら概念間の関係をより明確にすることができるのではないかと考える。

次に、前節で整理した品揃えおよび商品取扱い技術について検討する。まず、品揃えは商業集積単位での売買の集中を捉えるための概念として主に研究が蓄積されている。石原（2000）では個店単位での品揃えについて部分的な検討はされているものの、基本的には個店単位での品揃えを説明するためのものではない。同様に、商品取扱い技術もスーパーやコンビニなどの業態の差異やその成立を説明する概念であり、個店の経営活動を説明するものではない。そのため、概念とその説明対象との整合性の点から、両概念をそのまま利用することでは本事例を十分に説明することができない。したがって、本研究ではこれらの概念を基盤としながら個店単位での品揃えおよび商品取扱い技術を捉えるための新概念を提示することで本事例の説明を試みる。そのため、以下の議論では既存研究と同様の単語を用いてはいるが、品揃えに関してはマクロ構造や商業集積単位といった広義の意味ではなく、個店単位での狭義の意味として品揃えを概念化する。同様に、商品取扱い技術については業態の差異あるいはその成立を説明するという局面ではなく、石井（1996）が検討したように特定の個店や個人に属する技能という局面を捉える概念として商品取扱い技術を概念化する。

6-3-1 品揃えの状態と階層性

本項では品揃えについて検討する。売り切りの観点から本事例で記述された品揃えを検討した場合、A商店およびB商店の品揃えは当日の営業状況に合わせて価格改定（第4章：pp.121-124）や組み替え（第2章：pp.62-67）、追加発注（第4章：pp.125-126）などの様々な方法を駆使しながら、それぞれの時点で最も効果的な品揃えになるように、つまり消費者の購買目的および行動に適応可能な意味のあるまとまりになるように調整されていたと理解できる。

> 価格改定：B商店では価格の上げ下げによって販売速度を操作し在庫管理を行っている。閉店間際まで売場に残っていて欲しい商品の売れ行きが想定より早い場合、価格を高く引き上げることで商品の回転を抑える工夫をしてい

る。価格を引き上げたとしても、売れ行きが鈍り過ぎれば元の価格に戻す。欠品をしても品揃えにそれほど影響を及ぼさない商品や、想定より販売状況が悪く他の商品と比べて過剰在庫気味の商品などにはとばす指示が出される。B商店の場合、とばし方によっては原価以下になる大幅な値引きがされることもある。とばすことによってその商品の在庫量を他の商品と同程度に揃え、売れ過ぎれば元の価格に戻す（第4章：p.122）。

組み替え：組み替えを一言で言えば、欠品によって空いた売場に他の売場の商品を移動することである。基本的に、移動される商品は移動前に比べて売れ行きを促進させたい商品が選ばれる。営業時間中は組み替えを行い続け、最終的には店頭の東売場に売場が集約される。（中略）。組み替えすべき空き売場がでたとき、他の業務に支障なく何を組み替えるかを判断する時間の猶予は数秒ほどしかない。しかし、その時間のみで判断することは困難であるため、営業時間中はどのような作業をしていても、常に次に組み替えるべき商品は何かを考えていなければならない。商品補充のために店内を動くとき、在庫を取りにバックヤードに入るとき、その時々で店舗全体の在庫量を再把握しながら、組み替えの計画を立て続ける能力が必要となる。組み替えを円滑にできる従業員であれば、営業時間中のどの時点でもかなり正確に在庫状況を把握している（第2章：p.62、p.64）。

　事例から読み取れるように、品揃えは開店から閉店までの時間軸の中で安定した状態にはない。それは単に時間の経過とともに品目数や在庫量が減少するというだけの意味ではなく、小売業者は刻々と変化する状況の中で品揃えに積極的に働きかけながら品揃えを状況に適応させようとする結果、品揃えはある時点で異質なものとして変化していると捉えることができる。これまでの議論を踏まえれば、品揃えはその状態によって次の図6－1で示すように大別できるのではないかと考える。

　第1に、意味のあるまとまりとしての品揃えが形成できている状態である。時間軸で表現すれば、営業開始時点から欠品が出始める前までの時間帯の品揃えである。この時間帯は開店前に計画した品揃えが維持されているため、売場の再構成（第4章：pp.126-127）などの各種方法を通じた品揃え調整はそれほど必要ない。基本的には陳列量が減少した在庫の補充が基本的な業務となり、一定以上在庫量が減少した商品があれば陳列方法の変更が必要になる。並行して、事前に想定した営業計画と実際の状況とを突き合わせながらその後の計画を再

図6-1 品揃えの状態とその推移

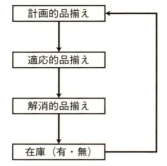

出所:筆者作成

構成しつつ、より詳細な時間帯ごとの品目数と在庫量の理想的な減少のさせ方を構想することが必要となる。本研究ではこのような状態にある時間帯の品揃えを計画的品揃えと概念化する。

> 陳列方法の変更:商品の在庫量が多く、売れ行きに合わせてすぐに補充できる場合は、重ね盛りが続けられる。在庫がなくなり、店頭陳列分だけの在庫となると、重ね盛りの方法が変わる。ピラミッド型の場合、底面の幅を短くすることで同じ在庫量でも高さを出せるように盛り方を変える。直方体型の場合は縦をなくし横2列だけにすることで同様に高さを出す。さらに在庫が少なくなれば、ザル盛りに変更し、ザルに盛った状態での重ね盛りに変える。これらの過程はすべて、商品を見栄えの良い状態に維持することを意図して行われる(第4章:p.119)。

> 営業状況の把握:ある時間帯にそれぞれの商品がどれぐらい残っているかという情報を知ることは、当日の営業状況を知るだけでなく、その後の営業において価格改定や売場変更、追加注文をするための重要なリソースとなる。誰かが店内に入った後は、「(商品名)あと何ケースあった?」と聞くまたは聞かれながら、あるいはそのやり取りを聞きながら、各従業者は当日の営業状況を把握する(第4章:p.125)。

第2に、ある一定の範囲内で意味のあるまとまりとしての品揃えが形成できている状態である。時間軸で表現すれば、欠品が出始めた時間帯から事前に想

第6章 考　察　193

定した一定範囲の品揃えが維持できるまでの時間帯の品揃えである。この時間帯では、その時点で残された商品の品目数と在庫量に応じて品揃えを調整することが必要になる。前段階で構想した品目数と在庫量の減少のさせ方に沿うように、あるいは新たに生まれた状況に応じた品目数と在庫量になるように在庫調整をしなければならない。その方法は売場の再構成および陳列方法の変更（第2章：pp.55-60、第4章：pp.112-119）だけではなく、価格改定や積極的な声かけ（第2章：pp.68-69）など多様な方法が用いられる。また、延期的な調達方法が構築されていれば、当該時間帯に必要な品目および在庫量を補充しながら品揃えを再形成することも可能である。いずれにおいても、意味のあるまとまりとしての品揃えを維持し続けることが重要となる。また品揃えを構成する品目だけでなく、各品目において一般的な関連購買に合わせて均等な在庫量を維持することも重要となる。本研究ではこのような状態にある時間帯の品揃えを適応的品揃えと概念化する。

　　売場の再構成：バッカン盛りおよびマメカゴ盛りの場合、容器の高さがあることから陳列量が少なくなったときに商品の見栄えが悪くなる時がある。そのような場合には底上げをする。底上げとはバッカンやマメカゴの底面にイチゴ箱を敷き詰めることで陳列される商品の高さを補う方法である。在庫量が数個と少なくなれば、底上げをした状態のバッカンあるいはマメカゴでザル盛りをする。ザル盛りは人参やジャガイモなどの複数個を合わせて販売する商品、在庫量が残り少なくなり見栄えが悪くなってしまう商品などを陳列する方法である。ザル盛りは商品の見栄えを良くする、不均一なサイズや熟成度などを均質化できるという利点がある一方で、必要面積が大きい、陳列に時間がかかるという欠点がある（第2章：pp.57-58）。

　　追加発注：B商店ではその日売れるもの、売れる時間帯、お客さんの反応などから判断し、売り切れてはならない商品の追加発注を仲卸業者に行っている。基本的には毎日野菜1便、果物2便の追加発注・配送が制度化されているが、仲卸業者は営業を行っている15時ごろまでは柔軟に対応してくれるという協力関係を築くことができている。追加発注は12時と14時ごろに行い、それぞれ約1時間後に配送される。ある仲卸業者はB商店からの追加発注商品の配送時に、他の仲卸業者への注文分もまとめた共同配送を行ってくれる。この追加発注・配送によって、開店から閉店まで「できる限り売場に残って欲しい商品」の欠品を防ぎつつ、売れる商品の販売量をできるだけ増や

すことができる。さらに、追加発注によって1日の営業に必要な商品の仕入れを一定量延期化することができ、売れ残りや欠品リスクを低減できる（第4章：pp.125-126）。

　第3に、意味のあるまとまりとしての品揃えを形成できていない状態である。時間軸で表現すれば、事前に想定した一定範囲の品揃えが維持できなくなる時間帯から閉店までの時間帯の品揃えである。この時間帯の品揃えは基本的に消費者の購買目的に合わせて効果的な品揃えが十分にできていない状態である。その状態は、第1に一定の品目数はあるがそれらが意味のあるまとまりを形成できていない状態であり、第2に一定の品目数がなく意味のあるまとまりを形成できていない状態である。また、いずれの場合においても在庫量の偏りがあれば売り切りに向けた品揃え調整はより困難になる。品揃えが意味のあるまとまりとして形成できていないことを前提とした場合、品揃え自体の魅力あるいは競争力によって集客または販売することは難しい。そのため、声出し（第2章：p.67、第4章：pp.126-129）や声かけ、顧客との関係性を利用した販売（第2章：p.69、p.73）などの販売技術の重要性が増すことになる。本研究ではこのような状態にある時間帯の品揃えを解消的品揃えと概念化する。

　売り切りを達成しようとする場合、意味のあるまとまりとしての品揃えが形成できなくなる時点を避けることはできないが、その時点をどこまで遅らせることができるか、あるいはそのような時間帯をどれだけ短くできるかが、売り切り達成の可否を分けることになる。経営者および従業者は、それぞれの時点で品揃えがどの状態にあるかを考えながら、以降の売り切りに向けた算段をつける。

　　　声かけ：お客さん：「いちご安ーい。」店頭に立ち止まる。
　　　わたし：「らっしゃい。いちごどうですか。ビタミンCで風邪予防。」
　　　お客さん：「うーん。」
　　　わたし：「美肌効果もありますよ。」
　　　お客さん：「これ以上きれいになったらどうすんのよ。」
　　　わたし：「……。」一瞬返答に困ってしまう。
　　　別の従業者：「そん時はお嫁に来てください。」

お客さん:「えー。今からでもいい?」いちご2パックを600円で購入(第2章:p.69)

顧客との関係性を利用した販売:このような時間帯でも、いくつかの機会が訪れるときがある。それは、常連さんが通りかかったときである。常連さんは声かけがしやすいことに加え、A商店がある程度売り切らないと閉店できないことを知っている。そこで、従業者は平常時よりも積極的な声かけをする。それは多くの場合、大幅な値引きによる大量購買の提案である。常連さんは、「全部売れな閉められへんもんな」と気前よく多くの商品を買ってくれることもあれば、そのような声かけをされないために店舗の反対側の街路を通ることもある。このように、従業者は常連さんとの持ちつ持たれつの関係によって売り切りを目指す(第2章:p.73)。

　以上のような視点に基づきながら事例を振り返れば、小売業者は品揃えの単位を研究者の想定よりもより小さな単位の集合として階層的に認識していることが分かる。それは、以下の図6-2で示すように分類できる。
　第1に、陳列在庫である。陳列在庫とはある商品が売場に陳列されている量である。例えば、ジャガイモの陳列在庫はザル3盛り、大根の陳列在庫は10本と表現できる。厳密に言えば、品揃えとは複数種類の商品の集合を意味するため、陳列在庫は品揃えではなく、品揃えを構成する最も小さな在庫単位という

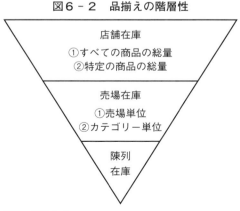

図6-2　品揃えの階層性

出所:筆者作成

ことになる。ここで強調したいことは、陳列在庫とはその名のとおり、ある商品が店頭に在庫された状態を指すということである。つまり、ある商品の在庫を陳列在庫とバックヤード在庫に区別しているということである。バックヤード在庫とはあるバックヤードに保管されているある商品の量である。事例では、営業の中で前（陳列在庫）に何盛りあるか、後ろ（バックヤード在庫）に何箱あるかをその都度確認しながら、ある商品のその日の売れ行きを読み取っていた。

　第２に売場在庫である。売場在庫は複数の陳列在庫の合計である。それぞれの陳列在庫をどのように区分するかは、売場の範囲をどのように定義するかによって変わる。まず、小売業者が担当する範囲に基づく売場の定義である。これは、B商店のように各従業者が一定の範囲ごとに独立して売場を担当する場合を挙げることができる。次に、商品分類に基づく売場の範囲の定義である。これは、売場を野菜売場と果物売場に分ける場合や、野菜売場を葉物売場と根菜売場、その他売場に分ける場合などを挙げることができる。どのように商品分類を行いながら売場を定義するかは、その時点に小売業者が在庫量を把握しようする範囲による。例えば、葉物の売場在庫はほうれん草10束と小松菜8束、チンゲン菜6束と表現できる。事例では、ある特定の売場や商品カテゴリー内において、それらを構成する個々の商品の売れ行きを見極めることで、優先的に声かけや商品補充をする商品の順位を判断しながら理想とする営業計画に沿うように調整をしていた。

　第３に店舗在庫である。店舗在庫はその店舗に在庫されているすべての商品の総量とその店舗に在庫されている特定の商品の総量との２つに分類できる。前者の場合、店舗在庫は店頭在庫とバックヤード在庫の合計である。店頭在庫とはすべての陳列在庫の合計である。後者の場合、店舗在庫とはある商品の陳列在庫とバックヤード在庫の合計を意味する。事例では、売場ごとの売れ行きや商品カテゴリーごとの売れ行きを確認しながら、その日の全体的な営業の傾向を把握しつつ、その後の営業計画の修正や売り切りに必要な商品取扱い技術の選択をしていた。

　どちらの事例においても従業者は陳列在庫および売場在庫に対して主たる関心を向けながら行動している。基本的に、陳列在庫については山盛りを維持することに努め、一定範囲の売場に対して管理をする。売場在庫に対しては商品

ごとの在庫量の適正化を意識しつつ、その情報を他の従業者と共有しながら売場間での在庫量の適正化や売場再構成を行う。一方、経営者は店舗在庫について主たる関心を向けながら行動している。経営者は個々の従業者では管理しきれない売場在庫に対して様々なサポートをしながら店舗在庫の適正化を図る。両者に共通することは、どちらもバックヤード在庫の状況を常に把握するように努め、その状態をそれぞれが共有できるように情報交換していることである。

> 声出しを通じた情報共有：誰がどの商品の声出しをどのように行っているかは、従業者にとって店の営業状況を把握する貴重な情報源となっている。開店序盤であれば売場ごとの声出しに耳を傾けることで、その従業者が何をその日の目玉商品と判断したのかが分かる。中盤であれば声出しの繰り返し方や声の迫力で商品の売れ行きの違いを感じとり、何がその日の在庫の負担となっているかが分かる。このように、従業者は単なる思いつきで声出しを行うのではなく、他の従業員の声出しを聞きながら状況を判断し、その流れに乗って同じ商品の声出しを連携して行う。他の従業員の声出しの内容を参照して、自身の売場より他の従業者の売場の売行きのほうが悪そうだと判断すれば、自身の売場の商品の声出し以上に、その売場の商品の声出しを優先する（第4章：p.129）。

> 経営者のサポート：B氏は各売場や従業者の様子を観察しながら、接客や商品陳列、商品補充、声出し、看板などの管理に滞りがないように指示をする。これらによって、各売場がそれぞれ最適な状態になるように努める。（中略）在庫状況を比較し、想定通りではない商品がある場合、その商品の管理を強める指示を出す。まずは対象の商品を積極的に管理することを指示する。このとき、どのように管理するかを助言することもあれば、対応を従業者に任せることもある。従業者が何かしらの対応をしたにもかかわらず売れ行きが好転しなければ価格改定を指示する（第4章：p.135）。

B氏がキャベツの売れ行きが悪いことに気づく。
B氏：「キャベツしんどいんちゃう。」
ベテラン従業者：「わかりました。」
ベテラン従業者：当該商品をふたて出しに変更（第4章：p.135）。

6-3-2　商品取扱い技術の多様性

　前項のように品揃えを分類すれば、それぞれの状態で必要とされる商品取扱い技術あるいは効果的な商品取扱い技術もまた異なると考えることができる。個店および小規模小売業者の商品取扱い技術は以下の図6-3に示すように分類できる。

　まず、商品取扱い技術を2つに大別する。第1に、品揃え形成である。これは計画的品揃えを構成するために主に用いる商品取扱い技術であり、仕入先の選択や関係性の構築（第2章：pp.46-50、第4章：pp.98-106）、商品知識や相場の把握などの市場認識（第2章：pp.46-50、p.68、第3章：p.85、pp.91-94、第4章：pp.99-100、p.104、pp.152-154）、需要予測（第3章：pp.72-75、第5章：pp.155-156、pp.163-166）などが重要になる。

> 仲卸業者との協働：A商店は仲卸業者と長期継続的な取引の中で良好な関係性を築くことによって、直荷引き商品の引き受け先という仲卸業者と共同で商品開発をする仕組みを作ることができている。直荷引きとは仲卸業者が生産者や出荷団体と直接取引を行う商品調達方法である。そして、直荷引きされる商品の多くはその仲卸業者しか集荷できないものが多く、商品価値が高い場合が多い。仲卸業者は生産者から、これから市場化したい商品やその地域での出荷を始めたい商品などの継続取引の依頼をされることがある。A商店は仲卸業者との間に良好な関係性を築くことで、一定期間直

図6-3　商品取扱い技術の分類

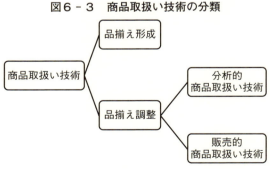

出所：筆者作成

荷引き商品の引き受け先となることが可能となり、このような商品開発に携わることができるようになった。A商店ではこれまでに、とうもろこしの「ピュアホワイト」やカリフラワーの「ロマネスク」、スイカの「ひとりじめ」、プラムの「貴陽」、ほうれん草の「寒締ほうれん草」などの商品開発に協力してきた実績がある（第2章：pp.46-47）。

相場の把握：誠実な対応をしてくれる仲卸業者とは本腰を入れて付き合うのであるが、1社とだけ独占的に取引をすることはしなかった。理由は2つある。1つ目は、相場観を養うためである。1社との取引だけでは、市場全体の相場を適切に把握することができないからである。1週間後、2週間後の品揃えを考える際、相場の変動を考慮して見通しを立てていくが、そのためには複数の情報源から自身の相場観を精緻に研ぎ澄ます必要があった（第5章：p.173）。

　第2に品揃え調整である。これは品揃えの状態が計画的品揃えから適応的品揃えおよび解消的品揃えの状態に変化する前後において主に用いる商品取扱い技術である。さらに品揃え調整は2つに細分化できる。まず、分析的商品取扱い技術である。分析的商品取扱い技術は品揃えの状態が計画的品揃えから適応的品揃えに変化する前後に主に用いる商品取扱い技術であり、その時点の品揃えを起点にそれらを売り切るために誘導すべき理想的な品揃えを構想し、その遂行のために必要な商品取扱い技術を判断する技術である。例えば、営業状況の把握とそれに基づく営業計画の再設計（第3章：p.85、第4章：pp.121-122、pp.125-126、p.129）、経営者のサポート（第4章：pp.133-136）などが重要になる。次に、販売的商品取扱い技術である。販売的商品取扱い技術は品揃えの状態が適応的品揃えから解消的品揃えに変化する前後に主に用いる商品取扱い技術であり、分析的商品取扱い技術によって構想・修正した営業計画を遂行するための技術である。適応的品揃えの段階では、価格改定や組み替えによって理想とする品揃えの状態に誘導することが重要になる。一方、解消的品揃えの段階では商品取扱い技術を用いることで品揃えの状態を変化させることは難しく、その時点の状況に合わせた方法を用いるしかない。そのため、声かけ（第4章：pp.137-138）や提案販売（第2章：pp.68-69）などの技術が重要になる。

販売計画の修正：20㎡弱の店舗で日販50万円以上を売り上げるには仕組みが必要であった。保管場所の狭さから商品を種類ごとに分けて積み上げることはできず、複数の種類を混ぜて積み上げなければならない。しかし、無計画に積み上げてしまえば、必要な商品を必要な時に効率よく取ることができない。そこでA氏が考えた方法は、1日の販売予測に基づいて商品を積み上げる方法である。この方法が成功すれば、一見ばらばらに積み上げられているようでも、上から順に商品を取って陳列するだけでその時に必要な商品が補充されることとなる。さらに、ある時点で在庫を見ればその日の販売計画がどの程度達成されているかを把握でき、それに合わせて販売方法を修正することでより効果的に商品を販売することができる。販売の予測は最初から上手くいったわけではないが、価格の相場、従業者の能力、気温、客層などから推測し、少しずつその精度を高めていった。この予測が完璧にはまれば、日販70万円を超える売上を達成できることもあったという（第3章：p.85）。

提案販売：A氏によれば、声出しで集客したお客さんに対して声出しで紹介した商品を販売するだけでは不十分だという。声出しでは訴求力の強い商品でお客さんを集客し、そこでつかまえたお客さんに対して関連する商品を追加した提案販売を行うことが重要だという。さらに、関連する商品として提案販売される商品は過剰在庫気味の商品であればなお良い。このような特定のお客さんに対する提案販売を声かけという。声かけをするためには、まず商品知識が必要になる。A氏によれば、りんごであれば硬くて甘い富士、香りと甘みが良い王林、見栄えが非常に良い陸奥、加工に適した紅玉という知識があれば、お客さんの用途に合わせて提案販売ができる。次に、お客さんをよく観察しなければならない。買物かごに入った商品を良く見ることでそこから作られるメニューを推測し、足りない食材やもう一品追加するにはどうしたらよいかを考える（第2章：p.68）。

このような点から商品取扱い技術を捉えた場合、小売業者が用いる商品取扱い技術はそれほど単純ではない。第1に、それぞれの商品取扱い技術は同時に用いられる訳ではない。商品取扱い技術はある時点での品揃えの状態を手がかりに、目的に合わせて必要なものが選択される。例えば、ある商品の在庫量が不足したとき、追加発注をするかあるいは価格を引き上げるか、あえて視認性の悪い売場に移動するかは、売上を最大化するかあるいは店頭の品揃えを優先するか、現状を維持して他の業務を優先するかによってどれを選択するかが異

なる。また、売場面積を最大限活用している場合に売場を増加させることや仲卸業者の事情によって追加発注ができない場合のように、特定の商品取扱い技術が選択不可能な場合もあることから常にすべての商品取扱い技術を用いることができる訳ではない。

　第2に、それぞれの商品取扱い技術は同様に用いられる訳ではない。例えば、在庫量によって価格引下げの程度が変化することや空き売場の場所や面積によって売場再構成の程度は変わる。どのように商品取扱い技術を用いるかは、その時点の品揃えの状態を維持する場合とその時点の品揃えの状態を変える場合で異なる。前者は事前に想定した通りに営業状況が推移している場合を挙げることができ、その状況を維持することが売り切りを達成する上で重要になる場合である。この場合、基本的に価格改定や追加発注などの商品取扱い技術は必要なく、在庫量に合わせて陳列を変更する程度の売場の再構成や声出しのパターンを変更する程度で十分である。後者は事前に想定した通りに営業状況が推移していない場合であり、特に意味のあるまとまりとしての品揃えが形成できていない状態が挙げられる。この場合、品揃えにおける基礎商品と周辺商品の割合や価格改定によって特定の商品の在庫量を集中的に変化させること、大幅な売場レイアウトや積極的な声かけなど、リスクや負荷の高い商品取扱い技術を用いる必要がある。

　このように、小売業者は目的と状況に合わせて必要な商品取扱い技術を選択する。このとき、小売業者は何を根拠にその判断をするのであろうか。そのための重要なリソースが顧客情報と在庫量である。日々の営業状況は不確実ではあるものの、全く予想ができないほど無秩序でもない。店舗によって異なるのはもちろんであるが、営業状況はある程度パターン化して認識することが可能である。特定少数の顧客を標的としている場合、顧客情報と当日の来店客情報とを把握していれば、ある時点以降の来店客と購買商品をある程度予測することができる。例えば、価格や品質に関わりなくその日の献立に必要な商品をすべて自店で購買する顧客がどの程度来店したか、あるいは基礎商品だけを購買する顧客や周辺商品だけを購買する顧客など、ある時点でそれぞれの顧客層がどの程度来店し、直近の営業状況からその時点以降にどの層の顧客がどの程度来店する見込みが高いかについて推測することができる。そして、その推測に

基づいて想定する複数の営業パターンを手がかりに、その後の品揃えをどのような状態に誘導すれば売り切ることができるかを判断することができる。

　一方、不特定多数の顧客を標的とする場合、顧客情報や来店客情報を正確に把握することは難しい。その場合、在庫量が重要なリソースとなる。在庫量についても、その減少傾向からある時点以降の営業予測をある程度パターン化して認識することが可能である。そのためには、それぞれの商品についてどの程度の価格や品質であればどのような傾向で在庫が減少するか、それらはその日の天気や周囲との競合の程度によってどの程度変化するかを把握する必要がある。そして、基本的な傾向とその日の営業状況とを突き合わせながらそれぞれの商品における時間帯ごとの在庫量の目安を見立て、品揃え全体の適切な在庫量のバランスを予測する。小売業者は予測した在庫量の目安に基づき品揃えの状態を理解し、必要な商品取扱い技術を選択しながら売り切りを目指す。品揃え全体および個々の商品の在庫量がシグナルとなることで、ある時点で小売業者が何かをしなければならないことに気づくことや、何をしなければならないかを判断することができる。

　　在庫量の把握：店内に入った時にしなければならない最も重要なことは、目的の商品を取るだけでなく店内に保管されている他の商品の在庫量を確認することである。ある時間帯にそれぞれの商品がどれぐらい残っているかという情報を知ることは、当日の営業状況を知るだけでなく、その後の営業において価格改定や売場変更、追加注文をするための重要なリソースとなる。誰かが店内に入った後は、「（商品名）あと何ケースあった？」と聞くまたは聞かれながら、あるいはそのやり取りを聞きながら、各従業者は当日の営業状況を把握する。自身の担当売場の商品ではなくても、在庫状況から販売に苦戦しそうな商品を見つければ、積極的にその商品の声出しを行い、販売の応援をすることもある（第4章：p.125）。

　以上のように、小売業者は顧客情報と在庫情報をリソースとしながら、その時点にどのような商品取扱い技術を用いれば理想的な品揃えの状態にできるかを判断すると考えられる。この判断がどの程度正確にできるかは、顧客情報と在庫情報に関わる知識と経験をどの程度蓄積できているかによる。小売業者の中で顧客情報と在庫情報に関して蓄積された定石が多ければ多いほど、誘導可

図6-4 品揃えの状態に合わせた商品取扱い技術の選択

品揃えA → 品揃えB → 販売的商品取扱い技術a_1 → 売り切り不可能
　　　　　　　　　　→ 販売的商品取扱い技術b_1 → 売り切り可能

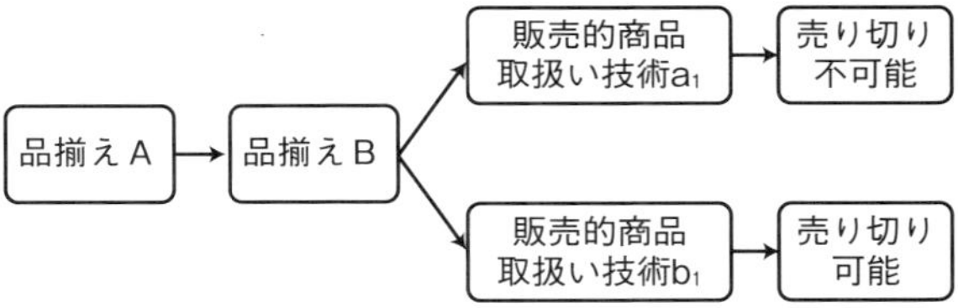

出所：筆者作成

能な複数の品揃えの状態を見据えながら、状況に合わせて必要な商品取扱い技術を直観的に選択することができる。

　例えば、ある時点の品揃えの状態を品揃えAとする。品揃えAは販売的商品取扱い技術a_1を用いることで売り切ることができるする。しかし、品揃えAは時間の経過ともに品揃えBに変化したとする。品揃えBは販売的商品取扱い技術b_1を用いることで売り切ることができるとする。このとき、小売業者が商品取扱い技術bを選択することができれば売り切りが可能になるが、商品取扱い技術a_1を選択すれば売り切りが不可能になる。しかし、このような販売的商品取扱い技術のみによって、営業状況に適応することには限界がある。そのため、分析的商品取扱い技術を用いながら、適切に営業状況を把握することが重要になる。

　品揃えの状態は営業状況に完全に依存するわけではなく小売業者の働きかけによって誘導が可能である。熟達した小売業者であれば、ある時点で自店の品揃えXが分岐点に直面していること、つまり何らかの商品取扱い技術の行使が必要であることに気づいたとする。そして、分析的商品取扱い技術によって、誘導可能な品揃えが品揃えAとBの2パターンであることを見抜くことができる。さらに、その場合に必要な販売的商品取扱い技術がa_0とb_0であることも見抜いたとする。このとき、小売業者はその日の自分たちにとって理想的な品揃えの状態と選択可能な商品取扱い技術とを考慮することで、どちらの方向に舵を切っていけばいいかを判断することができる。

　一方、知識と経験が少ない場合、適切な判断をすることができない。未熟な小売業者は品揃えの状態の見極めや必要な商品取扱い技術の選択を間違えることで、結果として品揃えを意味のない集合にしてしまう場合がある。同様に例

図6-5　商品取扱い技術を用いた品揃えの誘導（成功例）

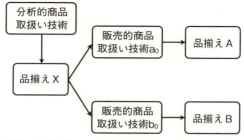

出所：筆者作成

図6-6　商品取扱い技術を用いた品揃えの誘導（失敗例）

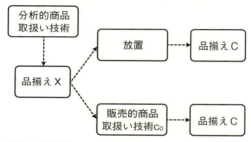

出所：筆者作成

を挙げれば、まず未熟な小売業者はある時点で自店の品揃えに対して適切な分析的商品取扱い技術を行使できない。その場合、必要とされる販売的商品取扱い技術が行使されず放置された品揃えは、当日中に売り切ることが不可能な品揃えCの状態になってしまう。あるいは、分析的商品取扱い技術によって品揃えへの働きかけが必要であることに気づくことができたとしても、前述のように品揃えAまたはBに誘導するために必要な販売的商品取扱い技術を適切に判断することができず、誤った商品取扱い技術c_0を用いることで、品揃えCの状態にしてしまう。

　これらは基本的に熟達の問題であるため、個々の小売業者がどのような定石を有しているかはそれまでの経験に依存する。そのような点からA氏およびB氏のライフストーリーを理解すれば、複数の地域や店舗規模、業態で下積みをしたことは、多様な定石を構築する基盤になっていたと考えることができる。

日々の経営活動を通じた試行錯誤は小売業者の市場像を洗練させる。自分たちの商圏にはどのような顧客が存在するのか、それぞれの顧客がどのような需要や購買傾向を有しているのか、それらを一定の集合として捉えた場合、1日の営業の推移はどのようにありうるのか。小売業者はそれらの反応を敏感に察知しながら、その時点の品揃えの状態を認識しつつ、その調整に必要な商品取扱い技術を判断する。このような試行錯誤を続けることで売り切りは達成される、あるいは達成されない。小売業者はこれらの成果を自身の市場像にフィードバックさせることで、より適切に実践を構成することが可能になる。

6-3-3 理論的含意

本研究の理論的含意について検討するため、これまでの議論を先行研究上に位置づけながら整理する。まず、品揃えである。本研究は個店単位の品揃え概念を新たに提示する研究であった。本研究で捉えた品揃えを既存研究上に位置づければ以下の**図6-7**のように示すことができる。

既存研究上の品揃えが意味する内容を整理すると、森下（1960）が概念化した品揃えは抽象的な存在としての小売業者によって取扱われる商品の範囲と構成を意味していたと考えることができ、品揃えを商品の種類および品目の一覧として捉えていたと理解することができる。一方、石原（2000）が提示した品揃え概念には市場像や在庫の観点が導入されていたように、具体的な存在とし

図6-7 品揃えの多層性

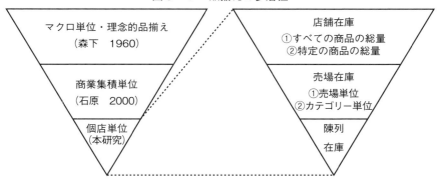

出所：筆者作成

ての小売業者を想定しつつ品揃え概念の量的側面を含めながら捉えていたと考えることができる。具体的に、石原（2000）の議論から読み取れる品揃えの量的側面とは、第1に特定の商品があるかないか、第2に商品がある場合にはそれらが在庫される場所が店頭かバックヤードかを弁別していたと考えられる。

　しかし、森下（1960）および石原（2000）の品揃え概念では基本的に固定的な商品の集合状態が想定されており、在庫の有無以外の品揃えの変化は想定されていない。そのため、ある商品の在庫がどの程度存在し、その在庫量は何を意味するのか、その在庫量を消化するためにはどのような活動が必要なのかということは説明できない。本研究では、品揃えが固定的な状態にはなく、3つの状態で異なる品揃えとして捉えうることに着目し、個店の品揃えに関する新たな概念を提示した。まず、品揃えの状態によって分類し、計画的品揃えおよび適応的品揃え、解消的品揃えと概念化した。次に、在庫の点から品揃えの量と範囲を分類し、陳列在庫および売場在庫、店舗在庫と概念化した。これらの議論を整理すれば、本研究は品揃え概念が多層な次元によって構成されていること、同様の次元であっても異質な状態がありうることに着目しながらそれぞれ概念化することで、個店単位の品揃えを説明した。また、分析対象の単位は異なるものの、このような概念化の推移を抽象的に整理すれば、森下（1960）の品揃え概念は取扱い商品の範囲と構成という品揃えの質的側面に着目した概念であり、石原（2000）の品揃え概念は、森下（1960）の概念に在庫の量と場所という量的側面を付与した概念である。さらに、本研究はそれらの概念に対して営業時間中における品揃えの状態変化という時間軸を付与した概念であると位置づけることができる。

　次に、商品取扱い技術である。品揃えは時間の経過とともに自動的にあるいは無秩序に変化するのではない。本研究では、小売業者が品揃えの変化に適応するため、あるいは理想とする品揃えに変化させるために、様々な商品取扱い技術を用いて品揃えに働きかける点に着目した。さらに、これらの商品取扱い技術をそれぞれ前述の品揃え概念と結びつけながら概念化した。これらを整理すると、以下の**図6-8**のように示すことができる。

　石原（1999、2005）が提示した商品取扱い技術概念は業態の差異やその成立を説明するためのものであったことから、商品取扱い技術の基本的な分類を説

図6-8　品揃えの状態と関連する商品取扱い技術

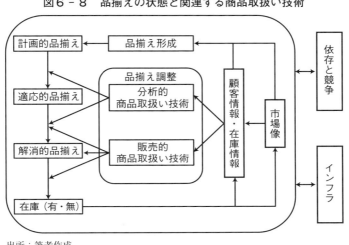

出所：筆者作成

明するものであった。一方、本研究では特定の個店や個人に属する技能という視点から商品取扱い技術を捉えることで、そのような商品取扱い技術にはどのようなものが存在するか、それらは何に対してどのような目的を持ってどのように用いられるかという点から概念化を試みた。まず、商品取扱い技術を品揃え形成と品揃え調整に分類し、前者は営業前後において当日あるいは翌日の品揃えの構成を策定および実現するための商品取扱い技術であり、後者は営業中の品揃えと在庫量の管理に関わる商品取扱い技術であることを示した。さらに、品揃え調整を分析的商品取扱い技術と販売的商品取扱い技術に分類し、それぞれある時点の品揃えの状態によって重要性や用いられ方が変わることを示した。このとき、どの商品取扱い技術をどのように用いるかという選択は顧客情報と在庫情報を手がかりに判断され、その判断の精度は熟達の程度によって影響されることを示し、一連の試行錯誤は市場像の修正を通じて学習されることを説明した。

　以上の議論が有する理論的含意は、品揃えと商品取扱い技術との概念間の関係についての理論仮説を提示した点である。それは、小売業者が実現可能な品揃えはその小売業者が有する商品取扱い技術によって規定されるということで

ある。このような品揃えと商品取扱い技術に関する概念間の理論仮説は既存研究において明確に説明されているわけではない。さらに、八百屋のように、高リスク型商品を投機的に扱いながら短期間で回転させようとする場合、中心となる商品取扱い技術は品揃え調整であることを示すことができる。どのような品揃え調整を用いるかは、A商店のように分析的商品取扱い技術を主とする場合や、B商店のように販売的商品取扱い技術を主とする場合があるように、経営者の理念や嗜好、それまでの成長経路の中で培われた経験と技術によって影響されると考えられる。このことは、ある特定の小売業者の品揃えについて研究する際には、その小売業者の商品取扱い技術についても併せて研究することを要請し、場合によってはライフヒストリーまたはライフストーリーを読み解きながらその小売業者が蓄積してきた定石を明らかにしていくことが有用であることを示唆していると考えることができる。

　これらの議論を飛躍的に展開すれば、既存研究において中核的な位置づけにある売買集中の原理は、品揃えを形成することで自動的に作用する訳ではないと捉えることができる。小売業者は形成された品揃えを放置しながら営業をするわけではない。売買集中の原理は、営業の中で絶えず変化し変容する品揃えに対して、小売業者によって用いられる適切な商品取扱い技術によってより効果的に作用する。つまり、売買集中の原理は品揃え形成と品揃え調整の両輪によって作用すると考えることができる。このことは、品揃え形成に主たる理論的関心を向けてきた既存研究に対して、品揃え調整を中心とした商品取扱い技術に関する領域に研究課題を拡張する必要性があることを提起していると考えることができる。

　また、以上のような視点で品揃えと商品取扱い技術を捉えれば、既存概念の位置づけに対しても異なる理解を見出すことができる。例えば、既存研究において価格や接客サービスは小売ミックスの一要素として扱われてきた。田村（2001）によれば、小売業者は小売ミックスを操作することで自身の店舗を差別化することが可能であり、小売ミックスの要素としてアクセス（立地場所と営業時間帯）と品揃え（品揃え品目とその構成）、価格（価格水準と価格設定活動）、販売促進・接客サービス（広告活動および接客活動）、雰囲気（店舗施設の特性）が挙げられている。このような小売ミックスの各要素は、既存研究において顧

客満足あるいは顧客のロイヤルティに影響を与える要素として（高橋　2008、横山　2015）、あるいはフォーマットの点から小売業者の事業モデルを分類する要素として（岸本　2015）位置づけられてきた。本研究の事例では、価格の改定や売場の再構成、声かけをしながら在庫調整をすることで適切な品揃えを維持あるいは再形成していたことを特徴的な活動として挙げた。これらを田村（2001）の分類に当てはめて示せば、小売業者は価格や接客サービス、雰囲気を品揃えに影響する独立変数として操作していると捉えることができる。このことは小売ミックスを構成する要素として位置づけられていた概念間の関係を異なる形で捉えうる可能性や、小売ミックスを業種・業態の説明ではなく、店舗オペレーションの領域にまで応用できる可能性があることを示唆している。

　最後に、本研究の限界について述べる。まず、理論的な限界である。第1に、核概念となった品揃えおよび商品取扱い技術についてである。前述の通り、これらの概念を個店に適用するには理論が想定する対象と研究対象との整合性の問題が存在する。本来であれば、森下（1960）および石原（2000）で提示されたそれぞれの概念をより詳細に整理しつつ、関連する研究を含めながらより明確な概念の説明を果たすべきであるが、十分な検討ができなかった。第2に、本研究はあくまでも八百屋を対象にした研究であることから、そこから得られた知見を小規模小売業に一般化するには理論的飛躍が生じる。この点に関しては、仮説発見を優先するアブダクションの問題でもあることから、今後の演繹および帰納を通じた探究が必要となる。第3に、小規模小売業の組織的側面を検討していない点である。石井（1996）が議論したように、小規模小売業者は家族従業者との間に商人家族としての関係性を構築することで、より高い競争力を発揮することができる。B商店では4人の家族従業者が従事しているが、その点に関しての分析はしていない。また、A商店には家族従業者はいないものの、高い経営成果を達成していることから商人家族に代わる何かしらの関係性を構築している可能性がある。この点についても更なる調査が必要である。

　次に、方法論的な限界である。本研究で採用したエスノグラフィーおよびライフストーリーは、あくまでも調査時点のわたしが、その時点でのA氏およびB氏との関係性のなかで認識し解釈した現実である。参与観察を深めることで熟達が進み暗黙の次元への理解が深まれば、あるいは関係性の変化することに

よって、事実に対する解釈や記述の仕方が変化する可能性がある点には留意が必要である。また、第1章で検討した研究の信用性および真正性については一定の基準を満たしていると考えているが、すべての基準において満足できるものではない。特に、移転可能性と触媒的な信憑性については未評価であり、調査協力者への研究成果の還元や実務に対する研究成果の応用方法については考慮が必要である。

以上、本研究は探索的性質の強いものではあるが、商業研究の核概念である品揃えおよび商品取扱い技術を基盤としつつ新たな概念および理論仮説を提示することで、個人商店の経営活動について理論的な説明を試みた点には一定の貢献を見出すことができるのではないかと考える。

注

1 需給調整の効率化の例として、商品流通の効率化とそれによる流通費用の節約が挙げられている。前者については商業者が商品の使用価値的束縛を受けないこと、後者については流通の回転速度が速くなることおよび売買操作資本の節約されることが説明されている。
2 石原（2000）によれば、部分業種店とはある業種に属する商品の一部を取り扱う小売商を指す（p.129）。
3 石原（2000）によれば、商業集積が1つの集積として意味を持つためには、消費者の関連購買行動に有効に向き合えなければならない。そこで小売業者に期待されることは、積極的に需要をとらえ、それに照らした品揃え物の形成である。個々の小売業者に関して、異業種であれば互いの存在は関連購買の目的を補完することで、同業種であれば基礎商品や周辺商品をめぐって競争することで商業集積単位でのより効果的な品揃え物の形成に貢献する。また、商品の取扱い技術を考えた場合、現実には1つの店舗で全ての業種品を扱う完全業種店は存在が難しく、扱いきれない商品の品揃えを他店の補完に期待するという点において、同業種間においても依存関係は確認されると説明されている。
4 ある流通システムにおける延期および投機の水準は、小売店舗への配送リードタイムまたは配送ロットサイズで測定される。配送リードタイムが短いまたは配送ロットサイズが小さい場合には、その流通システムは延期性が高いと判断される。反対に、配送リードタイムが長いまたは配送ロットサイズが大きい場合には、その流通システムは投機性が高いと判断される。在庫形成局面に関して整理すれば、消費者の購買時点を基準に小売業者が在庫を決定する時点がそれに近いものが延期的な在庫形成であり、反対に小売業者が在庫を決定する時点が遠いものが投機的な在庫形成である（Bucklin 1966=1977、高嶋1994、

2010）
5　高嶋（2010）は持続的競争優位をもたらす延期的流通システムを達成する組織能力を延期化能力と概念化し、延期化能力は次の4つの条件によってもたらされると説明している。それは、第1に供給業者とのパートナーシップ、第2に店舗における発注管理、第3に規模の戦略的拡大、第4にブランド戦略である。これらに基づいて延期化能力が形成されるとき、他の小売業者はその延期水準を同じ費用で達成できないため、ある延期的流通システムに対する模倣困難性が生じることになる。
6　石井（1996）および石井他（2007）では、家業意識を有する小規模小売業者とその家族従業者が商人家族として概念化されている。家業意識は家族財産意識と家族基盤意識から構成される。家族財産意識とは商店は家族の特定の誰かの所有物ではなく家族全員の所有物であるという認識であり、家族基盤意識とは商店経営は家族を経済的にも精神的にも支える家業であるという認識である。
7　石井他（2007）によれば、商人家族がどのような経営成果を生み出し、それらを家族に相続・継承するかは、家業の性質によって異なる。石井他（2007）は商店経営によって生み出される財を、①資産、②技術、③伝統・社会性に分類している。家業を営むということは、第1に生計を維持するという経済的意義、第2に世代的連続性を維持するという社会的意義を有する。前者を重要視する家業は生業型家業、後者を重要視する家業は世襲型家業と概念化されている。柳・横山（2009）によれば、経営において生業型家業である小売業者は資産を重視し、世襲型家業である小売業者は技術および伝統・社会性を重視することが定量調査によって示されている。
8　対極的な例として、コンビニエンス・ストアはファストフード商品を除けば、基本的に欠品を出さずに意味のあるまとまりとしての品揃えを維持することを志向していると位置づけることができる。

第7章
調査する「わたし」、研究する「わたし」

7-1　A商店で調査する「わたし」

7-1-1　A商店との出会い

　「わたし」が初めてA商店と出会ったのは20歳の時である。2004年の冬、わたしはボクシングジムでの練習の後に偶然通りかかった商店街の八百屋で蜜柑を買った。田舎で育ったわたしは食料品の買物をスーパーでしかしたことがなく、初めて見る八百屋に驚きつつも、好奇心からその八百屋に足を踏み入れたのであった。A商店にとっても若者の男性の一見客は珍しかったようで、蜜柑を1つおまけしてくれた。わたしは初めての八百屋での買物とおまけというサービスに興奮し、間もなくA商店の常連客となった。
　A商店の従業員達と年齢の近かったわたしは彼らとすぐに打ち解け、いつの間にか遊び半分で働かされるようになった。最初は店番を任されて困っているわたしを見ることをA商店の従業員は楽しんでいたのだが、次第に買物ついでに短時間働くことが普通となり、そして年末やお盆などの繁忙期にアルバイトを頼まれるようになった。その頃になるとA商店とわたしとの関係は店と客というよりは、共に働き、時に遊ぶ仲間のような関係だと感じていた。仕事後には皆で食事をし、そのままカラオケや居酒屋で楽しく遊んでいた。この頃には、商店街の他の商業者やA商店のお客さんからはA商店ファミリーの一員として認識され、「ボクサー」という愛称で親しまれるようになっていた。この時期、

わたしは当時A商店の経営者であったZ氏との親交が特に深かった。この頃、A商店は近隣のダイエーが閉店したことによる残りのスーパーの競争激化に巻き込まれ、売上が下がり始めた頃だった。様々な工夫を試みるも成果の出ない日々に、わたしがA商店に現れたのであった。全従業者が高卒のA商店にとって、わたしは高度な専門的知識を学んでいるはずの大学生であった。

ある日わたしはZ氏に呼ばれ、そのようなA商店の状況を打破するためにどうすればいいかを尋ねられた。わたしは何も答えることができなかった。Z氏はそんなわたしに「大学で何を学んどんや」と深く失望し、わたしが泣きだすまで強く叱責した。そして、泣き崩れるわたしに「その気持ちがお前のええとこや。これからいっぱい勉強したらええ」と言葉をかけた。それからわたしは講義で使用した教科書を読みふけり、再度Z氏のもとに駆けつけたが、Z氏は「そんなことは知っとる」とわたしをつきはなし、またわたしが泣きだすまで叱責した。

この時期にわたしはZ氏から多くのことを学んだ。ある朝、一緒にA商店の仕入れに向かっていたとき、Z氏は停車から発車しようとしていたバスに道を譲った。バスの運転手が何の礼もせず発車したことに対して、わたしが「最近お礼しない人増えましたね」と言うと、Z氏は突然わたしの頬に平手打ちをし「厚意っていうのは見返りを求めてするもんやない」と教えてくれた。この言葉は今でもわたしの心に深く残っている言葉である。

大学4回生のある日、わたしはZ氏に「(注:仕事を) 一緒にやらんか」と誘われた。正直に言うと、当時のわたしは大学を卒業して八百屋をするのはもったいないという思いと、この業界では自分の能力は通用しないという思いから研究者になってこの業界に関わっていく道を選んだ。その後、わたしはA商店での50日ほど手伝いをした経験を基に卒業論文を執筆した。

八百屋では符牒によって価格を表現するが、この頃にはある程度の符牒を覚えていた。符牒は業界によって若干の違いがあるが、A商店では以下の**表7-1**の表現を使用している。例えば、ボースケとは1、10、100、1,000という1×10のN乗の数値を意味する。Nの値が何であるかはその時の文脈で判断する。A氏および他の従業者は30から40程の表現に加え、45や55などの特徴的な値を記憶しているという。わたしが記憶しているのは30までである。

第7章 調査する「わたし」、研究する「わたし」

表7-1 A商店の符牒

表現	表現が意味する数値	表現	表現が意味する数値	表現	表現が意味する数値
ボースケ	1×10のN乗	ビリ	11×10のN乗	テンチョボ	21×10のN乗
テン	2×10のN乗	ショーキ	12×10のN乗	テンナナ	22×10のN乗
ダイク	3×10のN乗	マイリ	13×10のN乗	ネジ	23×10のN乗
ダリ	4×10のN乗	ソクダリ	14×10のN乗	レーシ	24×10のN乗
オンテ	5×10のN乗	チンチョー	15×10のN乗	メーラー	25×10のN乗
カミ	6×10のN乗	ウンロク	16×10のN乗	メーロン	26×10のN乗
ホシ	7×10のN乗	ウンツ	17×10のN乗	メーツー	27×10のN乗
バンド	8×10のN乗	ソクバン	18×10のN乗	メーター	28×10のN乗
キワ	9×10のN乗	ソッケ	19×10のN乗	メーケー	29×10のN乗

出所：筆者作成

　博士前期課程進学後、わたしは修士論文のテーマとしてA商店を対象とした卒業論文をさらに発展させようと考えていた。しかし、当時すでに教職に就いていた先輩から、「個人商店なんて研究テーマにならない」と否定された。研究計画を練り直すことで研究を進めることができたかもしれないが、わたしはその研究テーマを放棄してしまった。そして、比較的関心が近く先行研究が豊富にあるという理由から、商店街を対象とした事例研究の追試調査をすることで修士論文を執筆した。大学院進学以降は、研究テーマが変わったことやわたしが引っ越しをしたことからA商店との関わりは一時的に弱まったが、それでも盆と年末には中元と歳暮をもって挨拶に伺い交際を続けていた。

　博士後期課程進学後は修士論文を発展させるのではなく新たな研究テーマを模索した。しかし、その時々に見つけた目新しい理論や枠組みに対して強引に個人商店や商店街を当てはめようとするような方法が実を結ぶわけもなく、博士論文につながる業績を出せないまま2年が過ぎてしまった。D3になって初めての研究経過報告のとき、指導教員から「現場の問題意識を共有できていないのではないか」との指摘を受けたことで、小手先の理論的検討をするのではなく、研究者を志した頃の初心に返ってみようと思ったのであった。

　このときわたしが頼れる現場はA商店しかなく、藁にもすがる思いでA商店を訪れたのであった。その頃のわたしは、事例研究をする対象は成功事例でな

くてはならないと思い込んでいたこともあり、A商店よりも売上が多い店舗を探そうと考えていた。Z氏に「なんか面白い店ないですか？　めっちゃ売れてる店とか」と尋ねたところ、Z氏は「Bのとこ行ってみるか？」と答えてくれた。

　その後、Z氏に紹介されたB商店の調査を始める一方で、A商店の調査も再び始めるようになった。しかし、この時点ではA商店を研究対象にしたいという思いはあったが、できるとは思っていなかった。そのため、この頃のA商店での働き方は、調査として働くというよりも、仕事の勘を取り戻すために働くという意識が強かった。さらに、B商店での調査が進むにつれ、両社の違いをより理解するためにA商店で働いているという意識が強くなっていった。

　この頃、A氏はA商店の取引先である飲食店の経営者（以下「師匠」と表記）のもとで空手を始めていた。そして、A氏はわたしがボクシング経験者だったということに目をつけ、練習相手として白羽の矢が立った。A氏はわたしが再調査を依頼してから数ヶ月後にその流派の昇級試験があったのである。その後、わたしの調査がある日は仕事後2人で師匠の店で夕食を済ませ2人で練習を始める。師匠の店が閉店すれば師匠が練習に合流し、練習が終われば師匠の店で打ち上げをして帰宅するという流れになった。

　練習は過酷だった。その空手の流派の試合は相手の胸から下には攻撃を当ててもよいが、顔には当ててはいけない。しかし、「せっかくだから」ということで、顔と胴体に防具を付けて全身打撃可というルールで組み手をすることになった。わたしには4年のボクシング経験があったことや、一度打撃が当たると試合を止める空手と時間内には自由に打撃を続けられるボクシングのルールの違いから、接近戦では有利に組み手を進めることができた。一方、距離をとられると地獄だった。2人は容赦なく前蹴りをみぞおちに、中段蹴りを脇腹に、上段蹴りをこめかみに浴びせてきた。組み手をした次の日は体中にあざができているのはもちろん、元々脱臼癖のあるわたしは軽度の脱臼を数度繰り返した。

　組み手で心掛けたことは、手を抜かないことだった。たとえ相手が一回り以上年上であっても、試合となった以上本気で取り組むことが礼儀だと考えた。どうやらわたしは「普段はかわいい顔しとるくせに、ゴングがなると凶暴になる」とのことで、A氏も師匠もわたしと組み手をするのは怖いと言っていた。わたしも怖かった。それぞれが恐怖を抱きながらも本気で殴り合うことで、わ

第7章　調査する「わたし」、研究する「わたし」　217

表7-2　A氏との交際一覧

日時	参加者	交際内容
2011年5月16日	A氏	空手の組手
〃 年5月20日	A氏	空手の組手
〃 年7月7日	A氏	空手の組手
〃 年7月21日	A氏	空手の組手
〃 年8月9日	A氏	空手の組手
2013年9月15日	A氏、A商店従業者2名	筆者結婚式
〃 年9月28日	A氏	食事
〃 年11月16日	A氏	食事
〃 年11月30日	A氏	食事
2014年2月17日	A氏	食事
〃 年3月15日	A氏	食事
〃 年3月18日	A氏	食事
〃 年3月13日	A氏、A商店従業者1名、筆者妻	筆者送別会
〃 年3月21日	A氏	食事
〃 年4月18日	A氏	食事
〃 年11月26日	A氏	食事
2015年10月16日	A氏	食事
〃 年11月6日	A氏、A氏家族	A氏宅での宿泊
2016年6月1日	A氏	食事
〃 年8月24日	A氏	食事
〃 年8月25日	A氏	食事
〃 年8月26日	A氏	食事

出所：筆者作成

たしはA氏との関係性が大きく深まっていくように感じた。従業者との関係も極めて良好であると考えている。A商店にとって、わたしは創業間もないころからの身内のようなものであり、従業者が入れ替わってもその都度仲間として温かく受け入れてくれた。仕事に関する質問は、勤務中、勤務外を問わず熱心に教えてくれた。2014年以降はわたしの所属が山口大学になったことから調査以外で会うことはなく、調査の頻度も少なくなった。それでも年に数回、わたしが調査でA商店を訪れた際、「お前おったんか。違和感なさ過ぎて気づかんかったわ」と、ある従業者はわたしがいることに気づくために数秒を要するぐらい、わたしはA商店に馴染んでいるという。

7-1-2　A商店での調査方法

　わたしは2013年にB商店を対象としたワーキングペーパーを執筆した。それまでのわたしは方法論に関する知識が乏しく、依然として事例研究の対象は成功事例でなければならないと考えてしまっていた。そのため、成功の定義にもよるが、B商店と比べて売上が低いA商店を研究対象にしていいのかどうかを躊躇していた。しかし、B商店の調査と並行して質的研究の方法論を参照する中で、研究対象は成功事例であるかどうかよりも、研究目的に適した事例であるかどうかということのほうが重要であることを学んだ。

　この頃、A商店の経営者はZ氏からA氏に変更していた。わたしは、A氏はB氏の下積み時代の先輩であること、同じ会社で下積みをした2人がそれぞれ異なる戦略で地域の繁盛店になっていることを興味深く感じた。そして、B商店だけでなくA商店の事例も博士論文に組み込むことで事例のインパクトを増すことができないかと考えた。そこで、A商店の調査を再度本格的に実施することにした。A氏は快くわたしの申し出を受け入れてくれた。

　A商店の調査にあたって2種類の方法を用いた。それは、A商店での参与観察および、経営者であるA氏へのインタビューである。初回調査以降、わたしは従業者として営業に参加した。私の担当は売場管理であり、商品補充が中心的な業務であった。勤務中にフィールドノーツをとることはほとんど不可能であった。まず、営業の繁忙さからフィールドノーツをとるための時間的余裕はなかった。さらに、フィールドノーツをとるという行為が他の従業者にわたしの存在感の異質さを感じさせてしまうことに配慮した。これらの理由から、フィールドノーツは勤務後にまとめてとるか、勤務中に僅かに生じる数秒間の余裕があればテープレコーダーにこっそりと音声メモを吹き込むことで対応した。

　インタビューは閉店後に行い、閉店後のA商店事務所もしくはA商店の系列店であるフランス料理店で行った。インタビュー時間は平均して2時間ほどであり、最も長いときは7時間に及んだ。インタビューはA氏の希望に沿い録音をせず、フィールドノーツにメモを取る形で記録している。インタビューにおいてA氏は私の質問に対して非常に厳密に答えた。例えば、品揃えについて話

すときも、一般的な考え方や傾向を述べた上でA氏自身の考えを述べることや、自身が使用する用語の意味や定義を明確に説明することが多かった。その意味で、A商店の記述においてわたしの解釈の影響はそれほど多くはなく、A氏のそのままの言葉で書かれている割合が比較的高いと考える。

　参与観察を実施する場合、わたしのA商店での勤務は9時から始まる。わたしは平日であれば8時43分、土曜日であれば8時45分に最寄り駅に到着できるように移動する。駅内のコンビニエンス・ストア（以下「コンビニ」と表記）でおにぎりと飲料を買い、おにぎりを食べながら移動し8時50分ごろにはA商店に到着する。A商店2階の事務所に荷物を置き、動きやすい仕事着に着替え、レコーダーとカメラを携帯し売場に出る。

　A商店での最初の仕事は、売場づくりである。第2章で説明した通りに売場を設営していく。売場の設営が終了すれば、前日からの在庫分を冷蔵庫から取り出して陳列する。9時30分ごろにA氏が仕入れから帰ってくる。2tトラック半分ほどと軽トラに軽く一杯程度の商品が到着し、従業者全員で荷下ろしをする。A商店ではある仲卸業者からの購入分だけ直接その仲卸業者が配送を行うため、その分も同時刻ごろに到着し、同様に荷下ろしをする。荷下ろしが終わればそのまま商品陳列を行う。A商店の開店時間は10時30分だが、わたしが勤務する日のほとんどはこの時刻に間に合わせるのに必死となる。ほとんどの場合、開店時間に間に合わせることができるが、5分ほど遅れてしまうこともあった。

　A商店との付き合いが長いこともあり、営業時間中に何をするかは基本的に自分で考えて行う。私の仕事は基本的には商品の補充をするだけだが、どの商品をどの順番で補充すべきか、その計算と計画に頭を使わなければならない。第2章で説明した通り、A商店では組み替えという方法で売場の管理を行うが、その遂行が非常に難しい。欠品によって次々に生まれていく空き売場に対して、在庫量などの様々な条件を考慮しながらどのように埋めていくか、パズルを解くかのように対応する。どうすべきか考えられる時間は数秒ほどしか猶予がなく、空き売場が出た時点で考えていては間に合わない。対応が遅れればA氏や他の従業者から指導される。円滑に対応するためには、何かの作業をしているときも、常に店舗全体の状況を把握することが求められるが、わたしはその能

力を十分に身に付けることができていない。

　営業が終盤になれば他の従業者に余裕が出るため、わたしが組み替えを行う必要がなくなり、わたしはひたすら声出しと声かけをすることになる。この時間がわたしは一番苦手な時間である。A商店との関係は長いといっても、近年の接触頻度は少なくなっており、かつて仲の良かった常連さんも入れ替わっている場合が多く、わたしにとって初めて出会うお客さんが多い。未知のお客さんに声出しをすることへの抵抗はないが、提案販売を意図した声かけをするのは気が重い。どの程度の距離感と空気感で話しかければよいかの感覚がなかなかつかめないのである。声かけをして冷たい反応が返ってくることへのストレスもある。残念ながら、月に1回程度の勤務ではその日につかんだ感触や経験を次の勤務には活かせないまま失ってしまうことがほとんどである。

7-1-3　わたしという存在のA商店への効果

　わたしがA商店に勤務することでA商店の販売能力が変化する。わたしが勤務する場合、わたしが追加的な従業者としてそのままA商店に加わる場合と、わたしが加わることでA商店の従業者の1人が系列店の魚屋やフランス料理店に異動する場合があった。前者の場合、従業者数が増加することによって、商品陳列や商品補充などの在庫調整力が高まる。さらに、A氏がそれらの業務負担を軽減できることによって、より上位の管理業務に労力を割けることになる点からも、A商店の販売能力が高まると考えられる。後者の場合、わたしよりも能力の高い従業者が系列店に異動するため、従業員数は変わらないもののA商店の在庫調整能力は低くなる。さらに、A氏の業務負担が強まることからより上位の管理業務に労力を割けなくなることによって、A商店の販売能力が低くなると考えられる。

　また、A氏によれば、A商店は従業者の人間関係がギクシャクしていた時期もあったらしいが、わたしはその雰囲気に気づくことができなかった。つまり、わたしが参加することによって、普段のA商店の姿において見られたくない面が隠されている可能性がある。

7-2　B商店で調査する「わたし」

7-2-1　B商店との出会い

　Z氏からB商店の紹介を提案されたとき、わたしはD3であった。博士論文への危機感から次の研究機会を何が何でも業績にしたいと考えていたわたしは、そのB商店が事例研究の対象になりうるのか、なるとすれば調査協力を得るためにはどうすればいいかを考えた。わたしは大学院進学後に知り合った商業担当の行政職員や経営コンサルタントなどにもZ氏と同様に「なんか面白い店ないですか」と質問をして回った。その結果B商店とある別の八百屋の名が多く挙がったが、前者についてはほとんどの人がその経営の詳細を知らなかったことに対し、後者については既に別の研究者によって事例研究がされていた。

　わたしは新たな発見事実があることを期待してB商店の事例研究を始めようとしたのだが、B商店の経営者であるB氏はどうやら人見知りであるとの話を聞いた。そこで、調査協力を確実に得るために、仲介者を探してB氏にわたしを紹介して頂くことはできないかと考えた。そこでZ氏に相談したところ、A商店には（1）Z氏（B氏の下積み時代の先輩）、（2）A氏（B氏の下積み時代の先輩）、（3）K氏（B氏の幼馴染かつ下積み時代の同僚）というB氏にとって3人の知人が存在していた。仲介者はかつての先輩よりも友人のほうがB氏への印象が良いのではないかと考えたわたしは、K氏に仲介を依頼した。K氏は電話でB氏にわたしの紹介をし、その場に偶然居合わせたZ氏も「ええ奴やから面倒見たって」と口添えをしてくれたこともあり、B氏はわたしの調査依頼を受諾したのであった。

　調査依頼時、B商店ではB氏を除く9名の全従業者が調査協力に反対していたという。まず、B商店は仕事以外に余計な時間と労力を払いたくなかったことから、これまで新聞やテレビ局等のあらゆる取材を断っていた。さらに、大学院生というこれまで関わったことのない人種が、B商店に何か不利益をもたらすのではないかと危惧された。B商店では「神大の学習院（筆者注：大学院）の子がやってくる」と騒ぎになったぐらい、大学院生というのは異様な存在で

あった。しかし、K氏とZ氏の紹介という理由から、B氏はわたしに調査協力をすることを押し切ったのであった。こうして、2011年4月26日にわたしはB商店の調査を始めることができたのであった。

7-2-2　B商店での調査方法

　B商店の調査にあたって2種類の方法を用いた。それは、B商店での参与観察および、経営者であるB氏および従業者へのインタビューである。調査依頼時からわたしはB商店で働くことを志願したのであるが、それは参与観察が研究上必要だったからではない。これまでのA商店での経験から、共に働くことでB商店への理解が深まることを期待したことや、調査協力への謝意を働くことで示したかったからである。その後、調査が進むにつれ、自身がしていることが参与観察だと自覚し始めるのは4度目以降の調査からであった。また、この時点では明確な研究目的を持っていなかった。とにかく、現場でもう一度勉強し直そうという意識が強かった。

　初回調査以降、わたしは従業者として営業に参加した。わたしが担当した売場は2～4㎡の広さで、2～10品目ほどの商品を扱った。わたしの勤務時間は平均11時間ほどであり、毎回平均500枚ほどの買い物袋を使用していた。勤務中にフィールドノーツをとることはA商店同様ほとんど不可能であった。そのための対応方法はA商店の場合と同じである。調査初期のインタビューはレコーダーで録音をし、逐語録として書き起こしている。インタビューは閉店後に行い、閉店後のB商店の店内において平均1時間ほど行った。調査中盤以降はレコーダーで録音をしていない。その理由は、参与観察中に自然な流れの中でインフォーマル・インタビューが発生することが多くなり、その流れを遮らないようにしたからである。この時期のインタビューは営業中に断片的に数分間行われることが多く、その内容は調査終了後にフィールドノーツに整理することで記録している。

　インタビューにおいて最も難しかったことは、B氏がわたしの抽象的な質問に具体的な表現を用いて答えることができなかったことである。例えば初回調査時、仕入れの工夫や価格のつけ方を聞いた場合、「勘」や「気分」としかB氏は答えなかった。仕入れ量の決定方法について尋ねれば、「市場に行くまで

の車の台数」と回答され、わたしはインタビューだけでは研究に使えるデータを得ることができないと感じたのであった。そこで、2回目以降の調査では、わたしが働く中で気になったことについて、その解説をB氏に求める方法をとった。

　例えば、わたしが「今日あの時間にタイムサービスしましたよね。何ですか？」と尋ねれば、B氏は「客の反応が悪かったから」と答え、さらにわたしが「何を見て反応が悪いと感じたんですか？」と尋ねれば、B氏が「物の取り方とか値札の見方とか」というようなやり取りが行われた。そのため、B商店の記述において私の解釈の程度はA商店よりも高いと考えられる。B氏による原稿の校閲は済ませたことで事実誤認や解釈の誤りについては一定の確認はしているものの、以上の点については留意が必要である。

　参与観察を実施する場合、わたしの勤務は8時から始まる。わたしは平日であれば7時36分、土曜日であれば7時40分にB商店の最寄り駅に到着できるように移動をする。そして到着後5分から10分ほどをかけて朝食を摂る。その後8時までにB商店に到着し、動きやすい格好の仕事着に着替えて、8時には仕事を始められるように準備する。わたしが仕事を始める8時には既に一部の従業者が仕事を始めており、店頭には既に仕入先から仕入れてきた商品がダンボールに梱包されたまま置かれている。わたしの最初の仕事は、まず荷解きをして商品を売場に陳列することである。初回の勤務から数回は教育係の従業者が付けられたが、その後B商店の陳列方法を覚え始めてからは、わたしは周囲の状況を見ながら自分で考えて仕事をすることを求められるようになった。

　9時30分頃には一通りの開店準備が整い、従業者は各自接客の準備をする。前掛けエプロンを装着し、おつり用の小銭と買物袋を用意する。次第にお客さんが来店し始め、従業者の誰かが「らっしゃい、らっしゃい」と声出しを始めれば、本格的な開店となる。わたしが1日の中で接客するお客さんの人数は、買物袋の消費量から推測して平均300人から400人ほどである。B商店は18時から19時にかけて閉店することから、およそ2分に1人の接客をこなしながら、平行して売場の管理を行わなければならない。効率的に仕事をこなす知識や技術を有していない従業者は、多大な労働量をかけなければこの仕事をこなすことはできない。

初回勤務時はわたしの日頃の生活習慣から朝食を摂らずに臨んだのだが、勤務開始から３時間ほどで体が仕事に耐えられず、立ちくらみ、めまい、こむら返りを何度も繰り返し、翌日は全身筋肉痛で寝込むほど疲労した。わたしはこれまでのA商店勤務の経験からは想像しえない繁忙さを体感したのだが、B商店にとっては日常的な忙しさの範囲内であったことを知らされた。そこでB氏が「せっかく勉強しに来とんやったら、もっとおもろいもんみせたろか」とわたしに提案し、初回勤務日から４日後の４月30日（土）に２回目の勤務を行うこととなった。

　B氏が提案した「おもろいもん」とは特売であった。その日は１週間の中で最も忙しい曜日である土曜日であったこと、ゴールデンウィーク中であったこと、わたしのために特別に特売をしたこと、これらが重なり２回目の勤務では初回勤務時以上の繁忙さを体感することとなった。当日は多くの売場で商品陳列・補充が追い付かず、店内に在庫はあるが売場に商品がないという状況になるほどであった。実は、わたしは初回勤務時に体調を崩しており、体調不良のまま２回目の勤務に臨んだのだが、わたしの身体は当日の勤務の負荷に耐えることができなかった。その結果、わたしは急性咳喘息を発症し、その後２ヶ月間の自宅療養をすることとなった。わたしは体力にはある程度の自信があった。10歳からサッカーを始め、小・中・高・大学まで本格的に部活動を行い大学卒業後は社会人リーグにも参戦していた。また、20歳から24歳までの約４年間では、サッカーと並行してボクシングを始め、フェザー級のアマチュア選手として２度試合にも出場し、22歳から24歳までの２年間はトレーナーとして選手育成にも携わった。しかし、それでもB商店での仕事をこなすだけの体力水準には至っていなかった。

　その後のB商店への調査は、体調が回復した８月以降から教員として就職する2012年４月まで、週に１回の勤務が基本的な調査間隔であったが、調査のたびにわたしの体重は落ち続けた。2012年３月に体重が増加している理由は、わたしの就職祝いが続いたことによる不摂生が原因ではないかと考えている。また、体重の変化は調査とは異なる目的で記録していたデータであるため、調査期間全体の記録はない。

第7章　調査する「わたし」、研究する「わたし」　225

図7-1　わたしの体重の変化（kg）

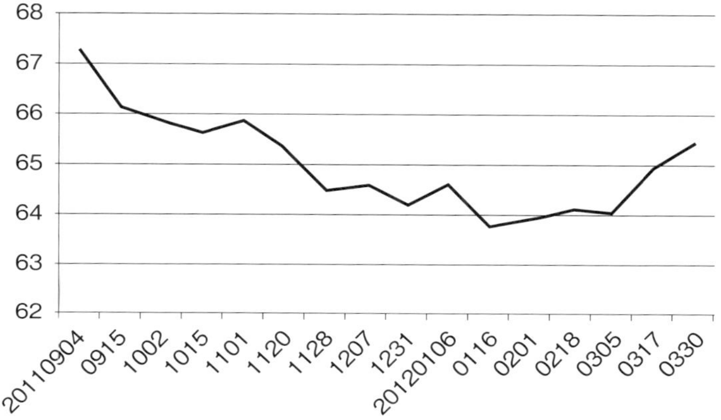

出所：筆者作成

　このような経験から、万全の健康状態で勤務日を迎えること、そして勤務に耐えられるようにしっかりとした朝食を摂る必要性を自覚し、勤務に適した朝食を模索することとなった。体調を整える上での優先順位としては睡眠時間の確保を最優先とし、朝食は短時間で高カロリーを摂取するためにB商店付近のファストフード店で済ませることにした。朝食を終えると、B商店の最寄りのコンビニに行き、夏場であれば4リットル、冬場であれば1リットルほどの飲料と栄養ドリンクを購入し、B商店に向かう。

　わたしが調査依頼をした段階では、B氏はわたしの調査は1回だけであり、さらにわたしはまともに仕事をできないだろうと考えていた。しかし、未熟なりにも初回の勤務で音を上げることなく勤め上げたわたしをみて、B氏はわたしの紹介者であったA商店とB商店とを比べてなめられないように、B商店の本気を見せようと思いついたという。そして、特売にわたしを招いたのであるが、ベテランの従業員だけでなくB氏自身もその繁忙さに嫌気が差す特売をわたしが勤め上げたのであった。わたしのその姿勢を見たことで、B氏は本気でわたしと付き合ってみようと思い、営業終了後にわたしを夕食に誘ったのであった。そして、この夕食を機に、B氏とわたしの個人的な付き合いが始まったのであった。

7-2-3 調査協力者と研究者との一線を越える

　以下の**表7-3**はB氏とわたしの交際記録である。食事は全て夕食であり、外食もしくはB氏の自宅に招かれて奥さんの手料理をご馳走になった。調査開始から現在に至るまでの間、わたしはB氏およびB商店の従業者とは良好な関係を築けていると感じているが、決して最初からすべてが順調であったわけではなかった。

　Z氏の紹介によりB商店での調査を開始できたものの、実はB氏はわたしに対して最初は好意的ではなかったという。その理由は単純に調査を受けることが面倒くさかったからである。B氏は基本的に人付き合いが嫌いであり、心の底から好きだと思える人以外とは関係性を築く必要性を感じていないという。B氏がわたしに好意を抱いてくれたきっかけは、初回および2回目の勤務態度

表7-3　B氏とわたしとの交際記録

日時	参加者	交際内容
2011年4月30日	B氏、B氏家族	食事
〃 年5月8日	B氏、B氏家族、筆者妻	食事
〃 年8月4日	B氏、B氏家族、筆者妻	食事
〃 年9月5日	B氏、B氏家族	食事
〃 年9月12日	B氏、B氏家族	食事
〃 年9月24日	B氏、B氏家族	食事
〃 年10月1日	B氏、B氏家族	食事
〃 年10月8日	B氏、B氏家族	食事
〃 年10月29日	B商店従業者9名、筆者妻	食事
〃 年12月17日	B氏、B氏家族	食事
〃 年12月31日	B商店従業者5名	食事
2012年2月6日	B氏、B氏家族、筆者妻	食事
〃 年6月30日	B氏、B氏家族	食事
〃 年8月11日	B氏、B氏家族	食事
〃 年9月24日	B氏、B氏家族、筆者妻	食事
〃 年10月13日	B氏	食事
2013年9月15日	B氏、B氏家族	筆者結婚式
2014年3月23日	B氏、B氏家族	筆者送別会
2015年7月4日	B氏、B氏家族	食事

出所：筆者作成

だった。2005年のB商店創業から2014年9月までにアルバイトを含めて約30名がB商店に勤務したが、勤続中の従業者は家族を除いて3名である。多くの従業者は1週間すら勤務を継続できずに退職し、3日ももたずに退職することも珍しくない。

　わたしが音をあげずに最後まで働くことができたのは、B商店を紹介してくれたZ氏の顔に泥を塗るわけにはいかないという思いからであった。初回勤務時にわたしはB氏から何度も「顔死んでるで」とからかわれたが、手を抜かず必死に仕事をこなすわたしを見て、B氏は「真面目な子やな」と好意を抱いたという。

　B氏はこの時点で調査が終了するだろうと予想し、これまでの慰労を兼ねて勤務後にわたしを夕食に誘った。B氏にわたしの自宅まで自動車で迎えに来て頂き、自動車に乗るとそこには1人の女性が乗車していた。そして、この日は3人で食事をすること、その女性がB氏の妻であることを知らされた。さらに、B氏から「何ひ1人で来てんねん。彼女連れて来たらええのに」と叱られたのであった。B氏の奥さんを紹介して頂いたことから、後日わたしも当時交際中の恋人であった妻を紹介した。その後、B氏とわたしとの間では両者の妻を加えての交際が始まった。わたしがB商店での勤務があった日は、B氏の自宅に招かれ、B氏の奥さんの手料理をご馳走になることが増えた。さらに、盆や正月等に我々夫婦が実家に帰省する時には、B氏の奥さんからわたしの実家に対して手土産を渡されることもあり、どんどん親交は深まった。

　B氏との交際中、B氏は毎回必ずわたしを自宅まで自動車で送り届けてくれた。2012年2月までのわたしの自宅まではB氏の自宅から高速道路を使用して30分程の距離であったが、2012年3月にわたしが引っ越しをしてからは、わたしの自宅まで高速道路を使用しても一時間ほどかかることとなったが、それでも自動車で送り届けてくれた。移動時間の多くは、B氏とB商店について語ることが多かったが、その会話はインタビューとしてのものではなく、どちらかと言えば私的な会話であった。B氏にはこの時の会話の多くの部分を論文に使用する許可を得ているが、インタビューにおけるB氏の語りと、わたしの自宅までのドライブにおけるB氏の語りでは、その性質は大きく異なっていた。わたしの自宅までのドライブ中の語りはインタビューにおける語りに比べて、同

じ内容を再確認してもより感情的な表現となることや、B商店では語れないB氏の従業者に対する評価等、B氏の本音に近い語りがされたように感じた。このインフォーマルな語りを体感できたことが、B商店への理解を深め、毎回の勤務での働き方をより積極的なものへとわたしを動機づけたのであった。

　わたしが調査を申し込んだ時点でB商店の従業者は全員調査協力に否定的であった。しかし、そのことは調査開始から約半年後にB氏から聞くまで気づかなかったほど、初回勤務時から従業者の方々はわたしを優しく受け入れてくれたと感じていた。とは言え、当然のことながらあくまでも部外者のお客さんとしての扱いであった。勤務初期において昼食休憩はわたしから先にしていたことや、他の従業者は昼食代が自腹である一方でわたしは現在でもB氏から昼食代が支給されるだけでなく、ときにはB氏の母から昼食にお寿司をご馳走になることさえあった。B氏によれば、休憩に関しては体力的に限界のあるわたしへの配慮であり、昼食代に関しては調査を仲介したA商店での方法を引き継いだのだという。

　わたしは良くも悪くも異質な仲間としてB商店に溶け込んでいくことになった。多くの従業者の最終学歴は高卒であり、大学を卒業して大学院にまで進学しているわたしはこれまでに関わったことのない人種であったようで興味を持つ対象でもあったようだ。わたしの学歴への興味は強く、「こんなえらい人はうちの店になんか普通来てくれへんよ」と言われることもあれば、わたしが商品搬入時に他の従業者よりも軽い商品を持っていれば「普段ペンしか持ってないから、か弱いんや」とからかわれることもあった。

　勤務時に特に気をつけたことは、他の従業者に対してわたしが一番下の立場であるという姿勢を心から表すことであった。わたしが調査を始めた後にB商店に入社し現在勤続中のある従業者がいるが、彼は入社当時には定時制高校に通うわたしよりも一回り年下の学生であった。彼に対してもB商店の従業者であることへの敬意をこめて会話は敬語で接し、彼がわたしの仕事能力を超えてからは頭を下げて指示を仰ぐことにも抵抗はない。一歩店を出れば大学院生あるいは大学教員という存在のわたしに対して、「偉い人」という不要な先入観を持たれず、少しでも同じB商店の一員であると認めてもらえるように、従業者たちとの接し方には配慮した。

わたしは勤務ごとに少しずつ従業者との関係性を構築していったのだが、順調だったわけではない。前述の通り、次第にわたしはB氏と個人的な交際をすることになったのだが、そのことを快く思わない従業者がいたのである。B商店では、B氏が従業者と2人で遊ぶことや外食をすることはそれまでほとんどなく、そのことが従業者の中に妬みを生むこととなった。営業中に価格や商品陳列が変更された場合、わたしはその従業者に変更の動機や理由を尋ねるのだが、わたしに妬みをもつ従業者からは、「知らん」あるいは「なんでうちの経営のことを部外者の人間に教えなあかんねん」との返答が返ってくるようになった。当初わたしはその度に落ち込んでしまったが、彼の立場を考慮するとむしろ彼の対応こそが普通の対応であり、調査協力者が研究者に知識を提供する動機ははなからないということを改めて痛感した。

　B商店の従業者とわたしの絆を最も強めた出来事は、年末の繁忙期である12月25日頃から30日までの営業だった。B氏によれば、「年末を乗り切ったら一人前」というほど、この時期の営業は多忙になる。経営面の変化としては、年末ならではの季節性の商品が増え、それらが他の商品と同じ薄利多売で販売されるだけである。それにもかかわらず、この時期の売上は平常時の3倍ほどまで増加する。客単価が増加することを差し引いても2倍近く来客数も増加しているのではないかと感じる。あまりの人の多さに、過去には店頭でスリが発生したことや、交通整理のためにB商店付近に警察が出動したこともあったそうだ。

　この時期、平常時の従業者に加え5人から7人ほどのアルバイトを雇用する。彼らの業務内容は、商品の補充・陳列と店頭の清掃だけである。少し大げさに言えば、あるアルバイト従業者は1日中ジャガイモと玉ねぎをザルに盛り続けるだけで1日の営業が終わる。そうすることで、正規の従業者は接客と会計のみに集中することができる。この時期、20㎡しかない店舗に20人弱の従業者が存在することになるが、それでも回転が追い付かず店内に在庫はあっても売場から商品が消えてしまうことが起こってしまうほど多忙になる。それほどの困難を協力し、苦しみを分かち合いながら乗り越えることで、わたしは従業者間の絆が強くなっていくのを感じた。

　その後も、毎回の勤務では1人でも多くの従業者にわたしをB商店の一員と

して認めてもらえるように、気力と体力とを振り絞りながら仕事を行った。その甲斐があってか、2012年の春ごろからはわたしに対して非協力的であった従業者も、わたしの質問等に特段の違和感なく答えてくれるようになった。調査開始時のわたしの愛称は「まっちゃん」であったが、わたしが大学教員になる前から「先生」あるいは「教授」と呼ばれるようになった。就職後の現時点でのわたしの職位は教授ではなく准教授であるが、そのことはB商店の従業者たちにはどうでも良いことである。わたしが2012年4月に大学教員として就職する際には、B商店の従業者であるB氏の母から「教授のことはうちの一員や思てるから、いつでもおいで」と温かい励ましの言葉をもらったことは、その後の調査を続けていくための自信となった。

7-2-4　わたしという存在のB商店への効果

　わたしがB商店に勤務することでB商店の販売能力が変化する。初回勤務時の従業者としてのわたしの能力を、B氏は「たたきあげのベテランと比べると素人の域やけど、うちに入っても遜色ないと思う。普通のレベルの仕事はできると思う」と評価している。無難に仕事ができると判断されたことから、勤務3回目頃からは他の従業者の助けは受けるものの担当売場を持たされるようになった。つまり、わたしが勤務を行う日は従業者が1名増えることとなる。

　多くの場合は、わたしが担当売場を持つことでベテラン従業者2名が担当売場を持たないようになり、自由に動きながら売場全体の調整役を果たす役割に移ることが多かった。新人従業者がいる場合は、新人従業者とわたしが2人で1つの担当売場を持ち、わたしが新人従業者に若干の指導を行いながら売場管理をすることもあった。いずれの場合も、B氏およびベテラン従業者はこれらの業務負担を軽減できることによってより上位の管理業務に労力を割けることになり、A商店の販売能力が高まると考えられる。また、わたしはA商店での勤務経験があったことから、B商店での勤務初日から「らっしゃい、らっしゃい」と声出しを積極的に行ったのだが、そのことがB商店内で声出しに消極的な従業者を際立たせてしまった。そのことに気づいたある従業者が声出しに消極的な従業者に指導するようになったこともあった。

7-3 研究する「わたし」

7-3-1 事例研究の壁

　B商店での2回目の調査が終わったころ、ある学会の先生から次号の学会誌に論文を投稿してはどうかと依頼を受けた。その学会誌は査読なしの論文だけが掲載されることで投稿期限の約1ヶ月後に発行される学術雑誌であった。D3になったばかりで1つでも多くの論文業績が欲しかったわたしはその依頼を受諾した。

　投稿期限の2011年5月末までは依頼時点から1ヶ月ほどしか時間がなかったため、調査の疲労から急性咳喘息を発症したことによる自宅療養期間中ではあったものの3回目の調査を実施したのであった。3回の調査では合計約33時間の参与観察および約4時間のヒアリングをした。研究テーマは衰退業種における繁盛店はどのような仕組みで高業績を実現しているのかと設定し、フィールドワークに基づくケーススタディ研究としてなんとか論文を執筆し投稿することができた。

　指導教員からは「理論的な話は別として、事例は面白い。とにかくこの事例を深掘りしたらいいと思います」との助言を受けたことで、論文の貢献を表すwhat's newおよびso whatのうち、前者には応えることができるのではないかと手ごたえを感じた。しかし、後に振り返ってこの論文を見返せば、B商店の目新しい経営活動がばらばらに記述されているだけで、それらが売り切りを達成するために連動しているということには気づいておらず、表面的な事例分析となっていた。しかし、ヒアリングではなく、参与観察ならではの発見事実も複数あったことから、しばらくはそのまま調査方法を継続しようと判断した。

　ケーススタディ論文に対する自己評価は、事例の面白さはあるが新しさはない論文であった。つまり、理論的貢献を提示できていないことが、事例の新しさを主張できていない原因だと考えた。この頃、わたしには新たな論文提出の期限が近付いていた。わたしが所属する大学院では、博士論文提出資格認定論文（以下、「学内審査論文」と表記）を提出して、その審査に合格しなければ博

士論文の審査を受けることができない。その論文の提出期限は7月下旬であり、ケーススタディ論文を執筆してから2ヶ月ほどしか時間的余裕がなかった。それでもわたしはケーススタディ論文の事例記述を厚くすること、そして既存研究の検討を深めることで理論的貢献を提示することを目指し、B商店への第4回目の調査と文献レビューを進めたのであった。

　しかし、まだまだ自力で理論的検討をするだけの能力を有していないと考えたわたしはF先生に相談した。F先生はわたしの指導教員の後輩に当たり、わたしよりも一回り以上年上の先輩だった。F先生との出会いは、わたしがM1のときF先生がわたしの所属するゼミにOBとして遊びに来たときに、ゼミの先輩から紹介されたことがきっかけであった。その後、ゼミの先輩がF先生に研究の相談をかねて食事をするときなどに同席する機会が数度あり、その流れの中でわたしもF先生に相談することが増えていった。

　F先生の専門領域はわたしと同じではなかったが、彼に相談をするようになった理由は、一番良い助言を受けることができそうだという直感であった。その先輩を選択した理由を今振り返ると、相談できる身近な先輩の中で一番刺激的な論文を書いていたこと、論文の結論における理論的貢献の提示が明確であったこと、研究方法に事例研究を採用していたことなどを挙げることができる。わたしの調査報告を聞いたF先生は、「今まで聞いた事例の中で一番面白い。でも君には書けへんわ。理論がないから。手ぶらで戦場に行くようなもんや」と言った。そして、わたしがこれまで読んだ文献への理解の低さと方法論に関する知識の不足を指摘した。方法論については、井山・金森（2000）および金森（2000）を紹介され、すぐに感想を求められた。当時のわたしは前者に関しては理解しながら読むことができたが、後者に関しては並んでいる文字を読むことしかできなかった。わたしが理解できなかったことについてはF先生が解説をしたものの、その解説もまた理解できなかった。そのため、この類の解説をその後何度も繰り返し受けることになった。

　並行して、既存研究に対して事例から何が言えるのかということを考えては、週に数回ほどF先生と電話で議論した。通話時間は平均して1時間を超えることが多かった。一番長かったときで、約7時間も続いたことがあった。電話ができないときはメールでやりとりをしたが、1件当たりのメールの長さは、読

むだけで10分以上かかる程であり、返信までの時間を含めると1時間以上時間がかかることが多かった。当時の様子を傍から見ていたわたしの妻は、わたしが毎日拷問を受けているようだった、と表現し私の身を案じていた。

　実際、この時期のF先生の指導はわたしにとっても非常に辛いものではあったが、それでもF先生との関係を続けることができた理由は、私的な交流の存在が大きかった。わたしにはボクシングの経験があったが、F先生には空手の経験があった。F先生の実力は、結果的には実現しなかったものの、当時全国的に人気のあったある格闘技イベントへの出場が検討されたほどであった。その後F先生は一線からは退いたものの、わたしと出会った頃には新たに総合格闘技の練習を始めていた。そして、わたしに格闘技の経験があることを知ると、一緒に総合格闘技の練習に参加することを勧められ、わたしは応じた。それからわたしが就職するまでの間は、まず2人で総合格闘技の練習に参加し、その後F先生の大学の研究室で打ち合わせを行うようになっていった。このような過程の中でわたしのF先生に対する信頼関係が醸成され、厳しい指導を耐えることができるようになっていった。

　結局、学内審査論文の執筆に関しては時間的余裕がなかったことから無理やり手持ちの文献の中から文献レビューを構成した。大学院進学後、段ボール8箱分ほどの文献は収集していたため、なんとか論文の形を整えることはできた。学内審査論文の研究テーマは、小規模小売業者の経営活動における固有の制約に対してB商店がどのように適応しているかと設定した。F先生は「イマイチやけど、とりあえずそれで出してみたら。」という感想だった。審査の席で副査の1人の先生からは「レビューと事例とが全くかみあってない。どちらの話がしたいのですか。」と指摘された。

　それでもなんとか審査には合格したが、わたしは明確な理論的貢献を提示できていないという問題を再度痛感した。しかし、審査での手ごたえもあった。例えば、商業研究の基本的な関心は品揃え物の形成を通じていかに消費者の需要に応えるかであったが、B商店は何を品揃えするかよりもどのように仕入れるかのほうに関心が強く、理論と事例との間に若干のずれが生じているのではないかと考えた。そうであれば、理論の前提や枠組みの改定案を提示することで理論的貢献が提示できるのではないかと考え始めたのであった。

7-3-2 理論および方法論の模索

　学内審査論文の審査が終わった頃、わたしの大学院生活を案じた母から研究が順調かどうかを尋ねられた。そこでわたしは学内審査論文を母に渡したのであるが、「この論文で一番伝えたいことは何なの。」という母の質問に答えることが出来なかった。同時期にF先生から指摘されたことは、わたしの記述力の未熟さだった。当時のわたしはB商店の経営活動について、議論すればある程度説明できたがそれを事例記述としては表現できていなかった。振り返れば、この頃の記述は未だ興味深い個別の経営活動がばらばらに並べられているだけだった。F先生からは「生き様が文章にでるから、生き様を厚くしないと、厚い記述はできないと思うよ。」と指摘された。そして、生き様と厚い記述を兼ね備えた記述の見本として、水上（1978）を紹介されたのであった。

　とはいえ、技術的な記述力に関しては短期的に養うことができるということで、F先生はわたしの記述力を高めるためにある課題を出した。それは、F先生が博士論文の事例研究に使用した二次資料と同じものを用いてわたしが事例記述をするというものであった。早速、わたしの家にはダンボール2箱分の資料が届けられ、箱を開けると両面印刷の資料が一杯に詰め込まれていた。この課題は2つの方法で実施された。1つ目は、資料を1度だけ流し読みした状態で事例記述をする。全ての作業は1日以内に終わらせなければならない。2つ目は、資料を精読した状態で事例記述をする。全ての作業は1週間以内に終わらせなければならないというものであった。さらに、この課題をこなしながら、この課題の具体的な意図についてわたしは答えなければならなかった。最終的なわたしの回答は、前者については事例の俯瞰的な理解とそれに応じたストーリーの構築であり、後者については前者の課題によって作られた記述を厚くするための情報の取捨選択とそれに応じた構成の精緻化であった。F先生はわたしの回答にとりあえず合格点をくれた。

　この課題はわたしにとって非常に楽しいものであった。まず、資料自体がわたしの専門領域とは異なっていたため、資料を読むこと自体に単純な目新しさがあった。そして、なによりも課題を通じて自身の成長を大きく感じることができた。また、この課題はF先生にとっても自身とは異なる着想や記述をする

第7章　調査する「わたし」、研究する「わたし」　235

わたしをみることが有益であったという。このように、この課題は両者に有益な機会であったことから、テーマを変えながら新たな資料を用意し、その後同様の課題を数度実施したのであった。以下はある課題に対するF先生の返答である。

> 「学生が書く、包括的なレポートとしてはvery goodだと思います。が、professional researcherの事例研究（の練習）としては、「で？」「だから、何？」「So what?」に答えられない、という点で、いまいちです。枝葉は要りません。思考を、こっちの方向にもって行かないで！　幹を見いだそうとしてください。……議論を網羅的に整理できる能力があることは確認できました。いや、前から分かっていたことです。なので、次のステップに行きましょう。つまり、たとえば、ビジネススクールの授業で30分発表して、質疑応答で、社会人院生に、『で？』「だから、何？」「So what?」と聞かれたときに、答えられる理解を描いてみてください。……これができるようになることは、自立した研究者になるために大変たいへん、重要だと思うのです。なぜなら、よくあるありきたりの現象のデータから、自分で疑問を構成し、自分なりの理解（おこたえ）を創る、ことだからです。そして、松田さんが博論が書けないのは自分で問題を創るところのキレが悪いから、のように、私には見えるのです、よ。えらそうでゴメンね。」
> （出所：筆者メール、受信日2011年4月11日）

　ある時、F先生とB商店の調査結果について電話で話していた中で、「B商店で大事なことは、売り切りの話なんちゃうん」という助言を受けた。その時、頭の中で何かが開け、それまでばらばらに捉えていた個々の経営活動を総体的に捉えるという視点を得たのであった。その後の参与観察では、B商店ではその日仕入れた商品を毎日その日のうちにすべて売り切るために何がどのように行われているのかについて注意を払いながら調査するようになった。並行して、方法論を勉強することでも事例記述能力を高めようと考え数冊の入門書を読んだ。そして、わたしのしていることは、ある組織の成員たちが日常的な行為を達成するための方法を研究として扱うエスノメソドロジーではないかと考え、関連する文献を集中的に読み始めたのであった。

　一方、理論的検討に関しては相変わらず特段の前進のないままの迷走が続いていた。ある副査の先生のゼミで研究経過報告をしたとき、「事例は面白い。しかし、ノウハウを集めても研究にならない。君はどの理論と接続する気なの

ですか」という指摘を受けた。さらに、例として商店街内の品揃え物の調整や小規模商店のマーチャンダイジングが研究テーマとして挙げられた。しかし、そのどちらもわたしが研究したいことではないと感じた一方で、どのような研究としてまとめたいのかを説明できない自分の無力さに途方に暮れたのであった。さらに、もう1人の副査の先生との面談では、博士論文の構成案とB商店の事例について報告したところ、「まだちょっと柔らかい段階だね。もう少しまとまってきたらまた面談しよう。」と遠まわしに研究が研究として成立していないことを指摘され、わたしはまた途方に暮れた。しかし、学内審査論文提出以降に感じていた理論と事例とのずれについて、商業論では仕入れと販売とを独立した経営活動として扱っているが、現実では仕入れと販売は不可分の経営活動であり、ふたつの経営活動を同時に扱う理論的な枠組みが必要だ、と自分の意見を少しずつ整理できるようになってきた。

　その点についてわたしが所属するゼミで報告をしたところ、指導教員からビジネスシステム研究を紹介されたのであった。この助言によって研究が進展することを期待したものの、仕入れと販売が不可分であるというわたしの意見は、ビジネスシステム研究では当然の見解であった。関連文献を読み進めるものの、わたしは商業研究にビジネスシステム研究を援用する意義を見出すことができず、単にB商店の事例を異分野の研究で書き換えるだけの研究では価値がないと考え、この分野を参照することを中断したのであった。

　わたしはM2の頃から、所属する大学院だけでなく商業研究分野で著名な他大学のG先生のゼミにも参加し、指導を受けていた。この頃、G先生のゼミでもB商店の報告をしたところ、事例について「びっくりするような話が多くて面白い。しかし、君の記述が正しいとして、どう考えてもこの売上には納得できない。」と、記述の未熟さを指摘された。理論的検討に関しては、「商業論が仕入れに関心が薄かったのは確か。卸売市場制度や食品スーパーの発展と合わせて議論を組み立ててはどうかな。」という助言を受けた。

　早速、G先生に卸売市場に関する代表的な文献を教えてもらい読み進めた。すると、この領域の研究者の多くは農業経済学を専門とする理系の研究者であったが、わたしの問題意識に近い文献もある程度見受けられた。なかでも、卸売市場での取引制度がセリ・入札取引から相対取引に変化したことで、同規

模同士の卸売業者と小売業者の取引が固定化し始めただけでなく、大規模小売業者が先取りをした残りの商品の中から中小規模の小売業者は品揃えを形成しなければならないという、卸売市場流通の現状を把握する事ができた。これはまさに、A商店とB商店が直面していた仕入れに対する問題であった。

　この点が理解できたことで、参与観察を営業時間だけでなく当日の仕入れからさせてもらう機会も増え、発見事実の理解を深められるようになった。あの仕入れができるからこの販売ができる。あの販売をしてしまうから、この仕入れしかできなくなる。このような視点からB商店の経営活動を捉えられるようになると、これまでばらばらに独立していたと考えていた経営活動の多くが、売り切りという目的のために組み立てられていることに気づけたのである。これらはB氏によって組み立てられていたものもあれば、試行錯誤の中で知らぬ間にそうなっていたものもある。修正した原稿をB氏に見てもらうと、「へえ、俺はこんなことしてたんや。でも間違ってないと思うわ。」との感想を受けた。

　次第に商業研究が理論的に検討すべき課題も明確に提示できるようになってきた。第1に前述の仕入れと販売の不可分性である。第2に既存研究では競争優位は商業者の地域密着性やコミュニティ機能等の消費市場に源泉があると考えられてきたが、青果物流通における卸売市場制度の変化を考慮すると購買市場にも競争優位の源泉が存在する可能性があることである。第3に、既存研究では小規模小売業者の存在意義は潜在需要の発掘や特殊商品の品揃え等が挙げられてきたが、青果物流通に限って言えばスーパーマーケットと取引をする仲卸業者の経営負担を緩和する存在として既存の流通構造を維持する機能を持つ可能性があることである。このように、それぞれの論点は異なるものの、自身の研究が持つ意義を理論的貢献として提示でき始めたのである。

　このように、卸売市場制度をはじめとする青果物流通研究とわたしの専門領域である商業研究とを関連付けながら整理することができるようになったのだが、青果物流通研究のレビューが適切かどうかについて、専門領域とは異なるためわたしは自信がなかった。この不安を指導教員に相談したところ、「せっかく学生なんだからその身分を目一杯活用したらどうですか。」と助言を受けた。早速、わたしは同じ大学の農学部に所属する農業経済学の先生にメールで連絡をし、わたしの研究内容について相談する機会を得ることができた。その

後、その先生には2度面談をしてもらい、参照が必要な文献を教えてもらうだけでなく、入手が困難な資料についてはそのコピーをダンボール1箱分も用意してくれた。こうしてわたしは青果物流通に関するレビューに誤りがないか、わたしの調査事例が農業経済学の専門家にはどう評価されるかについて一定の助言を受けることができた。

　2012年4月、わたしはある私立大学に就職した。しかし、博士論文はまだ完成しておらず、教員と大学院生の二足のわらじを履くことになった。研究方針の課題として、博士論文の重心を理論に置くか事例に置くかを考えなければならなかった。指導教員と相談した結果、この時点でわたしが見通せている理論的貢献は弱いものの、参与観察は順調に進んでおりこの面をうまく強調できるように論文の構成を考えることとなった。そのためには方法論の基盤を固めなければならなかった。わたしはこれまでにエスノメソドロジーについて勉強を進めてきていたのであるが、それに対して違和感を覚えていた。

　この頃、わたしは既存の商業研究は八百屋の経営活動を十分に捉えることが出来ていないのではないかと考えるようになっていた。そして、商業研究は八百屋の経営がどのように成り立っているのかということについて詳細に考察しなければ新たな理論的展開ができないのではないかという問題意識を持ち始めていた。このような問題意識を持つと、当事者にとっての当たり前の日常がどのように達成されているかというエスノメソドロジーの視座はわたしの問題意識とはあてはまりが良くないように思えた。

　一方で、ある特定の文脈の中で人々の行動を研究するエスノグラフィーに関心を持つようになっていた。文化人類学におけるエスノグラフィーでは文化を構成する人々や文化の中でみられる現象や問題を扱う。エスノグラフィーの視座を商業研究に援用することで、八百屋の経営を構成する活動や経営活動の中でみられる現象や問題を扱うことができると考え、わたしの問題意識である八百屋の経営はどのように成り立っているのかを商業研究として進めることができるのではないかと考えた。

　そこで、エスノグラフィーに関する文献を読み進めるとともに、エスノグラフィーとしての記述を可能にするための参与観察を進めることにした。大学教員になった影響から調査頻度は大学院生の時と比べて少なくなり、月に1度か

2ヶ月に1度となったものの、B商店の1日を事例記述で再現するという明確な目標を持ったことで、参与観察の精度が上がったように感じた。調査では、今まで気づかなかったような細かいことが気になるようになった。例えば、トマトがザルに盛られているのを見て、なぜザルに盛るのか、なぜこのザルなのか、このザルはどこで買ったのか、なぜそこで買ったのか、このトマトはなぜこの盛り方なのかなどについて、B氏や他の従業者にしつこく聞きまわるようになった。このことは、B商店に対する理解が深まるだけでなく、従業者としてのわたしの能力も高めたのではないかと感じている。

2013年3月時点で調査回数は40回に達した。そこで、少しずつ整理してきたこれまでの調査結果を、八百屋のエスノグラフィーとしてワーキング・ペーパーにすることにした。論文の形式としてワーキング・ペーパーを選択した意図は、第1に幅広い人に読んでもらうために文献レビューなどの理論的検討部分を除外したかったこと、第2に、実務家が読んで「なるほど」とうならせることができるような記述ができるかどうかを試すために字数制限なく自由に執筆したかったことである。こうして、B商店の1日の営業を再現するという構成でワーキング・ペーパーを執筆したのであった。

ワーキング・ペーパーは約3万8,000字47頁でまとめることが出来たが、当初わたしが予想していた量を書けなかった。その理由は何をどこまで記述すべきかが分からなかったからである。その原因はわたしが理論的検討部分を除外したことの悪影響であると考えた。理論的検討を通じて課題が導出されていないため、結論として考察することがなくなってしまったのである。そのため、結論部分は発見事実を整理しただけであった。これらの課題は、わたしがまだエスノグラフィーを論文として執筆する能力が不足しているからだと考えた。

一方で、ワーキング・ペーパーにしたことの良い影響もあった。わたしの意図通り幅広い方に原稿を読んで頂き、今後の研究の発展性について多くの助言を得ることができた。他の研究者やMBA大学院生の中には、ワーキング・ペーパーを機にわたしのファンになったとまで言ってくれる人もいた。さらに、事例研究や先端事例の紹介として、他大学大学院の講義や企業研修、商業者団体の勉強会に講師として招聘されることもあった。

ワーキング・ペーパーへの評価や講演依頼はわたしの自信につながる一方で、

わたしにオーバー・ラポールを生起させていた。この頃のわたしには、調査で見たことやA氏やB氏から聞いたことは価値があることで、それらをそのまま記述すれば評価される、という思いがあった。そのことに気づかせてくれたのは、副査の先生からの「聞いてきたことを鵜呑みにしすぎ。冷静に判断しないと。」という言葉であった。また、ワーキング・ペーパーに対する批判的な意見として「こんなん昔の八百屋がみんなやっとったことや。」、「君はコンサルにでもなるの。」といったものもあり、これらもわたしがオーバー・ラポールに陥っている危険性を認識させる契機となった。

7-3-3 博士論文の完成

B商店の調査を続ける中で気になったことは、なぜあのようなことができるのかということであった。なぜ価格や販売ロットがあれほど柔軟に変更されるのか、なぜ従業員にあれほどの権限を与えるのかなど、特徴的な経営活動がどのような過程の中で可能になってきたのかを理解しなければ、記述を厚くすることができないと考えた。そこで、「こういうことし始めたのっていつからですか。そのときどんなこと考えてましたか。」といった質問をすると、B氏は「それはあんときかなぁ。」と回答する。続いてわたしは「じゃあさらにそのきっかけになったのって何ですか。」と聞くと、B氏は「あれはなぁ、確かあれやねん。」と会話が続いていった。これらの内容の広がりは幼少期の両親のしつけや部活動の経験、下積み時代の苦労話などそれまでのB氏の人生のさまざまな局面にまで及んだ。

このように、エスノグラフィーとして記述したB商店の実践をより理解しようとインタビューを続けていると、その内容だけで事例が1つ書けるのではないかと考えたわたしは、実際に書いてみた。しかし、その記述の意義が何なのか見出せなかったわたしは、ひとまず所属するゼミで研究経過を発表してみた。すると、指導教員は「どういう理論的貢献ができるか分かりませんが、とにかく面白いですね。今は事例調査をどんどん進めてください。」とわたしの発表を面白がってくれた。指導教員がわたしの研究を面白がってくれることが非常に嬉しく、次々に調査を進めるようになった。

並行して方法論の勉強を続けていたわたしは、どうやらこの記述はライフヒ

ストリーと位置づけうるものだということが分かった。しかし、文献をいくつか参照していると、人生を対象とした研究方法には大きくライフヒストリーとライフストーリーとの2つの方法があり、それらは基盤とする方法論が異なるということが分かってきた。それまで構築主義を学んできたわたしにとって、実証主義的側面が強いライフヒストリーよりもライフストーリーのほうが親和的だと考えたのであるが、わたしの記述はライフヒストリーの方法であったことに気づいた。そこで記述方法をライフストーリーに依拠することを検討したのであるが、わたしが描きたいものをライフストーリーの記述方法に沿って整理することができなかった。そのため、方法論はライフストーリーであるが、記述はライフヒストリーになっている状態になってしまったのであるが、解決策を見出せなかったわたしはひとまずこの問題を棚に上げ、調査を進めることを優先したのであった。

就職1年目のこの時期、初めて担当する講義の準備をしつつ、博士論文のための研究をするというのは体力的に非常に厳しかった。このとき研究の原動力となっていたのは、指導教員の期待に応えたいという思いであった。B商店の研究を始めるまで、わたしにとってゼミで研究発表をすることは大変な苦痛であった。当時、同期の大学院生や先輩、後輩たちとよく冗談で使っていた病気として、院生病と言うものがあった。これは大学院生が博士論文のプレッシャーを原因として発症する架空の病気であるが、代表的な症状として慢性的な風邪のような症状と指導教員に対する一方的な被害妄想がある。あくまでも自己申告であるが、わたしも院生病に罹ってしまい、とくに後者の症状が顕著に出ていた。この症状が出てしまうと、ゼミでどんな発表をしてもどうせ指導教員に袋叩きにされるだけだと勝手な思い込みをしてしまい、日々の研究活動への意欲が大きく損なわれてしまう。その結果、研究を放棄し、1日中家でだらだらとゲームをすることやマンガを読むことが増えてしまった。当然研究の質が下がることからゼミで厳しい指導を受けることになる、という悪循環が続いてしまう。そして、より重度の院生病に罹る。

しかし、B商店の研究をするようになって、わたしの研究発表を面白がってくれる指導教員を見たことで、わたしの院生病は一気に完治したのであった。決して優秀な大学院生ではなく、博士論文の見通しも十分に立てることができ

ていなかったわたしではあったが、指導教員の期待を感じることで、少しずつ自分の研究に自信を持つことができるようになり、それまで以上に研究に打ち込むことができるようになったのであった。頑張りすぎて毎朝鼻血を出しながら目を覚ますという時期もあったが、それでも明るく楽しく研究を進めることができたのであった。あるとき、指導教員がある企業研修の講師をする際に、自称かばん持ちとして同席させてもらった。そのとき、その研修のある参加者が非公式な場での質問として「先生と松田さんはどういう関係なのですか？」と聞いたことがあった。このとき指導教員は、「形式的には私の教え子ということになりますが、まぁ、同業者みたいなもんですよ」と回答したのであった。この言葉はわたしにとってはこれ以上ない激励の言葉となり、博士論文を仕上げる強力な原動力となった。

　研究結果も順調に出始め、B商店のエスノグラフィーとライフストーリーに加え、並行して調査を進めていたA商店のエスノグラフィーとライフストーリーも執筆することができた。2つの事例を同時に調査できたことはそれぞれの調査の質を高めることにつながった。単純にそれぞれ異なる実践を構成していることを学ぶことで、それぞれの事例を相対的に理解できることに加え、A氏とB氏という性格の異なる2人に触れることで、調査方法への配慮も変化することになった。

　例えば、インタビューにおいて、A氏とは論理的な議論になり、B氏とは感覚的な議論になる。つまり、A氏とはフォーマル・インタビューの性質が高くなり、事前に質問項目と議論の道筋をある程度固めておかなければならない。一方、B氏とはインフォーマル・インタビューの性質が高くなり、営業中の何気ない一言や問わず語りの中でB氏の考えを理解していく必要があった。参与観察においても、ある出来事に対して変化があるとき、A商店の場合であればその時のA氏の思考の過程を捉えようとし、B商店であればB氏のアンテナに何がどう反応したかを捉えようとした。調査結果を記述する際には、A氏の場合は自身の中で明確な言葉を持っているため、わたしの表現と異なる部分はその都度訂正を受けることがあった。一方、B氏は自身の中で明確な言葉を持っていないことが多かったため、「まぁそんな感じちゃう。」と受け入れられてしまうことが多かった。そのため、事実誤認がないかどうかを判断するために他

の経営活動やライフストーリーとの整合性を注意深く検討した。

　事例部分が完成したのは、博士論文の締め切り3ヶ月前だった。この時点で書き終わっていたのは事例のみであった。方法論や「わたし」についてはある程度文章化されていたものの、この時点で博士論文の結論は何もなかった。とにかく大急ぎで結論をまとめねばならず、そのためのきっかけを得るために、ひとまず事例ごとの発見事実を指導教員と副査のゼミで発表した。わたしは修士論文から一貫して森下（1960）と石原（2000）を先行研究の中核に位置づけていた。その思いを汲んでくれたのか、副査の先生の一人がわたしの事例はそれらの研究に対する何らかの示唆がありそうだと見出してくれた。そして、既存研究に延期と投機の原理の概念を援用することで、品揃え概念には延期的品揃えと投機的品揃えの2つの局面があり、それぞれ小売業者の商品取扱い技術を核とした品揃え概念と整合的に展開されるという理論仮説を検討することを指導してくれたのであった。

　しかし、この仮説は当時のわたしには難解過ぎた。まず、わたしはそれまでに延期と投機の原理に関する文献をほとんど読んだことがなく、副査の先生が提示した仮説を議論するための見通しを全く理解できなかった。副査の先生は、この仮説を自分のものにできるなら博士論文に活用してもいいと付け加えたのであるが、その条件に従えばわたしはこの仮説を使うべきではなかった。しかし、他にめぼしい結論がなかったわたしは藁にもすがる思いでなんとかこの仮説を活用できないかと考えた。副査の先生が例に挙げたフリーマーケットとコンビニを想定しながら、それぞれの場合の品揃えや商品取扱い技術、経営者の役割、セラーの役割、バイヤーの役割、取引先との関係、情報の位置づけなど考えうる要素を整理しながら、品揃え概念と延期と投機の原理との接合を試みたのであった。

　一方、同時期に指導教員からは方法論の位置づけについて指導を重点的に受けた。指導教員は、商業研究領域ではエスノグラフィーとライフストーリーを書き分ける先行研究はなく、それはわたし独自の研究成果と評価してくれた。その上で、なぜその2つの記述を併置するのか、その併置が理論的にどのようなフロンティアを開くのかを徹底的に考察するように助言を受けた。特に、この時点で位置づけがより不明確であったライフストーリーに対して、それがな

ければ気づけなかったことは何かを明確にするように助言を受けた。とはいえ、時間的な制約があったことから、これらの見通しを見せつつ実際には位置づけを明示することに重点を置くようにと指導を受けた。

さらに、わたしはF先生にも相談しながらなんとか結論を導き出そうとした。F先生からは主査や副査の指導に迎合するのではなく、自分が言いたいことを相手の土俵の中で聞いてもらうように工夫して指導を受けることを勧められた。そうでなければ、形式要件を満たしてはいるものの、ありきたりで突っこみはないけど新しさもない研究になってしまうと指摘された。特に、考察で突然「わたし」がいなくなることへの違和感を強く疑問視された。

博士論文の締め切り約1ヶ月前に仮審査が実施された。そこで指摘されたことは、事例と方法論との整合性の悪さと論点を先取りした記述の存在、そして何より理論的貢献の乏しさであった。何とか仕上げたつもりでいた品揃え概念と延期と投機の原理との接合は、説明が少なく議論が抽象的過ぎて理解できないと指摘された。さらに、結論部分の考察の実のなさは、かえって博士論文の価値を損ねるという指摘がされ、結論部分を全て削除し、結論のない研究として仕上げるという案まで出された。しかし、わたしは残された時間をすべて考察に費やすことで理論的貢献を果たすことを約束し、仮審査を終えたのであった。仮審査後、指導教員からは理論的貢献をより明確にするため、事例を読み解くメタ理論としてSarasvathy（2008）が提唱するエフェクチュエーションを紹介されたのであった。

やるべきことは明確であった。しかし、そのやり方が分からなかった。そして、残された時間もなかった。そこで、わたしは2人の先生に泣きついた。その1人は同じ大学院の先輩であるH先生であった。先輩といってもH先生は約10学年年長であり、学会で数度会ったことがある程度であった。常識的には教えを乞えるような相手ではなかったが、H先生がわたしの副査の先生を主査として博士号を取得した経験があること、過去に品揃え概念を発展させた研究業績があることから、無理を承知で連絡をしたのであった。少しでも成功確率を高めるために、依頼状とともにそれまでに執筆したワーキング・ペーパーを同封することで少しでも興味を持ってもらおうとした。

H先生がどういう判断をしたのかは分からないが、指導を受ける機会を得る

ことができた。H先生は、「この事例すごいね。でも、どうしたらええんか難しいね。」とわたしを迎えてくれた。まず、H先生は延期と投機の原理についてわたしの理解を確認し、副査の先生はこういう見通しを立てているだろうと推察した。H先生から丁寧な指導を受けたことで、わたしの中でやっと博士論文を仕上げる見通しが立った気がした。その晩、H先生はわたしに夕食をご馳走してくれたのであるが、そのときの話題の中で、2人は大学院だけではなく学部も同じ大学の出身であり、さらに学部ゼミの指導教員も同じであったことが判明した。わたしは数奇な縁を感じつつ、以後厚かましくもH先生の後輩を名乗るようになった。

わたしが泣きついたもう1人の先生は、前述のG先生である。この頃わたしはG先生が代表者である科研に連携研究者として加わっていたこともあり、G先生は忙しい中でも無理をして面談の場を用意してくれた。G先生との面談はH先生との面談後であったことから、わたしは考察を仕上げた完成稿をもって臨んだ。G先生はまず、「予想した結論と違う。」と告げた。そして、わたしは博士論文を残り少ない時間でブラッシュアップするための助言を受けた。具体的には、わたしの事例が示唆する先行研究にはなかった品揃え概念への新たな視点や過去数十年における流通の進化過程にわたしの事例を位置づけた場合の学術的価値、理論的貢献としてより強調すべきことと控えめにすべきことなどについて指導を受けた。面談後、G先生は行きつけの店でわたしに夕食をご馳走してくれた。そして、副査である「あの2人から博士号をもらうんは大変やで」とわたしを労ってくれた。

そして、わたしは無事博士論文を提出することができた。理論的貢献の乏しさを指摘した副査の先生も、「このぐらいまで仕上げてきたなら」と一定の成果を認めてくれたのであった。審査では最後に、博士論文の不十分な点を本音ではどのように感じているかを問われた。わたしは、第1に事例記述が想定より厚くならなかったこと、第2に理論的な貢献が十分にできなかったこと、第3に一般的な論文の構成にしたかったことを挙げた。記述が想定より厚くならなかったことは、本書の執筆時点でも同様に感じている。その理由を考えながら事例を何度も読み返していると、一応の理由は思いついた。それは、わたしが現場でのコンピタンスを十分に身につけていないからではないかと考えてい

る。従業者として未熟だから書けないこと、気づいていないことがある程度存在していると考えられる。そして、何よりも記述能力が未熟であることである。それは、方法論的知識の乏しさと優れたエスノグラフィーやライフストーリーの渉猟の不足に由来すると考えている。

　また、2つの事例では記述の仕方が異なる。時系列としては、B商店の事例を書いてからA商店の事例を書いている。これらの記述時のわたしの研究能力および理論的関心は異なる。まず、B商店の研究時にわたしは方法論の知識が乏しく、主となる理論的関心を持っていない。そのため、無我夢中の自己流で調査を実施しながら事例を記述した程度が高い。いわば、素人の記述である。そのため、現場の描写だけでなく説明的あるいは分析的な記述が混在してしまっている。一方、A商店の研究時には、方法論の知識が相対的に高く、フォーマット概念を意識しながら事例を記述している。いわば、理論負荷の強い記述となっている。さらに、B商店の記述経験もあることから、説明的あるいは分析的な記述が省略されており、描写的な記述の程度が高い。さらに、2つの事例を比較する意図がなかったため、「一方ではこのような実践があるようですが、こちらではどうですか？」という類の質問をしていない。そのため、一方では記述されている事柄がもう一方では記述されていない場合がある。ここは方法論的な悩みどころでもあったのであるが、あくまでも調査協力者と研究者の関係性の中から生まれるストーリーの記述に徹しようという思いを優先し、そのような方法を採用しなかった。

7-3-4　本書の完成

　2015年2月、博士論文の審査終了後、わたしは謎の高熱で倒れた。そのため、後輩たちが開催してくれたわたしの追いコンを欠席せざるをえなかった。病院では胃炎と逆流性食道炎と診断され、1ヶ月で約5キロも痩せてしまった。おにぎり1個を食べるのがやっとという日々が続き、まともな体調に戻ったと自覚できるまでに半年ほどかかった。

　一方、無事博士号を取得して間もなく、指導教員から本書の出版意向を尋ねられた。わたしは自身の研究人生において最初で最後の出版機会だと思い、出版したい旨を告げた。指導教員が出版社との諸々の調整を済ませてくれたお陰

で、私の意向によって出版原稿の提出は2015年12月となった。この時点では、事例や方法論の特性からできるだけ早く出版する必要があると考えていた。そのため、博士論文の内容を基本的にそのまま残し、議論や説明の足りない箇所を重点的に補強することで原稿をまとめようとした。

　そのような考えがあったことから、その後はひとまずこれまでの研究成果をある程度整理しようとした。そこで、博士論文の中で未公表だった章をひとまずディスカッション・ペーパーにすること、博士論文の内容を中心とした学会発表を積極的に行いながら原稿作成のための助言を得ることを中心に研究を行った。つまり、原稿の執筆にはそれほどエフォートを割かなかった。しかし、予想より時間の経過は早く、秋ごろから慌てて原稿をまとめ始めたものの当初予定した締め切りに原稿を提出することはできなかった。なんとか2016年2月に原稿を提出できたものの、無理をしたため今度は胃炎と腸炎で2ヶ月ほど体調を崩すこととなった。

　碩学舎では、研究叢書を出版する際に研究会を開催することになっている。2016年3月、その研究会が開催されることになった。研究会では冒頭に10分ほど著書の概要を説明し、その後80分ほど質疑応答をした。自分では精一杯の準備をしてきたつもりではあったが、何なら非常に良い研究としてまとめられた気がしていたが、質疑応答は非常に厳しいものとなった。特に印象に残っている質問は、「帯にはなんて書くのですか」というものだった。つまり、本書の主張が分からないということである。最大の問題は、わたしがその質問に答えられなかったことである。このときはじめて、自分が何を研究しているのか理解していなかったことに気づいたのであった。研究会では様々な質問がなされたが、その多くは事例の面白さは認めるがそこにどのような学術的価値があるのか分からないということに起因するものであった。その頃のわたしは、本書の最大の長所はエスノグラフィーとライフストーリーを用いた方法論的な特徴だと思っていた。しかし、フロアの反応は小売業者の品揃えや商品取扱い技術をこれまでとは異なる視点で捉えていることが最大の長所ではないかという反応だった。そして、最後にある先生から「この研究でどれだけの人を感動させることができるのか」と問われたのであった。もちろん、答えることはできなかった。

その後、1ヶ月ほど本書に関する研究のすべてを放棄した。悩んだ結果、2つの問題があると結論付けた。1つは、不勉強ゆえに延期と投機の原理の概念を扱い切れておらず、適切な議論を積み重ねることができていないため、意味のある結論を提示できていないと考えた。もう1つは、事例の最も面白い部分を結論に落とし込めていないのではないかと考えた。前者については、やはり全身全霊をかけて取り組める理論に依拠しなければ、納得できる結論をまとめることはできないと考えた。わたしにとって、そのような理論は石原（2000）であった。後者については、出版研究会の懇親会でのある先生の一言で大事なことを思い出すことができた。その先生は、「この事例ってゲームみたいなもんなんだよね。アメフトみたいに、その時々の状況を見ながら最善の一手を投じていく、みたいな感じだよね」とわたしに話したのであった。まさに、そのような局面こそわたしが現場でもっとも面白いと感じた出来事の1つであったが、わたしの原稿を読み返しても、そのような局面は結論部分では十分に検討できていなかった。そこで、わたしは結論部分をすべて書き換えることを決心したのでった。

あ と が き

「僕を温郎君の足長おじさんにならせてください。」

　これは父のプロポーズの言葉である。2010年5月、わたしは「松田」温郎になった。この出来事はわたしの研究者としての人生に大きな影響を与えた。1歳から25歳まで、わたしの家族は母と祖母の2人であった。2人の献身によって十分な愛情を受けながら、寂しい思いや不便な暮らしをすることなく、むしろ贅沢な暮らしをしてきたように思う。それでも、母としては決して生活に余裕があったわけではなく、日々の倹約によって生まれたお金をわたしに投資していたようだ。

　高校からは奨学金を利用しながら学業に励んだ。母が女手1つでやっと大学を卒業させることができたと思った頃、わたしが大学院に行きたいと言い出したときには卒倒しそうなほどだったという。しかし、そんなことはわたしに全く感じさせないどころか、快く後押ししてくれた。さらに、今まで以上に必要になる研究費としての仕送りも増やしてくれた。さらに、わたしが博士課程後期課程にまで進むと言い出したときには、どのようにして資金的な段取りをつけるか大変苦労したらしい。そんなとき、足長おじさんが現れた。わたしが初めて父に会ったときの第一印象は、「この人は俺のお父さんや」、というものであった。わたしは何のアレルギー反応もなく、目の前にいる人が父親になることを自然と受け入れることができた。

　結婚に際して、父はわたしの学費と十分な研究費を用意してくれていた。それからは、湯水のようにではないが、大学院生らしからぬ資金力をリソースに研究に没頭することができた。そのため、比較的順調に業績を出すことができたので、D3終了時点で博士論文が書けていなかったにもかかわらず、奨学金の一部免除を受けることができた。就職まですることができた。父はわたしが

研究者になったことを心から喜んでくれた。どうやら、いろいろな所でわたしが大学の先生であることを自慢していたようだった。父はわたしの論文を読むことをいつも楽しみに待っていてくれていて、いつかできるはずの博士論文を待望していた。

　母によるとこの頃の父は、立派な父であろうと頑張っていたという。しかし、その頑張りは少しずつ父の体を蝕んでいた。父は母とわたしに1つだけ嘘をついていた。父は過去に心不全を起こしたことを告げていたが、今はもう大丈夫と言っていた。大丈夫ではなかった。父の心臓は、わたしと出会ったときから健常者の3割ほどしか動いていなかった。父はそのことを隠しながら父の出身地である旭川に家族旅行をし、みんなで旭山動物園を観光した。そして、心臓に強い負担をかけすぎた父は体調を崩し、入院をすることになった。この頃から父は入退院を繰り返すようになった。約2年間の闘病生活の間、わたしたちは可能な限り一緒に過ごしながら、きっと長くはない家族としての時間を大切に過ごした。この間、わたしは息子として目一杯父に甘え続けた。そして、避けようのない別れの日を迎えたとき、まだ博士論文は完成していなかった。父は最期まで博士論文の完成を楽しみにしていた。このときの無念は未だに消えていないものの、今こうして博士論文の完成とその出版を迎えることができた。本書は足長おじさんの支援がなければ決して完成しなかった研究成果である。

　なぜ、わたしはこのようなことを書くのか。それは、本研究の主題の1つが、研究者としての「わたし」だからである。一般的な構築主義の視座に立てば、調査では調査協力者と研究者との間に相互作用が生じ、その影響は研究過程にも及ぶと考えられる。しかし、研究者であるわたしが論文の中で語られることは決して多くはない。社会学や人類学の領域ではそのような研究業績が増えつつあるものの（Giddens　1992=2004、山田　2011）、日本の商業・マーケティング研究領域では栗木他（2012）の研究成果が唯一といっても過言ではない。つまり、わたしの方法論上の重要性は認められつつも、その存在は未だブラックボックスの中にある。このことは、第1に方法論に対する配慮の乏しさという意味で論文の質を低下させ、第2に方法論の不透明さという意味で質的研究の発展を阻害させていると考えられる。日本の商業研究をより厳密な方法論に根ざしながら発展させるための一石を投じたい、というのも本研究の問題意識の

1つである。

　しかし、そのような大風呂敷を広げた本研究がその目的を達成できたかと言えば、おそらく不十分である。何かのドアを開いたが、どこに続く道か分からない。どこかに向かって歩いているが、今どこにいるのかが分からない。わたしがそのような状態だから読み手はより混乱しているであろうと反省が絶えない。まず、第7章でも述べたように記述が期待したほど厚くならなかった。そして、方法および方法論を使いこなせていない。特に、ライフストーリーの位置づけは不十分であり、更なる理論的検討が必要である。また、アブダクションや対話的構築主義についてある程度触れてはいるものの、それぞれの研究プログラムを採用しているわけではなく、これらについても更なる検討が必要である。一石を投じたい、というわたしの思いは、わたし自身を人柱としてその先に道ができれば幸いというものである。

　最後に、私的な謝辞を述べたい。わたしはActor Network Theoryが好きである。端的に言えば、わたしの能力（agency）はわたし自身に内在するものではなく、わたしを含めた様々な人や物（actor）の布置連関（network）の効果によって生成する、というものである（Latour　1987=1999、上野・土橋編2006）。つまり、みなさまがいなければわたしはこのような研究はできなかったということである。公式なアクターについては、まえがきにて謝意を表明したとおりであるが、非公式なアクターとして橋谷先生と四條先生、豊先生、小嶋先生、櫻庭先生から頂いた効果は極めて大きい。そして、つっちゃん、いつも遊んでくれてありがとう！

■参考文献

青木幸弘(1989)「店頭研究の展開方向と店舗内購買行動分析」田島義博・青木幸弘編『店頭研究と消費者行動分析』誠文堂新光社。
秋谷重男(1981)『中央卸売市場"セリ"の功罪』日本経済新聞社。
―――(1996)「卸売市場は今」秋谷重男・食品流通研究会編『卸売市場に未来はあるのか:「生活者重視」へのチャネル転換』日本経済新聞社。
秋谷重男・食品流通研究会編(1996)『卸売市場に未来はあるのか:「生活者重視」へのチャネル転換』日本経済新聞社。
渥美俊一(2010)『仕入れと調達(全訂版)』商業界。
―――(2012)『新版 商業経営の精神と技術』商業界。
池ヶ谷良夫(1998)「我が国の青果物流通の現状と課題」『農業機械学会誌』第60巻、第2号、pp.180-188。
池宮正才(2000)「現場の事実:認識と表現の方法をめぐって」田中圭治郎『現場の学問・学問の現場』世界思想社。
石井淳蔵(1989)「小売商業における企業家行動の条件」『組織科学』第22巻、第4号、pp.26-34。
―――(1991)「地域小売商業研究におけるミッシングリンク」『国民経済雑誌』第164巻、第2号、pp.21-40。
―――(1993)『マーケティングの神話』日本経済新聞社。
―――(1996)『商人家族と市場社会:もうひとつの消費社会論』有斐閣。
―――(1997)「わが国小売業における家族従業の過去と未来」『調査季報』第40号、pp.1-20。
―――(2012)『マーケティング思考の可能性』岩波書店。
石井淳蔵・高室裕史・柳到亨・横山斉理(2007)「小売商業における家業継承概念の再検討:日韓比較研究を中心として」『国民経済雑誌』第195巻、第3号、pp.17-31。
石川栄吉・梅棹忠夫・大林太良・蒲生正男・佐々木高明・祖父江孝男(1994)『文化人類学辞典』弘文堂。
石川良子(2015)「〈対話〉への挑戦:ライフストーリー研究の個性」桜井厚・石川良子編『ライフストーリー研究に何ができるか:対話的構築主義の批判的継承』新曜社。
石川良子・西倉実季(2015)「ライフストーリー研究に何ができるか」桜井厚・石川

良子編『ライフストーリー研究に何ができるか:対話的構築主義の批判的継承』新曜社。
石原武政（1995）「商店街の組織特性」『経営研究』第45巻、第4号、pp.1-15。
———（1997）「コミュニティ型小売業の行方」『経済地理学年報』第43巻、第1号、pp.37-47。
———（1998）「新業態としての食品スーパーの確立」嶋口充輝・竹内弘高・片平秀貴・石井淳蔵編『マーケティング革新の時代:営業・流通革新』有斐閣。
———（1999）「小売業における業種と業態」『流通研究』第2巻、第2号、pp.1-14。
———（2000）『商業組織の内部編成』千倉書房。
———（2005）「小売業における売買集中の原理の作用様式」『商學論究』第52巻、第4号、pp.1-18。
———（2006）『小売業の外部性とまちづくり』有斐閣。
———（2009）「流通研究における物象性:商業集積の魅力と商業の基礎理論との接点を求めて」『関西学院大学産研論集』第36号、pp.3-11。
伊藤　勇（2001）「インタビューの限界と可能性:庄内調査の経験に即して」『社会学年報』第30号、pp.19-37。
井上達彦（2014）『ブラックスワンの経営学:通説をくつがえした世界最優秀ケーススタディ』日経BP社。
入江信一郎（2009）「イノベーション研究の方法論:サイボーグ化された思考との向き合い方」『情報経営学会誌』第29巻、第2号、pp.104-116。
———（2014）「インタビュー調査の体験:要因への還元を回避した事例記述のために」『日本マーケティング学会カンファレンス・プロシーディングス』vol.3（2014）、pp.97-110。
———（2015）「事例研究の「示唆がある」とはどういうことか:「一般性」との関連での考察」『日本マーケティング学会カンファレンス・プロシーディングス』vol.4（2015）、pp.208-219。
井山弘幸・金森修（2000）『現代科学論:科学をとらえ直そう』新曜社。
上田隆穂（1999）『マーケティング価格戦略:価格決定と消費者心理』有斐閣。
———（2012）「新時代の本質と小売業におけるプライシングの考え方」『マーケティングジャーナル』第32巻、第2号、pp.50-63。
上野直樹（1999）『仕事の中での学習:状況論的アプローチ』東京大学出版会。
上野直樹・土橋臣吾編（2006）『科学技術実践のフィールドワーク:ハイブリッドのデザイン』せりか書房。

牛尾眞造(1953)「零細商業の社會的性格：いわゆる「小商人」の社会的性格について」松井辰之助編『中小商業問題』有斐閣。
梅本　雅(2009)「青果物購買行動における消費者の意思決定過程」梅本雅編（2009）『青果物購買行動の特徴と店頭マーケティング』農林統計出版。
大浦裕二(2007)『現代の青果物購買行動と産地マーケティング』農林統計協会。
大浦容子(1996)「熟達化」波多野誼余夫編『認知心理学５：学習と発達』東京大学出版会。
大久保孝治（2009）『ライフストーリー分析：質的調査入門』学文社。
岡田　猛(2005)「心理学が創造的であるために：創造的領域における熟達者の育成」下山晴彦編『心理学論の新しいかたち』誠信書房。
小倉康嗣(2011)「ライフストーリー研究はどんな知をもたらし、人間と社会にどんな働きかけをするのか」：ライフストーリーの知の生成性と調査表現」『日本オーラルヒストリー研究』第７号、pp.137-155。
尾嶋史章(1993)「ラポール」森岡清美・塩原勉・本間康平編『新社会学辞典』有斐閣、p.1463。
小田博志（2009）「「現場」のエスノグラフィー：人類学的方法論の社会的活用のための考察」波平恵美子編『健康・医療・身体・生殖に関する医療人類学の応用学的研究』国立民族学博物館調査報告書、No.85、pp.11-34。
─────(2010)『エスノグラフィー入門：〈現場〉を質的研究する』春秋社。
小野雅之(1998)「青果物卸売市場流通：制度の変容と産地適応」『農業市場研究』第６巻、第２号、pp.１-10。
片山又一郎（1971）『生鮮食品流通の解明：その病理を解剖する』柴田書店。
桂　瑛一(1972)「消費者の期待機能と青果物小売業の構造変化」『農林業問題研究』第31号、pp.11-18。
─────(2014)「生産と消費を相性よく結ぶ流通の役割：理解したいた段階流通の意義」桂　瑛一編（2014）『青果物のマーケティング：農協と卸売業のための理論と戦略』昭和堂。
桂　瑛一編（2014）『青果物のマーケティング：農協と卸売業のための理論と戦略』昭和堂。
加藤　司(2003)「「所縁型」商店街組織のマネジメント」加藤　司編『流通理論の透視力』千倉書房、pp.155-171。
金森　修(2000)『サイエンス・ウォーズ』東京大学出版会。
亀崎美沙子（2010）「ライフヒストリーとライフストーリーの相違：桜井厚の議論を手がかりに」『東京家政大学博物館紀要』第15集、pp.11-23。

簡　施儀(2002)「小売業家族従業とジェンダー」『流通研究』第5巻、第2号、pp.51-62。
―――(2005)「小売業家族従業の内部構造に関する一考察：台湾における個人商店と加盟店の比較」『流通研究』第8巻、第1号、pp.17-34。
―――(2012)「小売業における家族従業と24時間営業についての一考察：台湾における事例研究をもとに」『流通研究』第14巻、第1号、pp.1-16。
簡施儀・石井淳蔵 (2008)「家族と人的ネットワークからなる商店街：台北市「艦舟甲服飾商圏」の事例研究」『流通研究』第10巻、第3号、pp.51-69。
菊池哲夫(2010)「卸売手数料の自由化と青果物卸売業者の対応及び今後の課題」『東京農大農学集報』第55巻、第2号、pp.89-98。
岸　政彦(2000)「ラポールと語りの政治」『市大社会学』第1号、pp.66-74。
―――(2008)「語りの余剰と生活史」『市大社会学』第9号、pp.1-21。
―――(2015a)「鉤括弧を外すこと：ポスト構築主義社会学の方法論のために」『現代思想』第43巻、第11号、pp.188-207。
―――(2015b)『断片的なものの社会学』朝日出版社。
岸本徹也(2013)『食品スーパーの店舗オペレーション：競争力構築のメカニズム』白桃書房。
―――(2015)「食品スーパーにおける小売フォーマットの系統進化に関する理論的分析枠組み：小売イノベーションのライフサイクルと固体群の進化」『流通研究』第17巻、第4号、pp.37-60。
北村　文(2013)「自己再帰性」藤田結子・北村　文編『現代エスノグラフィー：新しいフィールドワークの理論と実践』新曜社。
北山幸子(2013)「零細小売業の事業転換と継承：川辰商店のアルミサッシ販売を事例として」『立命館経営学』第51巻、第5号、pp.135-163。
木立真直(1996)「市場を揺さぶる波」秋谷重男・食品流通研究会編『卸売市場に未来はあるのか：「生活者重視」へのチャネル転換』日本経済新聞社。
金　珍淑(2004)「韓国の東大門アパレル市場の特質：産業集積および商業集積の有機的結合を事例として」『流通研究』第7巻、第1号、pp.65-80。
―――(2010)「那覇市中心商店街の変容プロセス：小売環境の変化と商店街の品揃え変化」『商品研究』第57巻、第3・4号、pp.16-32。
楠木　建(2010)『ストーリーとしての競争戦略：優れた戦略の条件』東洋経済新報社。
―――(2014)『「好き嫌い」と経営』東洋経済新報社。
栗木　契 (2003)『リフレクティブ・フロー：マーケティング・コミュニケーション理論の新しい可能性』白桃書房。

―――（2007）「構築主義の視角によるマーケティング・リサーチ再考（前編）：マーケティングにおける質的リサーチの有効性」『流通研究』第10巻、第1・2号、pp.29-43。

―――（2008）「構築主義の視角によるマーケティング・リサーチ再考（後編）：マーケティングにおける質的リサーチの有効性」『流通研究』第10巻、第3号、pp. 1 -18。

―――（2015）「無限後退問題とエフェクチュエーション」『国民経済雑誌』第211巻、第4号、pp.33-46。

栗木　契・水越康介・吉田満梨（2012）『マーケティング・リフレーミング：視点が変わると価値が生まれる』有斐閣。

小島秀夫・篠原清夫（2011）「回顧的回答の安定性・不安定性につい」『茨城大学教育学部紀要（人文・社会科学、芸術）』第60号、pp.85-98。

小島秀夫・篠原清夫（2015）「回顧的回答における自尊感情バイアスの検証」『茨城大学教育学部紀要（人文・社会科学、芸術）』第64号、pp.21-34。

小西滋人(1971)『小売競争の理論』同文舘出版。

小林多寿子（1992）「〈親密さ〉と〈深さ〉：コミュニケーション論からみたライフヒストリー」『社会学評論』第42巻、第4号、pp.419-434。

―――（2000）「二人のオーサー」好井裕明・桜井　厚編『フィールドワークの経験』せりか書房。

―――（2005）「ライフストーリーを書く/用いる」桜井　厚・小林多寿子編『ライフストーリー・インタビュー：質的研究入門』せりか書房。

小宮一高(2003)「自己目的志向の小売業者と品揃え形成」『流通研究』第6巻、第1号、pp.81-93。

―――（2007）「成長を抑制する小売業者の経営意識」『香川大学経済論叢』第80巻、第1号、pp.69-88。

―――（2010）「商業集積の組織特性の再検討：商業集積マーケティング論の構築に向けて」『流通研究』第12巻、第4号、pp.31-44。

斎藤　修(1995)「青果物市場の再編と系統共販」日本農業市場学会編『食料流通再編と問われる協同組合』筑波書房。

笹川洋平(2008)「わが国の個人商店の特性と現状：『家業性』とパート・アルバイト従業時間からの分析」『中小企業季報』2008 No. 1 、pp.14-25。

坂川裕司(2007)「小売業における品揃え規模の優位性 」『經濟學研究』第57巻、第1号、pp.51-62。

―――（2009）「チェーンストアにおけるサプライチェーンの動態：投機型から延

期型への移行と障壁」『經濟學研究』第59巻、第3号、pp.189-197。
―――(2011)「小売フォーマット開発の分析枠組」『經濟學研究』第60巻、第4号、pp.61-76。
坂田博美(2001)「小売業家族従業のエスノグラフィー：フィールドワークに基づく検討」『流通研究』第4巻、第2号、pp.1-12。
―――(2006)『商人家族のエスノグラフィー：零細小売商における顧客関係と家族従業』関西学院大学出版会。
坂爪浩史(1999)『現代の青果物流通：大規模小売企業による流通再編の構造と論理』筑波書房。
―――(2009)「青果物卸売業者による業務用流通への対応」『農経論叢』第64号、pp.67-72。
桜井　厚(2002)『インタビューの社会学：ライフストーリーの聞き方』せりか書房。
―――(2003)「社会調査の困難」『社会学評論』第53巻、第4号、pp.452-469。
―――(2012)『ライフストーリー論』弘文堂。
桜井　厚・石川良子編(2015)『ライフストーリー研究に何ができるか：対話的構築主義の批判的継承』新曜社。
佐藤郁哉(2002)『フィールドワークの技法：問を育てる、仮説をきたえる』新曜社。
―――(2015)『社会調査の考え方（下）』東京大学出版会。
佐藤　修(2009)「青果物流通システムの変化とサプライチェーンの構築」『フードシステム研究』第16巻、第2号、pp.45-58。
白石善章(1987)『流通構造と小売行動』千倉書房。
―――(2014)『市場の制度的進化：流通の歴史的進化を中心として』創成社。
白武義治(1999)「中小青果物小売店の市場取引と卸売市場の公共性」『農業市場研究』第8巻、第1号、pp.11-21。
角谷嘉則(2009)『株式会社黒壁の起源とまちづくりの精神』創成社。
盛山和夫(2004)『社会調査法入門』有斐閣。
高嶋克義(1989)「流通チャネルにおける延期と投機」『商経学叢』第36巻、第2号、pp.55-68。
―――(1994)『マーケティング・チャネル組織論』千倉書房。
―――(1997)「生業志向のマーケティング行動：資源ベース視点による考察」『国民経済雑誌』第176巻、第1号、pp.47-60。
―――(1999)「品揃え形成概念の再検討」『流通研究』第2巻、第1号、pp.1-13。
―――(2010)「延期的流通システムに基づく小売企業戦略の変化」『国民経済雑誌』。第201巻、第3号、pp.1-14。

―――――(2012)「小売市場における価格競争と差別化戦略」『国民経済雑誌』第205巻、第3号、pp.1-13。
―――――(2015)『小売企業の基盤強化：流通パワーシフトにおける関係と組織の再編』有斐閣。
高瀬　進(2013)『大学発ベンチャー起業家の熟達に関する経営学的研究』神戸大学大学院経営学研究科博士論文。
高橋郁夫(2008)『三訂　消費者購買行動：小売マーケティングへの写像』千倉書房。
田中俊也(2008)「熟達者と初学者」多鹿秀継編『学習心理学の最先端：学びの仕組みを科学する』あいり出版。
田中道雄(1995)『商店街経営の研究：潮流・変革・展望』中央経済社。
―――――(2006)『まちづくりの構造：商業からの視角』中央経済社。
―――――(2014)『中小企業マーケティング』中央経済社。
谷　富夫(1996)「ライフヒストリー法の「原則的理解」」『日本都市社会学会年報』1996（14）、pp.31-42。
―――――(2008)「ライフヒストリーの可能性」谷　富夫編『新版ライフヒストリーを学ぶ人のために』世界思想社。
ダニエル・ベルトー（2003）『ライフヒストリー：エスノ社会学的パースペクティブ』ミネルヴァ書房。
田村正紀(1980)「商業部門の形成と変動」鈴木安昭・田村正紀『商業論』有斐閣新書。
―――――(1981)『大型店問題』千倉書房。
―――――(1986)『日本型流通システム』千倉書房。
―――――(2001)『流通原理』千倉書房。
―――――(2008)『業態の盛衰：現代流通の激流』千倉書房。
―――――(2006)『リサーチ・デザイン：経営知識創造の基本技術』白桃書房。
―――――(2014)『セブン-イレブンの足跡：持続成長メカニズムを探る』千倉書房。
張　華(2012)「温州商人のビジネスモデルに関する考察：人的ネットワークと経営特性を中心に」『山梨学院大学現代ビジネス研究』第5号、pp.33-42。
―――――(2013)「温州商人の人的ネットワークの類型形成のメカニズムに関する考察」『山梨学院大学現代ビジネス研究』第6号、pp.39-51。
―――――(2014)「温州商人の市場活動に関する研究の系譜」『山梨学院大学現代ビジネス研究』第7号、pp. 3 -12。
辻井　博(1964)「青果物小売商の経営収支の推定」『京都府立大學學術報告：農學』第16号、pp.34-41。
出家健治(2002)『零細小売業研究：理論と構造』ミネルヴァ書房。

中嶋直美(2009)「小売店舗における青果物購買行動の特徴」梅本　雅編（2009）『青果物購買行動の特徴と店頭マーケティング』農林統計出版。
中根光敏(1996)「ラポールという病：参与観察の陥穽」『広島修大論集：人文編』第37巻、第1号（1）、pp.195-218.
中野　卓(1966)「商業経営の主体：商家とその同族組織」『社會經濟史學』第31巻、第6号、pp.73-87。
成生達彦(1994)『流通の経済理論：情報・系列・戦略』名古屋大学出版会。
西　和盛・新開章司・堀田和彦（2008)「青果物購入時の消費者の価値観と商品属性評価の関係」『食農資源経済論集』第59巻、第1号、pp.101-112。
農林省食品流通局編（1975）『生鮮食品流通の現状と今後の方向』大蔵省印刷局。
濱　満久(2013)「商業集積のマネジメント：衰退メカニズムを中心に」『名古屋学院大学論集（社会科学篇）』第50巻、第1号、pp.45-56。
原田英生(1988)「大規模小売組織と卸売業：大規模小売組織の中間組織形成を中心として」『流通問題研究』第12巻、pp. 3-48。
日高優一郎（2016)「小売におけるCRMの有効性に関する探索的研究：インタビュー調査に基づく仮説的見解の導出」『岡山大学経済学会雑誌』第47巻、第2号、pp.141-159。
畢　滔滔(2002)「広域型商店街における大型店舗と中小小売商の共存共栄：「アメ横」商店街の事例研究」『流通研究』第5巻、第1号、pp. 1-26。
―――(2006)「商店街組織におけるインフォーマルな調整メカニズムと組織活動：千葉市中心商店街の比較分析」『流通研究』第9巻、第1号、pp.87-107。
―――(2014)『よみがえる商店街：アメリカ・サンフランシスコ市の経験』碩学舎。
―――(2015)『チャイナタウン　ゲイバー　レザーサブカルチャー　ビート　そして街は観光の聖地となった：「本物」が息づくサンフランシスコ近隣地区』白桃書房。
深沼光・藤井辰紀（2013)「小企業における家族従業員の存在意義」『日本政策金融公庫論集』第20号、pp.55-70。
福島真人(2001)『暗黙知の解剖：認知と社会のインターフェイス』金子書房。
藤島廣二(2007)「大きく変わる生鮮食品流通システム：青果物流通を対象に」『流通情報』第452号、pp. 7-12。
藤本寿良(1983)「わが国商業における就業構造について」『経営経済』第19号、pp.19-34。
―――(1996)「自己雇用と零細商業」『中小企業季報』1996年1号、pp. 9-17。
風呂　勉(1960)「商業における過剰就業と雇用需要の特性：一つの仮説的考察への

展望」『商大論集』第37・38・39巻、pp.205-221。
───(1968)『マーケティング・チャネル行動論』千倉書房。
藤田結子(2013)「エスノグラフィー」藤田結子・北村　文編『現代エスノグラフィー：新しいフィールドワークの理論と実践』新曜社。
保城広至(2015)『歴史から理論を創造する方法：社会科学と歴史学を統合する』勁草書房。
細川允史(1993)『変貌する青果物卸売市場：現代卸売市場体系論』筑波書房。
───(2001)「卸売市場における卸2段階制の縮小過程と背景：仲卸業者の機能変化を軸として」『流通』第14号、pp.215-223。
堀田　学(2006)「卸売市場法改正の動向と青果物流通の構造変化」『広島県立大学論集』第9巻、第2号、pp.93-107。
前田泰樹(2005)「行為の記述・動機の帰属・実践の編成」『社会学評論』第56巻、第3号、pp.710-726。
───(2015)「「社会学的記述」再考」『一橋社会科学』第7巻（別冊）、pp.39-60。
松井辰之助(1953)「小売商の分散原理と集中原理：中小小賣商とその問題處理への接近化」松井辰之助編『中小商業問題』有斐閣。
松崎　俊(2001)「青果物仲卸業者における量販店取引問題の実態とその特徴」『食品流通研究』第1号、pp.13-24。
松嶋秀明(2007)「「非行少年」の質的研究：なぜ彼（女）らが「問題」なのか問うてみる」能智正博・川野健治編『事例から学ぶはじめての質的研究法：臨床・社会編』東京図書。
松田温郎(2012)「青果物流通における小規模小売業の衰退論理」『大阪経大論集』第63巻、第4号、pp.189-201。
───(2013)「A商店のエスノグラフィー」Osaka University of Economics Working Paper Series、No.2013-1、pp.1-47。
───(2013)「A商店のライフストーリー」Osaka University of Economics Working Paper Series、No.2013-2、pp.1-35。
───(2014)「零細青果物小売業者のフォーマット：受動的生業志向商人の実践」『山口経済学雑誌』第63巻、第3・4号、pp.21-43。
───(2014)「参与観察の体験：調査協力者とラポールを築き論文を執筆する「わたし」」『日本マーケティング学会カンファレンス・プロシーディングス』vol. 3 (2014)、pp.111-125。
───(2014)「B商店のエスノグラフィー」山口大学経済学会DISCUSSION PAPER SERIES、No.26、pp.1-29。

―――――(2015)「B商店のライフストーリー」山口大学経済学会DISCUSSION PAPER SERIES、No.30、pp.1-23。
丸山雅祥(1992)『日本市場の競争構造：市場と取引』創文社。
―――――(2013)「市場の情景：庶民の暮らしぶりを映し出す市場」『Business Insight』第21巻、第3号、pp. 2 - 3。
水上　勉(1978)『土を喰ふ日々：わが精進12ヶ月』文化出版局。
水越康介(2011)『企業と市場と観察者：マーケティング方法論研究の新地平』有斐閣。
―――――(2014)『「本質直観」のすすめ：普通の人が、平凡な環境で、人と違う結果を出す』東洋経済新報社。
峰尾美也子（2010）『小売構造変化：大型化とその要因』千倉書房。
三浦耕吉郎（2013）「歴史は逆なでに書かれる」山田富秋・好井裕明編『語りが拓く地平：ライフストーリーの新展開』せりか書房。
三村優美子（2002）「大型小売業の盛衰と流通システムの変容」『青山経営論集』第37巻、第3号、pp.23-45。
―――――(2006)「流通取引慣行と大型小売業の購買力問題」『青山経営論集』第40巻、第4号、pp.1-22。
宮本常一・安渓遊地（2008）『調査されるという迷惑：フィールドに出る前に読んでおく本』みずのわ出版。
向山雅夫(2006)「中小商業経営と商人性：その行動的側面」『21世紀中小企業論（新版）：多様性と可能性を探る』有斐閣。
村中達也(2009)「演繹の全体を設置する思考過程：米盛裕二著『アブダクション』を読んで」『科学哲学』第42巻、第1号、pp.97-106。
―――――(2010)「思考方法を改善するための方策：仮説形成の論理をめぐって」『哲学・人間学論叢』第1号、pp.59-74。
―――――(2011)「仮説形成の自己制御について」『哲学・人間学論叢』第2号、pp.31-41。
森尾昭文(2016)「消費者に提案する見慣れぬ野菜の利用方法が普及に効果的である条件：メンガーの理論に基づく新製品普及についての考察」『商品研究』第60巻、第3・4号、pp.15-28。
森下二次也（1960）『現代商業経済論：序説＝商業資本の基礎理論』有斐閣。
矢作敏行(1994)『コンビニエンス・ストア・システムの革新性』日本経済新聞社。
―――――(2011a)「流通パラダイムの転換」矢作敏行編『日本の優秀小売企業の底力』日本経済新聞出版社、pp.1-32。
―――――(2011b)「事例研究のまとめ」矢作敏行編『日本の優秀小売企業の底力』日

本経済新聞出版社、pp.349-386。
山下裕子(2001)「商業集積のダイナミズム：秋葉原から考える」『一橋ビジネスレビュー』第49巻、第2号、pp.74-94。
山田富秋(2005)「ライフストーリーから見た社会」山田富秋編『ライフストーリーの社会学』北樹出版。
―――(2011)『フィールドワークのアポリア：エスノメソドロジーとライフストーリー』せりか書房。
―――(2013)「インタビューにおける理解の達成」山田富秋・好井裕明編『語りが拓く地平：ライフストーリーの新展開』せりか書房。
やまだようこ(2000)「人生を物語ることの意味：なぜライフストーリー研究か？」『教育心理学年報』第39号、pp.146-161。
山本淳子(2009)「農産物の購入における店舗選択行動の特徴」梅本 雅編(2009)『青果物購買行動の特徴と店頭マーケティング』農林統計出版。
山本博信(1997)『現代日本の生鮮食品流通：卸売市場流通の展開と課題（改訂新版）』農林統計協会。
―――(2005)『新・生鮮食料品流通政策：卸売市場流通政策の解明と活性化方策』農林統計協会。
横山斉理(2006)「地域小売商業における商業者と顧客の関係についての実証研究」『流通研究』第9巻、第2号、pp.1-15。
―――(2008)「地域商業における商人家族の現代的ありように関する実証研究」『流通研究』第11巻、第1号、pp.21-38。
―――(2010)「地域小売商業における大型店と中小店の創造的競争」『マーケティングジャーナル』通巻116号、pp.55-70。
―――(2012)「個人商店からチェーンストアへ」清水信年・坂田隆文編『1からのリテール・マネジメント』碩学舎。
―――(2014)「地域商業研究における商人家族と事業継承」『中小商工業研究』第121号。pp.17-28。
―――(2015)「食品スーパーの顧客満足を規定する要因に関する経験的研究」『流通研究』第17巻、第4号、pp.21-36。
好井裕明(2004)「「調査するわたし」というテーマ」好井裕明・三浦耕吉郎編『社会学的フィールドワーク』世界思想社。
吉田満梨(2010)「不確定な環境における市場予測と遂行的実践：株式会社伊藤園飲料比率を参照点とした市場創造の事例」『マーケティングジャーナル』第29巻、第3号、pp.59-73。

米盛裕二（2007）『アブダクション：仮説と発見の論理』勁草書房。
柳　到亨（2013）『小売商業の事業継承：日韓比較でみる商人家族』白桃書房。
柳　到亨・横山斉理（2009a）「商店経営者の「家業意識」に関する実証研究」『流通研究』第11巻、第3号、pp.37-54。
─────・─────（2009b）「地域密着型小売商における事業継承の実態の日韓比較調査」『経済理論』第352号、pp.65-83。
渡邉孝一郎（2014）「商業者によるまちづくり活動の意義に関する実証研究」『新潟産業大学経済学部紀要』第43号、pp.17-27。
渡辺達朗(2014)『商業まちづくり政策：日本における展開と政策評価』有斐閣。

Alderson, Wroe（1957）*Marketing Behavior and Executive Action*, Richard D. Irwin.（石原武政・風呂　勉・光澤滋朗・田村正紀訳『マーケティング行動と経営者行為』千倉書房、1984年。）

Atkinson, Robert G.（1995）*The Gift Stories*, Bergin & Garvey.（塚田守訳（2006）『私たちの中にある物語：人生のストーリーを書く意義と方法』ミネルヴァ書房。）

─────（1998）*The Life Story Interview*, Sage.

Bailey, Kenneth（1994）Methods of Social Research（4th ed), Free Press.

Becker, Howard S.（1966）"Introduction", Shaw, Clifford R.（1966）*The JACK-ROLLER : A delinquent Boy's Own Story*, pp. v - xviii, University of Chicago press.（玉井眞理子・池田　寛訳（1998）「序文」『ジャック・ローラー：ある非行少年の物語』、pp. 1 -19、東洋館出版社。）

Belk, Russel, Eileen Fischer, Robert V. Kozinets（2013）Qualitative Consumer and Marketing Research, Sage.（松井　剛訳（2016）『消費者理解のための定性的マーケティング・リサーチ』碩学舎。）

Bucklin, Louis P.（1966）*A Theory of Distribution Channel Structure*, IBER University of California.（田村正紀訳（1977）『流通経路構造論』千倉書房。）

Denzin, Norman k.（1989）*The Research Act : A Theoretical Introduction to Sociological Methods (3rd ed.)*, Chicago : Aldine Publishing Company.

─────（1992）"Whose Cornerville Is It ? Anyway," *Journal of Contemporary Ethnography*, Vol.21, No. 1 , pp.120-132.

─────（2009）Qualitative Inquiry under Fire : Toward a New Paradigm Dialogue, Left Coast Press.

Dew, Nicholas, Stuart Read, Saras D. Sarasvathy, and Robert Wiltbank (2009) "Effectuation Versus Predictive Logics in Entrepreneurial Decision-Making : Differences Between Experts and Novices,"*Journal of Bisiness Venturing*, No.24, pp.287-309.

Emerson, Robert M., Rachel I. Fretz and Linda L. Shaw (1995) *Writing Ethnographic and Fieldnotes*, University of Chicago Press.（佐藤郁哉・好井裕明・山田富秋訳（1998）『方法としてのフィールドノート：現地取材から物語作成まで』新曜社。）

Flick, Uwe. (2007) *Qualitative Sozialforschung*, Reinbek bei Hamburg.（小田博志監訳（2011）『新版質的研究入門：〈人間の科学〉のための方法論』春秋社）。

Frankfort-Nachmias, Chava and David Nachmias (2000) *Research Methods in Social Science (6th ed.)*, Worth Publisher.

Garfinkel, Harold (1967) *Studies in Ethnomethodology*, Prentice-Hall.

――――(2002) *Ethnomethodology's program : Working Out Durkheim's aphorism*, Rowman & Littlefield.

Geerts, Clifford (1973) *The Interpretation of Cultures*, Basic Books.

Giddens, Anthony (1992) *Sociology 4th ed*, Polity Press.（松尾精文・西岡八郎・藤井達也・小幡正敏・叶堂隆三・立松隆介・内田健訳（2004）『社会学：第4版』而立書房。）

Gold, Raymond L. (1958) Roles in Sociological Field Observations, *Social Forces*, Vol.36, No. 3 , pp.217-223.

Guba, Egon G. and Yvonna S. Lincoln (1989) *Fourth generation Evaluation*, Sage.

Hall, Margaret (1948) *Distributive Trading : An Economic Analysis*, Hutchinson's University Library.（片岡一郎訳（1957）『商業の経済理論：商業の経済学的分析』東洋経済新報社。）

Holloway, Immy and Stephanie Wheeler (2002) *Qualitative Research in Nursing, 2nd edition*, Blackwell Science.（野口美和子監訳（2006）『ナースのための質的研究入門：研究方法から論文作成まで』医学書院。）

Holstein, James A. and Jaber F. Gubrium (1995) *The Active Interview*, Sage.（山田富秋・兼子 一・倉石一郎・矢原隆行訳（2004）『アクティブ・インタビュー：相互行為としての社会調査』せりか書房。）

Hunt, Jennifer C. (1989) *Psychoanalytic Aspects of Fieldwork*, Sage.

Kleinman, Sherryl and Marha A. Copp (1993) *Emotions and Fieldwork*, Sage.

Kirk, Jerome and Marc L. Miller (1986) *Reliability and Validity in Qualitative*

Research, Sage.

Latour, Bruno (1987) *Science In Action: How to Follow Scientists and Engineers through Society*, Harvard University Press.（川崎　勝・髙田紀代志訳（1999）『科学が作られているとき 人類学的考察』産業図書。）

Lincoln, Yvonna S. and Egon G. Guba (1985) *Naturalistic Inquiry*, Sage.

Liszka, James J. (1996) *A General Introduction to the Semeiotic of Charles Sanders Pierce*, Indiana University Press.

Malhotra, Naresh K. (2004) *Marketing Research, An Applied Orientation, 4th edition*, Prentice Hall.（小林和夫監訳（2006）『マーケティング・リサーチの理論と実践：理論編』同友館。）

Malinowski, Bronislaw (1967) *A Diary in the Strict Sense of the Term*, New York : Harcourt, Brace & World Inc.（谷口佳子訳（1987）『マリノフスキー日記』平凡社。）

Patton, Michael Q. (2002) *Qualitative Evaluation and Research Methods (3rd edn)*, Sage.

Plummer, Ken (1983) *Documents of Life*, George Allen & Unwin.（原田勝弘・川合隆男・下田平裕身監訳（1991）『生活記録の社会学：方法としての生活史研究案内』光生館。）

Podmore, Valerie N.and Paulette Luff (2012) *Observation : Origins and Approaches in Early Childhood*, Open University Press.

Polanyi, Michael (1966) *The Tacit Dimension*, The University of Chicago Press.（高橋勇夫訳（2003）『暗黙知の次元』ちくま学芸文庫。）

Pollner, Melvin (1991) Left of Ethnomethodology : The Rise and Decline of radical reflexivity, *American Sociological Review* 56, pp.370-380.

Psathas, George (1988) *Ethnomethodology as a new development in the social sciences*, Lecture presented to the Faculty of Waseda University.（北澤裕・西坂　仰訳（1990）「エスノメソドロジー：社会科学における新たな展開」『日常性の解剖学』マルジュ社、pp. 5-30。）

Read, Stuart, Nicholas Dew, Saras D. Sarasvathy, Michael Song, and Robert Wiltbank (2009) "Marketing Under Uncertainty : The Logic of an Effectual Approach" *Journal of Marketing*, Vo.73 (May), pp. 1-18.

Runyan, Rodney C. and Cornelia Droge (2008) A categorization of small retailer research streams : What does it portend for future research ?, *Journal of Retailing*, Vol.84, No. 1, pp.77-94.

Sarasvathy, Saras D. (2001) "Causation and Effectuation : Toward a Theoretical Shift from Economic Inevitability to Entrepreneurial Contingency" *Academy of Management Review,* vol.26, No. 2, pp.243-263.

Sarasvathy, Saras D. (2008) *EFFECTUATION : Elements of Entrepreneuarial Expertise*, Edward Elgar.（加護野忠男監訳、高瀬　進・吉田満梨訳（2015）『エフェクチュエーション：市場創造の実効理論』碩学舎。）

Sarasvathy, Saras D. and Nicholas Dew (2005) "Entrepreneurial Logic for a Technology of Foolishness" *Scandinavian Journal of Management,* vol.21, No. 4, pp.385-406.

Shaw, Clifford R. (1966) *The JACK-ROLLER : A delinquent Boy's Own Story,* University of Chicago press.（玉井眞理子・池田　寛訳（1998）『ジャック・ローラー：ある非行少年の物語』東洋館出版社。）

Suchman, Lucy A. (1987) *Plan and Situated Action : The Problem of Human Machine Communication,* Cambridge University Press.（佐伯　胖監訳（1999）『プランと状況的行為』産業図書。）

Taleb, Nassim N. (2007) *The Black Swan*, Random House.（望月　衛訳（2009）『ブラックスワン：不確実性とリスクの本質（上・下）』ダイヤモンド社。）

■参考資料

経済産業省『商業統計：時系列データ』
（http://www.meti.go.jp/statistics/tyo/syougyo/result- 2 /xls/san01hyo.xls）最終閲覧日：2014年 6 月 8 日

―――『平成19年商業統計表（二次加工統計表）』
（http://www.meti.go.jp/statistics/tyo/syougyo/result- 2 /h19/index-gyodata.html）最終閲覧日：2014年 6 月 8 日

―――『平成26年商業統計（速報値）』
（http://www.meti.go.jp/statistics/tyo/syougyo/result- 2 .html）最終閲覧日：2015年12月 2 日

農林水産省『卸売市場データ集（平成 8 年版）』
（http://www.library.maff.go.jp/GAZO/20001663/20001663-01.pdf#search='卸売市場%20データ集'）最終閲覧日：2013年 2 月14日

―――『卸売市場データ集（平成22年版）』
（http://www.maff.go.jp/j/soushoku/sijyo/info/index.html）最終閲覧日：2013年 2

月14日
────『卸売市場データ集(平成26年版)』
(http://www.maff.go.jp/j/shokusan/sijyo/info/) 最終閲覧日：2015年12月2日

索引

〔あ 行〕

相対取引……………………………… 11, 12, 14
アブダクション……………………………… 21, 22
粗利益率………………………………………50
粗利ミックス……………………… 50, 97, 106
依存と競争の原理………………………… 2, 8, 10
逸脱事例………………………… 1, 20, 21, 23
逸脱性…………………………………………21
意味のあるまとまり……………… 187, 188
意味のあるまとまりとしての品揃え… 191, 192, 194, 201
インタビュー…… 26, 30, 32, 33, 35, 38, 39
インフォーマル・インタビュー 30, 35, 36
売り切り…… 45, 62, 139, 179, 189, 235, 237
売場間の調整………………………………… 135
売場在庫……………………………… 196, 206
売場調整………………………………………… 134
売場特性………………………………… 55, 56, 91
売場の再構成………………………… 126, 179
売れ行き…………………………………… 62, 71
営業計画…………………………………… 72, 85
営業状況……………………………… 129, 179
営業予測………………………………………85
エスノグラフィー… 1, 6, 26, 29, 30, 35, 36, 37, 38, 238, 240
エスノグラフィーの方法論的要請………29
エスノメソドロジー……………… 235, 238
オーバー・ラポール……………… 29, 240
お疲れ…………………………………… 72, 73
卸売市場………………………………………… 180
卸売市場制度……………………………… 11, 12
卸売市場データ集（平成22年版）………12
卸売市場データ集（平成26年版）………11

〔か 行〕

解消的品揃え………………… 194, 199, 206
価格改定………… 18, 122, 123, 135, 179
価格設定………………………… 14, 50, 106
家業意識……………………………………… 3
重ね盛り……………………………………… 117
家族財産意識………………………………… 3
家族従業……………………………………… 2
家族従業者…………………………………… 2
家族従業の内部構造………………………… 3
基礎商品………………………………… 2, 201
技能…………………………………… 187, 206
共同配送……………………………… 125, 169
組み替え……… 62, 63, 64, 67, 70, 180, 219
組み替え基準…………………………………63
計画的品揃え………………… 192, 199, 206
研究者のリアリティ…………………………29
高リスク型商品……………………… 185, 188
声かけ………………… 68, 72, 152, 153, 181
声出し……… 18, 67, 127, 128, 129, 152, 181
顧客教育………………………………………68
顧客情報……………………………… 201, 207
個別的品揃え物……………………… 2, 184
コンテナ……………………………… 52, 62

〔さ 行〕

サーベイ・インタビュー……… 30, 35, 36
在庫……………………… 63, 64, 73, 184, 185
在庫状況……………………………………… 135
在庫情報……………………………………… 207
在庫調整……………………………… 48, 180
在庫調整力…………………………… 60, 220
在庫調整方法………………… 60, 62, 121
在庫量…… 70, 118, 125, 165, 201, 202, 206
先取り…………………………………………13

サポート ………………… 69, 70, 93, 133, 189
ザル盛り ……………… 56, 58, 59, 62, 164, 189
参与観察 ………………………… 26, 27, 35
仕入れ ………………… 48, 100, 103, 105, 172
直荷引き ……………………………… 46, 83
直荷引き商品 ………………………………47
事業継承 ………………………………… 2, 3
自己雇用 …………………………………… 2
自己目的志向 ……………………………… 2
市場像 …………………………… 2, 184, 204
試食販売 …………………………… 78, 79
品揃え …… 14, 46, 47, 48, 62, 67, 71, 73, 98, 136, 160, 182, 187, 188, 190
品揃え概念 ………………………………… 1
品揃え形成 ……… 16, 46, 98, 198, 207, 208
品揃え調整 …………………… 199, 207, 208
品物貯金 ………………………… 161, 162, 163
社会化 ………………………………… 182
社会の品揃え物 …………………………… 183
従業者間の連携 ………………………… 120
周辺商品 ………………………………… 2, 201
小規模小売業者 …………………………… 1
商業統計：時系列データ ………………… 8
商業の基本原理 ………………………… 183
定石 ……………………………… 203, 204, 208
商人家族 ………………………………… 3
商人家族の内部構造 ……………………… 3
商品知識 ……………… 68, 78, 80, 154, 189
商品特性 …………………………… 55, 91
商品取扱い技術 …… 179, 185, 188, 190, 199, 200, 201, 203, 206
真正性 ……………………………… 39, 40
信用性 ……………………………… 39, 40
信頼関係 ………………………… 48, 49, 102
青果物購買行動 …………………………… 6, 7
青果物流通 ………………………………… 6, 12
青果物流通の変化 ………………………11
世襲型家業意識 …………………………… 3
接客 ………………………… 67, 69, 127, 179
セリ・入札取引 ………………………… 11, 12

セルフサービス ……………………………78
相場勘 ……………………………… 99, 104, 155

〔た　行〕

対面販売 …………………………… 129, 130, 152
対話 ……………………………………32
探索的研究 …………………………………21
探索的研究段階 …………………………… 4, 6
探索的な事例研究 ………………………… 1
調整在庫 ………………………………… 185, 187
陳列在庫 ………………………………… 195, 206
陳列方法 ……………………………… 55, 56, 113
追加発注 …………………………… 125, 126, 172
通過在庫 ……………………………………185
提案販売 ………………………… 61, 68, 89, 94
低リスク型商品 ……………………………185
適応的品揃え …………………… 193, 199, 206
天職意識 …………………………………… 3
店舗在庫 ……………………………… 196, 206
店舗選択行動 ……………………………… 6
当事者のリアリティ ………………………29
動線 …………………… 55, 56, 73, 79, 86, 88
特殊商品 …………………………………… 2
とばし方 ……………………… 164, 165, 166
とばす ……………………… 63, 80, 122, 165
トマトのザル盛り ……………… 114, 116
トリミング ………… 16, 60, 73, 134, 188

〔な　行〕

仲卸業者 …… 12, 13, 14, 16, 46, 48, 49, 100
仲卸業者との関係性 ……………… 48, 106
仲卸業者との信頼関係 ……………… 83, 88
仲卸業者に求める条件 ……………… 100
仲卸業者の協力 ……………………… 83, 51
生業型家業意識 …………………………… 3
値札 ……………………………… 51, 108

〔は　行〕

バイング・パワー ………… 16, 97, 172
媒介理論 ………………………………… 183

売買集中の原理………… 183, 184, 189, 208
売買の集中………………………… 1, 182, 183
箱盛り…………………… 56, 59, 119, 164
バッカン………………………… 52, 62, 109
バッカン盛り………………………… 56, 57
バックヤード在庫……………………… 196
販売速度………………………………… 122
販売提案………………………………… 120
販売的商品取扱い技術… 199, 203, 204, 207
ビジネスシステム……………………… 236
フォーマット……………………………37
符牒……………………………………… 214
部分業種店………………………… 184, 189
ブラックスワン……………………………20
ぶりうち………… 77, 78, 81, 82, 148, 152
分析的商品取扱い技術… 199, 203, 204, 207
文脈情報…………………………… 29, 36

〔ま 行〕

マクロ構造分析…………………………… 3, 4
マメカゴ…………………………… 52, 62
マメカゴ盛り………………… 56, 57, 62
ミクロ行動分析…………………………… 3, 4

〔ら 行〕

ライフストーリー　1, 31, 34, 35, 36, 38, 241
ライフストーリー調査……… 6, 26, 32, 37
ライフヒストリー…… 34, 35, 36, 240, 241
ラポール…………………………… 28, 38
労働集約的商品取扱い技術…… 8, 10, 175

〔わ 行〕

わたし…………………………… 29, 213

著者略歴

松田　温郎（まつだ・あつろう）
山口大学経済学部准教授

専門：商業論、マーケティング論、流通政策論
1984年　愛媛県今治市生まれ。
2007年　神戸商科大学商経学部卒業
2009年　神戸大学大学院経営学研究科博士前期課程修了。修士（商学）
2015年　神戸大学大学院経営学研究科博士後期課程修了。博士（商学）
2012年　大阪経済大学経営学部　講師
2014年　山口大学経済学部　講師
2015年　現職
主要著作：田村直樹編（2014）『セールスメーキング』同文舘出版（分担執筆、第5章担当）。
田中道雄・白石善章・南方建明・廣田章光編『中小企業マーケティングの構図』同文舘出版（分担執筆、第6章担当）。
本書にて2018年日本商業学会奨励賞を受賞

碩学叢書

小売商のフィールドワーク
──八百屋の品揃えと商品取扱い技術

2017年3月25日　第1版第1刷発行
2020年9月5日　第1版第2刷発行

著　者　松田　温郎
発行者　石井　淳蔵
発行所　㈱碩学舎
　　　　〒101-0052　東京都千代田区神田小川町2-1 木村ビル10F
　　　　TEL 0120-778-079　FAX 03-5577-4624
　　　　E-mail info @ sekigakusha.com
　　　　URL http://www.sekigakusha.com
発売元　㈱中央経済グループパブリッシング
　　　　〒101-0051　東京都千代田区神田神保町1-31-2
　　　　TEL03-3293-3381　FAX03-3291-4437
印　刷　東光整版印刷㈱
製　本　誠製本㈱

Ⓒ 2017 Printed in Japan

＊落丁，乱丁本は，送料発売元負担にてお取り替えいたします。
ISBN 978-4-502-22161-3 C3034

JCOPY〈出版者著作権管理機構委託出版物〉本書を無断で複写複製（コピー）することは，著作権法上の例外を除き，禁じられています。本書をコピーされる場合は事前に出版者著作権管理機構（JCOPY）の許諾を受けてください。
JCOPY〈http://www.jcopy.or.jp　eメール：info@jcopy.or.jp〉